许小青◎著

Political Situation and Institution
of Higher Learning :
from Southeast University to Central University
1919-1937

政局与学府

从东南大学到中央大学（1919−1937）

中国社会科学出版社

图书在版编目（CIP）数据

政局与学府：从东南大学到中央大学(1919－1937)/
许小青著. —北京：中国社会科学出版社，2009.9
ISBN 978-7-5004-8156-0

Ⅰ.①政… Ⅱ.①许… Ⅲ.①东南大学—校史—研究—
1919～1937 Ⅳ.①G649.285.31

中国版本图书馆 CIP 数据核字（2009）第 162836 号

责任编辑　张　林
特约编辑　金　泓
责任校对　王兰馨
封面设计　格子工作室
技术编辑　戴　宽

出版发行　中国社会科学出版社
社　　址　北京鼓楼西大街甲 158 号　　邮　编　100720
电　　话　010－84029450（邮购）
网　　址　http://www.csspw.cn
经　　销　新华书店
印　　刷　君升印刷厂　　　　　　　　装　订　广增装订厂
版　　次　2009 年 9 月第 1 版　　　　印　次　2009 年 9 月第 1 次印刷
开　　本　880×1230　1/32
印　　张　11.75　　　　　　　　　　插　页　2
字　　数　306 千字
定　　价　32.00 元

序 言

大学啊,大学!

我一生与大学相伴,即令是浪迹海外多年,依然到处以大学为家。在我的心目中,一座座大学都是有生命的,有人格的,有个性的,各有自己的人生道路,各有自己的历史沧桑。或许也可以说,每一座大学都是一本厚重的大书,永远都难以读懂,读通。

作为绵亘千古的大学流水筵席上的迟到宾客,中国大学生不逢辰,时运不济,堪称是先天不足,后天失调,历经坎坷,步履维艰。但是,它毕竟是富有生命力的新生事物,顺乎潮流,适应社会发展与救亡图强的需要,因而始终没有停止前进的脚步,也曾有过自己的兴盛与辉煌,而且还满怀着对于更为美好明天的憧憬与期望。

我曾经两次亲历过中国大学遭遇的大劫难,一次是日本侵华战争,一次是"文化大革命"。1937年侵华战争爆发后,中国国土大片沦陷,绝大部分大学校舍被霸占甚至焚毁、炸毁,许多学校师生被迫流亡千里,辗转西迁。"文革"十年动乱以后,直至1984年我接任一所大学校长,放眼校园依然有山河破碎、满目疮痍之感。但是,使我感受更深的,却是大学生命力的旺盛与顽强,只要是稍具规模并略有特色的大学,一般都有相当坚韧的灾难承受能力，大多能够像凤凰涅槃一样浴火重生，并且孕育着新的发展。

抗战期间的大学西迁，看来是被动的撤退，但似乎又可以看作是积极的西进，即文化教育资源由先进地区向落后地区的大幅度转移，其短期效应是文化版图的变易，而其长期效应则是对于西部腹地社会经济、文化发展富有成效的深层促进。经过史无前例的抗战磨炼的大学，在颠沛流离的艰难岁月里所焕发的大学精神，至今仍然为时人所神往，是教育史上一笔丰厚的遗产。同样也是史无前例的"文革"，尽管给大学造成的是另一种严重破坏，其后果亦堪称为创深痛巨。而经过此番劫难的大学在"文革"后又复重整家园与百废俱兴，人们备受压抑而又积蓄甚久的积极性，如同埋藏在地下的泉水一样突然喷涌而出，还来不及抚平自身的伤痛，便雄心勃勃地踏上改革开放的征程。大学在解放思想、革故鼎新方面走在社会的前列，无愧为时代的骄子与文化的先锋，在某种程度上也呈现出一种新的大学精神。这或许正是许多人至今还保留着上个世纪 80 年代美好回忆的重要原因之一。

回顾百年来中国大学的风雨历程，可以看出大学在人世间绝对不是孤立的存在，它无时无刻不与国家、政党与社会密切相关。因此，研究大学的历史，既要研究大学的内部结构，也要研究大学的外部环境，特别是研究大学与环境之间的互动关系。许小青博士研究中国大学史多年，深知其中奥略，这本《政局与学府：从东南大学到中央大学（1919—1937）》是由其博士论文修改而成的。他刻意将这所大学视为一个处于特定社会结构之中的组织而置于国家、政党与社会之中，考察在政治变迁过程中，东南大学如何从一所地方性大学演变成首都最高学府，以此揭示这所大学与国家、政党、社会之间的关系。

如果说，由校长、教师、学生组成的大学是一个小社会，那么它所厕身的大社会更是包罗万象，不过对学校运作关系更为直接的毕竟是政府（国家）、政党与相关社会群体。从 1919 年到 1937 年，正好是从五四运动，经由国民党"统一"中国并迁都南京，于是有所谓经济、文教的"黄金十年"，直至七七事变、淞沪之战与抗日战争的全面爆发。这十几年是中国的多事之秋，内忧外患，变幻莫测。政治重心的南移，是东南地区经济、文化优势扩大的结果；而政治生态版图的变化，又必将引发文化生态版图的相应变化。这就是从东南大学（地方大学）演变成为中央大学（首都大学）的大背景与大视野。

但是，作者并没有预设结论或单纯作理论推演，他的着力之处，也正是他的高明之处，主要是依托于"人"、"事"两大要素，通过具体历史情境，力求客观地陈述来龙去脉，让史事自身的情况来形成结论。在作者的笔下，书中出现的重要人物，大多都是有个性，有特点，非脸谱化的。几位校长，如郭秉文、张乃燕、朱家骅、罗家伦，都有各自的政治背景、教育理念，乃至个人的性格、作风，不会让读者有雷同之感。特别是学校以外而对学校有重要关联的人物，如蔡元培、吴稚晖、李石曾、黄炎培等，也能从大处着眼，细处落笔，不仅廓清其不同社会背景、教育理念，而且还能显现其不同处世风格与因应方略。有些篇章简直可以看作东南地区高等教育界的风情画。

作为中央大学前身的东南大学，以东南地区社会精英为凭籍，郭秉文校长历来秉持的自由主义办学理念尚能保持若干贯彻的空间，因而能够发展成为与北京大学抗衡的地方强校，随着首都的南移，政府与政党对学校的渗透和控制日益增强。中央大学取代北京大学成为首都最高学府，虽然在办学资源上可以获得优渥待遇，然而与东南地区社会的固有联系却因此而逐渐有所疏离，大学的独立自主相应缩减了必要的空间。1943 年蒋介石亲自担任中央大学校长,在对全校师生训词中再次重申:"中央大学顾名思义,应自勉为全国大学之模范,始不负其所处地位之重要。"其党化与国家主义教育理念可谓达到极致,而且也可以看作当时整个高等教育异化过程的一个缩影。

也正因为如此,学校与国家、社会、政党之间便存在着连绵不绝的角力。大学本来就是作为旧社会的对立物而产生于中世纪,中国大学更是作为革故鼎新的弄潮儿而出现于神州大地。大学催生了共和,共和却愚弄了大学。在徒有其表的民国政府统治下,大学与国家、社会、政党之间的矛盾与冲突是无可避免的。五四运动正是这些矛盾与冲突的集中爆发,而北京大学则俨然成为引领历史潮流的旗舰。1988年夏天,我应邀参加保加利亚索菲亚大学百年校庆,日夫科夫总统在大会演讲中热情洋溢地赞誉"索菲亚大学是保加利亚自由思想的摇篮"。当时我就想到,北大在近代中国的历史地位又何尝不是如此。过去人们只知道歌唱"没有共产党就没有新中国",其实也未尝不可以咏叹:"没有五四运动,就没有中国共产党"。1919年5月4日揭开中国历史新的一页,乃是影响极为深远的伟大里程碑。

1928年以后,中央大学因缘时会取代了北京大学的首都大学位置,然而却始终难以成为引领全国精神潮流的火车头。我丝毫无意扬北大而抑中大,因为其所以如此,更多的原因是来自办学环境的明显差异。1928年以前的北京政府,因为多半由军人集团主导,长于武战而拙于文治,加以内部纷争你来我往,客观上为大学留下较为宽松的办学环境,至少是对于校园以内的事务直接干预很少,而对舆论传媒的控制也不怎么得心应手,这些因素为蔡元培们倡导的大学精神的张扬提供了必要的历史舞台。迁都南京以后,作为执政党的国民党却比北洋军阀精明得多,他们不仅懂得"三分军事,七分政治",而且还千方百计加强党化教育，首先是极力安排政党势力进入校园，直接干预教学与管理。在这种情况下，作为首都大学的中央大学反而比远离首都的其他地方大学遭受国家与政党更多的束缚与干扰，很难宏扬自主办学与自由思想的固有大学精神。与此形成鲜明对照，蔡元培的办学理念在北大反而有所萧规曹随，逐渐形成传统。抗战以后，北大与清华、南开联合办学，精英云集，贤良荟萃，在远离重庆的昆明高举民主、自由旗帜，成为全国广大进步师生自己的精神堡垒。当时，内迁大学比较著名的集结地有三处，即中央大学所在的重庆沙坪坝，教会大学聚集的成都华西坝，与西南联大的战时校址昆明。相较之下，就思想活跃程度排序，应该是昆明→华西坝→沙坪坝。抗战胜利以后，内迁大学纷纷复员回归故地，由于国民党的贪污腐败与国民经济崩溃，学生运动风起云涌，形成解放战争的第二战场，在中国共产党的统一领导下，北大和清华、燕京等校又复成为引导潮流的火车头，其影响远远超过困处首都的中央大学和金陵大学。

　　小青着重研究的是大学文化版图的变异，以及因此而引发的学校与国家、社会、政党之间互动关系的变化。我最近却一直在追寻逝去的大学的历史踪迹，特别是追寻那些曾经辉煌但疏离已远的大学精神。也许有所偏离主题，但是并非南辕北辙，其间自有内在联系，或可促进作者与读者作更深一层的思考。是耶？非耶？姑妄言之，即以为序。

章开沅

已丑暮春于实斋

目　录

导　论

　　近代中国处于由传统到现代的社会转型期，经历着前所未有的巨大变革，传统与现代、中国与西方，各种因素和矛盾在这里汇集、融合。近代民族国家的兴起、政党政治的勃兴与近代大学的创立均是这场变革的产物。近代意义上的中国大学，其制度是从西方直接移植过来的，诞生迄今不过一百多年的历史①。与西方近代大学源头上有中世纪一段自治与协会性质不同的是，中国近代大学一开始就作为国家建制的一部分，直接参与到国家建设之中，并且诞生的机缘和与国家关系的远近不同。中国近代大学先后出现了不同的类型，如国立、省立、民办大学等，它们的层次不同，使命各异，形成了一种金字塔式的层级结构。其中，国立大学与国家的关系最为紧密，参与民族国家建设的程度和深度

---

　　① ［加拿大］许美德：《中国大学 1895—1995：一个文化冲突的世纪》，教育科学出版社 2000 年版；金以林：《近代中国大学研究》，中央文献出版社 2000 年版，均将中国近代大学的起源定为 1895 年。［美］杰西·格·卢茨：《中国教会大学史》，浙江教育出版社 1987 年版，则将中国教会大学的起源界定为 1850 年。当然还有许多大学史的著作，尤其是高等教育史的著作将中国大学定义为四千年的历史，如曲士培：《中国大学教育发展史》，山西教育出版社 1993 年版。为此陈平原教授专门撰文《中国大学百年？》来进行辨析，收入氏著《中国大学十讲》一书，复旦大学出版社2002 年版。金耀基先生也认为中国的近代大学是"横向的移植"，而非"纵向的继承"，见其《大学之理念》，生活·读书·新知三联书店 2001 年版，"牛津版序"第 2页。现代意义上的中国大学历史不过百年，这一观点被越来越多的学者所接受。

相对也高得多。近代中国政局动荡，对于国立大学的命运影响深巨，因此，从政治与学术的角度，选取国立大学来探讨国家与大学之间的关系，也许更能说明现代大学发展中所面临的一些基本难题，诸如中央与地方、学术与政治、民族主义与世界主义，等等。

一　关于选题

本书的研究主体——东南大学和中央大学就是"国立"类型的现代大学。为何要选取这样一所大学作为本书的研究主题？美国华裔学者任以都教授曾在《剑桥中华民国史》下卷第8章《学术界的成长：1912—1949年》中考察了中国现代第一所国立大学北京大学之后，提出作为中国近代第一所国立大学，北京大学的成立明显地标志着高等教育与国家建设的紧密关系。她认为，"要全面地进行研究时，南京的国立东南大学（后改名中央大学）等其他主要大学的发展应能提供启发性的比较和对照。"① 然而，这一颇有见地的意见并没有得到多少研究者的积极回应，迄今为止，还没有一部专著完整地从国家与大学的角度来研究从东南大学到中央大学这一段历史。就整体而言，研究中国现代大学的路径依然过于狭小，正如已有学者所批评的："几乎没有人把亚洲的大学放在它们的政治和社会环境中予以分析，把它们当做一种制度来分析其内部的运作，就更少了。"②

---

① 〔美〕费正清、费维恺编：《剑桥中华民国史》下卷，中国社会科学出版社1993年版，第422页。

② 约翰·克来默（John Clammer）著，倪伟译：《过渡社会化的知识分子的困境：后殖民时代新加坡的大学、政治与知识的制度动力学》，收入贺照田主编《并非自明的知识与思想》，吉林人民出版社2003年版，第112页。

20 世纪二三十年代是中国社会的重要转型期，对东南①社会而言，经历了从地方军阀政治到政党政治的巨大变迁，身处其中的东南大学以及后来的中央大学深深卷入。从"东南"到"中央"的进程，与东南社会自治力量的式微，尤其与国民党势力的崛起和执掌中央政权密不可分。其中不仅牵涉国民党与东南地方军阀（主要指齐燮元）之间的势力消长、东南社会自治团体（以江苏教育会和上海商会为中心）与政党势力之间的较量，更与南京成为中华民国政府首都这一重大事件关联密切。藉此，我们不仅可以看出二三十年代军阀政治和政党政治对大学的深层影响、大学"国立化"过程的名与实、重建学术中心过程中政治与学术的依托与冲突、国民政府是如何完成对权力中心的文化改造——其中所经历的人事纠葛与经费的制度安排尤其突出，同时也可以观察知识界人士在这一过程中所持的不同态度以及其学术文化的不同面向。从东南大学到中央大学的转变正是政治变迁的产物，它实际上成为现代大学制度改革的试验场。

本书选取从东南大学到中央大学这一转变的历史来探讨政治变迁与学术文化的关系，主要基于这所大学在中国现代史上的独特地位。无论是东南大学，还是中央大学，在中国现代高等教育史上、学术史上，均占有相当重要的地位。东南大学是中国近代第二所综合性国立大学，中央大学更是南京国民政府时期的"首都最高学府"，不论是地域影响、学术声望，还是在国民政府教育上的地位，它都处于一个绝对中心的位置。因此，选取从东南大学到中央大学的转变过程，来探讨 20 世纪二三十年代政治变迁与现代大学命运的关系，并非只是对于曾生活在这所大学和至

---

① 一般而言，东南包括江苏、浙江、安徽和江西四省，但在大多数语境中，主要指江苏和浙江两省，尤其是江苏（包括上海在内）。

今仍生活在这所大学的人们才有意义。事实上,它对把握近代中国大学发展的基本规律和了解 20 世纪二三十年代的政治与文化也提供了一个窗口。

选取从东南大学到中央大学(1919—1937)这一转变的进程为个案来研究现代国家、政党与大学之间的关系,主要基于以下几重考虑:其一,从选取一个大学的变迁历史入手,容易把握其中的变化轨迹,尤其是 20 世纪二三十年代该校经历了一个从远离政治中心的地方大学(东南大学)到位于首都的最高学府(中央大学)的转变,这一转变与国家政治的变迁尤其是政党政治的兴起同步而行,无疑为考察变动社会中国家、政党与大学的关系提供了一个较佳的范例。其二,20 世纪 20 年代东南大学的国立化运动,并不是中央政府的主动行为,而是东南社会精英共同运作的结果,中央政府与大学之间处于一种松散的联系之中,大学拥有相当程度的自治和学术自由。随着校内人事纠葛的牵连和政党政治的卷入,东南大学陷入了一场分裂与混乱之中。北伐胜利后,政治中心移至长江中下游,这所大学的历史随之发生了重大的改变。从远离政治中心的学术重镇到成为首都的最高学府,其与政府的关系变动是一个重要的环节,政府对大学的控制与大学自治之间的张力、学生的政治运动与政府的压制是其中最引人注目的现象,这无疑是考察民国时期政治与学术关系的一个绝好研究视角。其三,国民政府定都南京,为与新的政治中心建设相匹配,努力将东南大学等江苏境地内高校合并改组成"首都最高学府"(在当时的语境下,首都即全国),国家如何帮助其实现"中央化"是深值探讨的问题。其中引人注目的现象,作为中国现代大学自治体制改革——大学区的最早和最长实践者(1927—1930),其中的人事、经费等曲折、纠葛和失败,为研究中央大学的学术自治体制,检讨大学在中央与地方所处的位置,都是好的素材。加之，党化教育对于大学自治和学术自由的侵蚀，知识精英如何应对、如何分化，也是一个值得研究的问题。其四，国民政府在处理大学风潮的过程之中，是如何最终完成对这所大学从地方到中央的改造，尤其是 30 年代民族主义的再兴，激进的知识精英的抗议给这所大学带来了怎样的影响，校长治校与教授治校的冲突也是这十年历史中一个一直存在的矛盾，引发了影响很大的风潮。无论是从资料整理情况，还是研究现状来看，南京国民政府时期的大学与社会的关系乃是一个相对薄弱的环节，这一课题仍值得进一步研究。

二　学术史的检讨

虽然现代意义上的中国大学还只有一百多年的历史，但对其研究已逾半个世纪，早在 20 世纪 30 年代就有一批学者从中国高等教育的角度展开对近代大学的初步研究。① 笔者将目前所接触到的有关中国近代大学的研究著作，总结为以下四种研究模式：

1. 教育史研究模式

从某种意义上讲，中国现代大学是一个不断将西方大学制度移植入中国并不断中国化的历史。大学制度与政策的不断尝试变革是中国近代大学发展史突出的特点，从教育史的角度探讨中国

① 郭秉文：《五十年来之中国高等教育》，收入申报馆编《最近之五十年（下）》1923 年，近代中国史料丛刊三编第九十辑，台北文海出版社 1931 年版。黄建中：《十年来的中国高等教育》，载中国文化建设协会编《抗战前十年之中国》（1927—1936）。周予同：《中国现代教育史》，上海良友图书印刷公司 1934 年版等，均是按照不同类别对当时高校进行初步统计与归类式的研究。

现代大学的教育政策与制度实施,从宏观层面来把握中国现代大学发展中的基本问题——大学学制、国家教育政策、学校管理体制等,且不少将视角集中于教育先贤的思想和传记方面,这是目前中国近代大学研究的主要路数。① 由于这一路数太过偏重"典章"方面的研究,往往忽视了政策、制度或措施的落实情况。另外,这一研究取向也容易忽略个体的差异性特征,毕竟中国近代大学是由一个多元化的个体所组成的集合体。

对这一研究路径的反动,是大学个案研究的兴起。这种个案的研究主要集中在一些历史相对悠久的大学,台湾学者在这方面进行了可贵的探索。② 大陆学界从 20 世纪 80 年代初就开始兴起一股大学"校史"研究的热潮,几乎所有知名的大学,都组织人员来编写校史和校史研究资料③。另外,近些年来,有关名校记

---

① 这方面的代表作如熊明安:《中国高等教育史》,重庆出版社 1983 年版;曲士培:《中国大学教育发展史》,山西教育出版社 1993 年版(北京大学出版社 2006 年新版)。台湾学者的专题研究如吴家莹:《中华民国教育政策发展史:国民政府时期(1925—1940)》,台湾五南图书出版公司 1990 年版。

② 大学的个案研究如陶英惠:《蔡元培与北京大学(1917—1923)》,中研院近代史研究所 1976 年版;苏云峰:《从清华学堂到清华大学:中国高等教育研究》(1911—1929)、(1928—1937),生活·读书·新知三联书店 2001 年版;黄福庆:《近代中国高等教育研究:国立中山大学(1924—1937),中研院近代史所 1988 年版。

③ 其中影响较大的有:萧超然等:《北京大学校史》,上海教育出版社 1981 年版;萧超然等:《北京大学校史(1898—1949)》,北京大学出版社 1988 年版;清华大学校史编写组:《清华大学校史稿》,中华书局 1981 年版;复旦大学校史编写组:《复旦大学志》第一卷,复旦大学出版社 1985 年版;南开大学校史编写组:《南开大学校史》,南开大学出版社 1989 年版;王德滋主编:《南京大学史》,南京大学出版社 1992 年版;王德滋主编:《南京大学百年史》,南京大学出版社 2002 年版;洪永宏:《厦门大学史(1921—1949)》第一卷,厦门大学出版社 1990 年版;梁山等:《中山大学校史(1924—1949)》,上海教育出版社 1983 年版,等等。此外交通大学、同济大学、北京师范大学、天津大学、东北大学、四川大学、武汉大学、西北大学、南京师范大学、东南大学、西北大学、西北农业大学、西北师范大学、河海大学、华中师范大学等均公开出版了各自的校史。

事性的书籍在市上似乎颇受青睐，① 这些著作大多文风活泼、形式不拘一格，著者将一件件或宏大的事件、或信手拈来的身边小事作为素材，并以其个人对大学的独特感受、或在大学中的人生体验，向读者展示一个大学所独有的生活场景、情调和精神空间。严格地讲，这些均不是严格意义上的研究论文，由于更多是后人的回忆，或多或少掺杂了今人的想象成分，其真实性还有待验证。这些校史研究有一个共同的特点，即研究者往往站在某一具体大学的立场上，追根索源，关注大学的成长历程，从学校沿革的角度，对大学的制度沿革、院系设置、人事变迁等进行详细描述，由于相对宏观的政策史、制度史和措施史的研究更为细致，所以更能表现出一所大学发展的具体境况。但这种研究多是平面化的叙述，虽然有时也将政治和社会作为时代背景加以交代，但缺乏深度分析。加之叙述者追求大学的"光荣历程"，对于某些材料的处理有明显的人为取舍，对事件的叙述明显也存在或隐或彰，这一切均有违学术研究"价值中立"的要求。

总之，这种教育史研究模式目前多属教育学学科范畴，与一般的历史学研究方法上存在着较大的差异。这类研究成果，多偏重于教育界本身，只是就教育谈教育，往往忽略教育同整个社会的历史背景之间相互影响、相互推动的关系。对于这类教育史的研究，已有学者郑重地指出："教育史家必须细心把握航向，力图克服一种倾向，即只注重学校，而忽视学校所处的社会，因为学校依附社会，是社会的代表。"② 近年来，一些教育史专家也

---

①　如辽海出版社的《中国著名学府逸事文丛》（包括清华、复旦、南大、武大等），江苏文艺出版社的《老大学故事丛书》（包括清华、复旦、交大和武大等），四川人民出版社的《中华学府随笔》（包括南大、北大、清华、中山等）。

②　［美］欧文·V. 约翰宁迈耶：《教育史的本质、目的和方法》，收入其主编的《当代教育史研究与教学的主要趋势》，方晓东等译，教育科学出版社 2001 年版，第 43 页。

在呼吁和提倡借鉴社会学、民族学、民俗学、人类学的理论,并运用计量史学、心理史学、口述史学等新的史学方法开展对教育史的跨学科研究。① 而且,已有学者尝试从单纯的教育史模式中走出来,从历史学、社会学的角度研究近代中国百年大学史,并明显取得了一些新的进展。②

2. 文化比较研究模式

把近代中国大学置身于中西文化交融与冲突的历史大背景之下,紧紧抓住现代意义上的中国大学是中西文化交流的产物这一主题,透过实践主体——大学教育的政策制定者、实施者在中西文化背景中所遭受的冲击与挑战,来揭示近代中国大学在文化冲突下的复杂历史图景。这一研究取向在早期的教会大学史研究中表现得最为明显,如杰西·卢茨(Jessie Lutz)对基督教教会大学的研究③。此外,西方近代不同大学模式对中国近代大学影响也引起关注,如陈明球(Ming K. Chan)和阿里夫·德里克(Arif Dir-

---

① 田正平、肖朗:《教育学科建设的回顾与前瞻》,载《教育研究》2003 年第 1 期,第 36 页。

② 金以林:《近代中国大学研究(1895—1949)》,中央文献出版社 2000 年版。该书考察分析近代以来国家教育主管部门的各项政策在近代社会与大学发展过程中的利弊得失,以及近代社会与大学教育的相互关系、大学自身的发展脉络,尤其注重大学的整体发展与个体差异等。苏云峰:《从清华学堂到清华大学:中国高等教育研究》(1911—1929)、(1928—1937)把大学史放到学术史和教育史的范围内加以考察,同时,从社会史的角度将大学校园视为一个由校长、教职员、学生组成的小社会,他们之间的互动关系也成为其关注的主要内容之一,涉及学生的衣食住行、医疗卫生、课外活动等多方面的内容,在现有的大学史中显得较有新意。

③ Jessie Lutz, *China and the Christian Colleges* (Ithaca, N. Y. and London : Cornell University Press, 1971),中文译本见曹钜生译《中国教会大学史》,浙江教育出版社 1987 年版。该书对中国近百年的基督教大学的历史,对传教与教育的关系,对教会大学的教学、科研、社会服务、学生运动及其与中国社会环境的相互影响等方面作了全面的考察。

lik）对劳动大学的研究①，彼得・西博尔特（Peter Seybolt）对延安的高等教育的研究②，巴雷迪・茎南（Barry Keenan）关于杜威对中国高等教育的影响的研究③。有些甚至引伸到中西关系方面，如菲利普・威斯特的《燕京大学与中美关系，1916—1952》，（哈佛大学 1976 年版）是近代中美关系研究中被长期提及的一本专著。

　　由于近代中国大学是从西方直接引进而来，全面的中西文化比较研究近年来依然受到学者的青睐④，加拿大学者许美德新作《中国大学 1895—1995：一个文化冲突的世纪》，就从"文化冲突"的视角来研究百年来中国大学的变迁，认为中西文化冲突是中国大学模式演变的根本原因。该书运用马克斯・韦伯的"理想型"研究方法，⑤借助"理解"这一分析工具，对中国大学的百年历史进行高度的概念综合，力图摆脱传统教育史叙事的框架，侧重从文化比较的立场来解释近代中国大学建立过程中的难题。作为研究对象的文化"他者"，研究者利用理想型分析了中西两种文化背景的相似性和差异性，从而做出新的解释。在这一点上，无疑是对中国学者阐释中国大学发展史时过分拘泥于马克思

---

　　① Ming K. Chan and Arif Dirlik, *School into Field and Factories ： Anarchists, the Guomingdang, and the National Labour University in Shanghai, 1927—1937* (Durham, N. C. , and London ； Duke University Press, 1991) .

　　② Peter Seybolt, *Yanan Education and Chinese Revolution* (Unpublished Ph. D. thesis, Harvard University, 1969) .

　　③ Barry Keenan, *The Dewey Experiment in China* (Cambridgye Mass. Harvard University Press, 1977) .

　　④ ［加］许美德、［法］巴斯蒂主编的《中国教育与西方世界：学习中的文化变迁》，（New York ： M. E. Sharp, and Toronto：OISE Press, 1987），中文译为《中外比较教育史》，上海人民出版社 1990 年版。

　　⑤ 理想型是与自然主义相对立的方法，在韦伯看来，所谓社会历史的本质是根本不存在的，它只注意独特的文化理解，为获得实在认识提供中介手段，并借此进入历史事件的因果解释。

主义经典框架、流于形式的一种反动。① 另外，本书深受当代西方新史学的影响，一反传统实证主义，从文化审视立场定位，应用社会学的方法，围绕大学自治与学术自由的冲突主题，力图厘清西方文化与中国传统文化在冲突中此消彼长的变化关系。这种研究的思路无疑对中国大学史研究有相当的启发意义。

　　从总体上看，与教育史的研究模式相比较，文化比较的研究模式视野开阔，揭示了近代大学发展中诸多令人困惑的文化现象。与现代化的研究模式相比，文化比较研究模式力图避开线性的单面历史，还原历史多面向的真实。但这一研究模式在追求抽象的文化比较的同时，往往相对忽略了中国本身的历史场景，容易导致以"理想型"替代现实型的倾向。因此，对中国历史本身的研究来代替理想模型的研究，在近 20 年教会大学史的研究中受到特别关注。20 世纪 80 年代中期以来，大陆的中国教会大学史研究日益引起国内外学者的关注，若干大型国际学术会议相继召开，有关专著、论文陆续公开发表，涉及的主要学术问题有：教会大学的历史地位及其评价，教会大学与中国教育现代化，教会大学与中西文化交流，教会大学与知识分子，教会大学与民族主义等。② 就其研究的深度和广度而言，明显超越了单纯的文化

---

①　［加］许美德著，许洁英主译：《中国大学 1895—1995：一个文化冲突的世纪》，教育科学出版社 2000 年版。

②　关于教会大学，最新的研究概况参见马敏：《近年来中国教会大学史研究综述》，载章开沅主编《文化传播与教会大学》，湖北教育出版社 1996 年版，第 401—428 页；史静寰、韩莉、王毅：《大陆地区的教会大学史研究——一块尚待多学科研究者耕耘的园地》，载林汉平主编《从险学到显学》，台湾宇宙光出版社 2002 年版。1949—1993 年的中文研究著作见王维江、廖梅编《基督教文化研究中文论著索引》的第 4 部分《基督教与中国科技、教育及文化》，收入朱维铮主编《基督教与近代文化》，上海人民出版社 1994 年版，第 472—481 页。大陆对教会大学史的最新研究有章开沅主编《基督教与中国文化丛书》，湖北教育出版社，已出版有《文化传播与教会大学》（1996 年）、《社会转型与教会大学》（1998 年）等专辑。

比较研究范式。

3. 现代化研究模式

20 世纪 30 年代中国知识界就发生了一场现代化的大讨论，但将现代化的研究模式引入中国近现代史研究领域，基本上是从 20 世纪 70 年代开始，大陆学界基本上是自 80 年代开始。一批新生代的研究者，受中国现代化研究热潮的影响，尝试以现代化的研究模式取代教育史的研究模式，已取得了很大的成绩，这给教育史研究带来了一股清新的研究风格[①]。

现代化的研究模式，将近代中国大学纳入传统与现代的二元结构中进行分析，注重西方大学理念的输入对中国大学建立的解放性作用，关注特定群体如大学校长、教育会、留学生等对中国教育现代化的贡献。其最大的优长是注重考察变化的因子，寻求变化的清晰轨迹。但现代化研究模式因存在研究之先的理论预设，先入为主的主观偏见甚重，这无疑会导致研究者忽略许多历史中的复杂问题。正如国际著名的中国教育专家许美德教授所批评的："现代化的论述总是习惯于力图发现某一特定现象的背景原因，或以演绎理论为基础进行预测，然后在一个小心设定的范围内加以验证。"[②]

---

① 这一研究取向方兴未艾，著作颇多，其中研究江苏教育方面的代表作就有（均是博士学位论文）：刘正伟：《督抚与士绅——江苏教育近代化研究》，河北教育出版社 2001 年版；王运来：《江苏高等教育的早期现代化》，人民出版社 2001 年版。前者注重考察特殊主体在教育近代化中的地位和作用；后者则对整个地区高等教育近代化轨迹进行归纳，探讨特定群体在教育现代化中的作用。

② ［加］许美德著，许洁英主译：《中国大学 1895—1995：一个文化冲突的世纪》，教育科学出版社 2000 年版，第 3 页。

4. 政治与文化研究模式

近代中国大学从其诞生之日作为民族国家建构的一部分而存在，深深地卷入近代中国的政治潮流之中。大学史研究无法回避大学与政治的紧密关系，20 世纪 80 年代大陆学界兴起的校史研究热中，将大学纳入革命的历史叙事之中是一个突出的现象。有研究者指出，这些研究虽然也常常注意到学校所处的社会与政治环境，却又常常把它们当做无关紧要的背景知识来处理。或者，更常见的状况是，把复杂的政治因素简化为政治运动，使校史更多地带上了"革命史"的色彩，反而忽视了本是大学史"题中应有之义"的"学术"与"教育"这些因素①。早在 20 世纪 70 年代就有国外学者涉足于民国时期的高等教育与政治，如 John Israel 研究了 30 年代的学生运动②。值得注意的是 20 世纪 80 年代末以来，欧美学界对中国大学史研究的一个突出特点就是研究风格的转向，尝试从政治与文化的模式来研究近代中国大学史，并出现了一批研究成果，精辟地论述了民国时期大学的政治与文化冲突的历史，举例说明了高等教育的演进模式。将中国大学的政治与文化相互关系来立论，既可以体现大学在中国政治生活中的地位，也可以反映出当时中国政治生活的一个侧面，并将大学这种独特的文化个性揭示出来。更为重要的是，从政治与文化互动

---

① 王东杰：《国家与学术的地方互动：四川大学国立化进程（1925—1939）》，生活·读书·新知三联书店 2005 年版，第 9—10 页。王东杰的著作，就是从民族国家统一的视角，细致考察四川大学国立化过程中，中央与地方在学术、文化方面冲突以及官方、学人心态的变化过程，突破传统的纯粹教育史研究范式，对于理解 20 世纪二三十年代国民党统一中国的过程无疑有相当的意义。

② John Israel, *Student Nationalism in China 1927—1937* (Standford, Calif: Standford University Press, 1971).

的角度，来展示近代中国历史的复杂面相。① 以上新的研究，都力图超越现代化的研究框架，从制度研究转向文化冲突与变迁，即从大学内部的文化本身来挖掘其内在冲突与困境。

尽管取得上述这些成就，学者们对近代中国大学这一课题研究成绩总体评价仍不高，认为"研究还很不够"。主要是认为进行这一课题的研究有诸多困难，其一，研究它不仅需要了解大学本身的发展脉络，还要熟悉近代中国历史的大背景；其二，有关这一课题的研究资料、档案文献十分分散，要想充分掌握它已非易事，再想在此基础上归纳清理它的脉络线索，并做深入的研究，更是不易；其三，中国近代大学发展中个体差异极大，又存在多种不同类型，各自的发展规律不同，在各时期，政府对高等教育发展的宏观政策以及各大学的微观变化都有所不同。以上原因造成了该课题的研究一直难以取得重大突破。

具体到本论题而言，无论是国立东南大学还是国立中央大学，在近代中国的大学史中均占有重要的历史地位，就前者而言，它是现代中国第二所综合性国立大学，其发展历史与 20 年代东南社会强烈的自治色彩相一致。作为南京国民政府时期的"首都最高学府"，国立中央大学得到中央政府特别的扶持，在其发展的高峰时期，无论是其办学经费、学生人数、办学条件，还

---

① 近年来尝试用这一模式对近代中国大学研究的成功例子如：叶文心：《异化的大学——民国时期的文化与政治（1919—1937）》 *The Alienated Academy* ：*Culture and Politics in Repulican China* ，*1919 — 1937* Cambridge Mass；Council on East Asian ，Harvard University，1990；魏定熙：《北京大学与中国政治文化》，北京大学出版社 1998 年版。前者从政治与文化的关系角度来立论，具体分析民国著名大学与政府之间的疏离关系；后者从政治文化的角度，审视北京大学的早期历史，将北京大学的建立和发展放在中国政治文化尤其是 20 世纪 20 年代的政治文化背景中进行研究，讨论早期知识精英如何在急剧的政治文化转型中寻求新的定位，进而将北京大学转变为一种新的政治文化的象征意义。

是教授阵容、学术研究以及社会声望，都首屈一指。由于受各种因素的影响，与民国时期北京大学、清华大学的研究相比，学术界长期以来对中央大学的研究明显薄弱。目前已有的研究主要是集中在其前身——三江师范学堂、南京高等师范学校和国立东南大学，如苏云峰的《三江师范学堂——南京大学的前身 1903—1911》（台北中研院近代史研究所专刊，1993 年。）该书考辨了三江师范学堂的创办原因和过程、课程设置、生源、师资情况、组织及其作用。朱斐主编的《东南大学史》第一卷（东南大学出版社 1991 年版），则对于东南大学创办的早期历史与办学成绩有细致的梳理。此外近年来大陆学术界对"东南学派"也有所关注，重点是放在对"学衡派"本身的研究上，台湾的沈松侨、大陆的郑师渠、沈卫威等致力于此，各人的研究路径不一，有助于从不同的角度理解学衡派。沈松侨以"五四"时代为历史背景，侧重与新文化派的比较中来探讨学衡派的文化见解与历史地位[①]。郑师渠从文化观、史学思想、诸子学、教育等不同方面对学衡派的文化思想进行了专题研究[②]。沈卫威早期以"文化保守主义"的概念与范畴作为新的分析工具，侧重于对吴宓、梅光迪与胡先骕三位主要人物的个案解读[③]。最近又从学术理路、文化载体、大学场域和个人体验四个方面，对学衡派进行了再归纳研究，再次强调学衡派的新人文主义理想，并从长时段历史中选取五个相关刊物——《学衡》、《史地学报》、《大公报·文学副刊》、

① 沈松侨：《学衡派与五四时期的反新文化运动》，台湾大学出版委员会 1984 年版。

② 郑师渠：《在欧化和国粹之间：学衡派文化思想研究》，北京师范大学出版社 2001 年版。

③ 沈卫威：《回眸"学衡派"——文化保守主义的现代命运》，人民文学出版社 1999 年版。

《国风半月刊》、《思想与时代》，来分别探讨学衡派的文化整合、历史寻根、文学批评、民族意识与国家观察的表现。[①] 受目前学术界对于学衡派研究的影响，不少学人有意无意将学衡派与东南大学等同起来，实有倒放历史的嫌疑。而高恒文在研究学衡派在东南大学的成长历程时，注意到学衡派与东南大学内其他派别（如中华教育改进社、国学研究会）之间的联系与区分，特别指出不能将学衡派与东南大学等同视之，颇有见地。[②]

　　目前对于东南大学和中央大学本身的研究，主要是中央大学的继承者——南京大学和东南大学等院校所作的校史研究[③]。这些研究的主要贡献在于：对国立东南大学到中央大学的历史沿革和主要大事均有清晰的记载，尤其是对中央大学的历届校长、院系设置和学校风潮均有细致的论述。校史的重点仍在于寻求"光荣的历史"，对于其历史中诸多困境要么论述不清，要么只是作

---

　　① 沈卫威：《"学衡派"谱系——历史与叙事》，江西教育出版社2007年版。

　　② 高恒文：《东南大学与"学衡派"》，广西师范大学出版社2002年版。

　　③ 主要存在于以下五本校史著作中：王德滋主编：《南京大学史》，南京大学出版社1992年版。龚放、冒荣编著：《南京大学》，湖南教育出版社1995年版。王德滋主编：《南京大学百年史》，南京大学出版社2002年版。南京大学高教研究所编：《南京大学大事记（1902—1988）》，南京大学出版社1989年版。朱斐主编：《东南大学史》第一卷，东南大学出版社1991年版。以上著作均是将中央大学纳入校史的一部分进行论述的。海外的研究主要是台湾"中央大学"所出版的"中央大学"七十周年纪念特刊——《"国立中央大学"七十年》，主要是一些校史方面的回忆和纪念，尤其是历届校长的传记、办学方针等，就严格的意义上讲，还算不上真正的学术研究论文。目前对中央大学的研究论文，主要集中在南京大学《高教研究与探索》1988年第2期"校史研究专辑"，收录的论文有袁李来：《罗家伦与中央大学》，该文对罗家伦执掌中央大学的贡献给予重新认识和评价。此外还有一些回忆性的文章。陈平原在《首都的迁徙与大学的命运——民国年间的北京大学与中央大学》一文中（收入其著《中国大学十讲》一书中），对于首都的迁移与这两所大学的命运作了一番比较。此外，张宏生、丁帆主编：《走近南大》，四川人民出版社2000年版，龚放、王运来、袁李来：《南大逸事》，辽海出版社2000年版，两书收入了诸多当时和后人对于东南大学、中央大学时期的校长和教授回忆与研究类的文章。

为光荣历史中的陪衬，并没有完全将中央大学置身于特定的历史之中来揭示近代大学与政治之间存在的诸多张力。本书力图在此方面有一些突破。

三　问题意识及基本思路

近代大学，尤其是国立大学，从一开始就被纳入到国家的整体构架之中，因此只有将大学置身于政治与社会的变迁之中，才能真正把握其中变化的历史轨迹。正如美国教育家亚伯拉罕·弗莱克斯纳在 20 世纪 30 年代所言，近代大学总是处于特定时代总的社会结构之中而不是之外。①　这为我们研究近代中国大学指明了一条方法和路径，因此从东南大学到中央大学这一转变的历史，或许可以为我们提供一个比较有意义的细微案例，来探讨二三十年代国家政治与学术文化的多重关系。近代大学像其他的组织一样，总是处于特定的社会结构之中，而不是其外。本书所力图实现的创新主要是将大学置身于特定的历史场景之中，放宽历史研究视域，将近代中国大学纳入整体史的研究之中，揭示特定时代的大学与政治的关系。本书所要考察的问题是，在政局变动过程中，东南大学是如何从一个地方性大学演变成为首都最高学府？就学校外部而言，注意考察国家政治制度和政党政治兴起的影响；就学校内部而言，注重分析校长、教授和学生三个不同群体对于大学发展的基本倾向。其中，校长的人事更替、经费来源的争执、主体心态的变化及学术文化的表现等是考察的重点。本

---

①　［美］亚伯拉罕·弗莱克斯纳著，徐辉、陈晓菲译：《现代大学论》，浙江教育出版社 2001 年版，第 1 页。

书的基本思路是试图跳出已有的大学校史那种"内外"研究框框，将中央大学置身于国家、政党与社会之中，更多地从"外史"的角度来揭示出大学与政治之间的多重互动关系。

迄今为止还没有一部从国家与大学关系的角度对东南大学与中央大学的历史进行深入研究的著作问世，笔者将在本书中比较详尽地描述该校的一些细节，尤其是人事纠葛与学潮的起伏。但本书并不想写成一部学潮史或教育制度史，也不打算提供很多有关东南大学和中央大学的综合性评价。相反，我的兴趣在于：第一，在政治变迁过程中，即军阀政治与政党政治的轮替中，中央政府与地方社会之间在这所大学的国立化过程中，对人事安排和经费制度等问题是如何处置的？说明了什么问题？第二，这所大学在 1919—1937 年间中国政治和学术文化生活所占有的特殊地位及其实际的作用，学院的知识分子是如何参与到知识生产、意识形态生产及合法化的过程之中的？他们对"民族国家建设"政治体制的参与或抵抗方式有何特点和变化？第三，政党政治兴起后，政府和学校之间如何处理"党化"教育与大学自治、学术自由之间的关系的？校长角色的政治抑或学术取向如何影响这所大学的发展？总之，我所关注的是这所大学的历史所昭示的政治与学术多重架构的相互关系，尝试探讨当时中国的政治与学术精英如何处理政治与学术二者之间复杂微妙的关系，从而试图对中国现代大学，尤其是国立大学发展中的特色及困境有所揭示。

从东南大学到中央大学这一变迁过程具有的政治象征意义，来源于同期东南社会由边缘政治进入中心政治的巨大转变，这所大学从始至终以不同的方式参与其中。这所大学的自身定位和社会定位相应发生了巨大改变，由一所地方性的大学一跃成为首都最高学府（在当时，首都即全国），这关键在于南京政府建立时中央政权对其定位和与中央政府的紧密关系，并非完全是其自身的努力结果。但中央大学之所以具有学术和文化的象征意义，亦因在20世纪二三十年代学术中国化的努力过程中，中央大学的知识精英站在时代前列，参与政治与文化创造。这种政治中心与学术中心的结合，使中央大学的教育和学术活动具有政治化的色彩。关于学校内部管理及外部社会之间也具有不同的政治意义，有关校长人选、经费、人才聘用以及文化的论争也折射出政治的色彩。在急剧的政治变动时期，作为首都知识精英的中央大学教授是如何寻求自身的定位，又是如何在政治与学术之间寻求一种相对稳定的平衡，是本书所要关注的问题之一。

如果从"政治"与"学术"的相互关系角度看，这一问题还牵涉到大学发展、学术自由和某种程度的自治诸问题。从东南大学改名为国立大学的第一天起，就面临着如何要求国家来扶持发展的问题。在军阀时代，由于中央权威的式微和地方军阀忙于混战，经费问题成为当时大学发展的一道难题，但东南大学却拥有相当程度的学术自由和学校自治。当政党政治进入东南大学之后，围绕大学与政治的关系这一主题，东南大学的师生发生了严重的分化，赞成与反对政党政治的双方进行了长期的角力。随着国民党势力完全控制长江流域，从总体上看，东南大学的不少师生对于本校的"中央化"抱有积极乐观的态度，期冀借助"中央化"的过程来解决大学发展中的困境。事实上，在"中央化"的过程中，这所大学的确得到了诸多政治扶持，但由于党化极力侵蚀，自己也因此付出了相当的学术自由和学校自治的代价，由此而引发了部分师生的激烈抗议。这一深具吊诡（paradoxical）的结果，是值得关注近代中国大学命运的人们思考的重要问题之一。

东南大学演变成为中央大学的这段历史，同时也是观察近代中国的学院知识分子与政府关系的一个窗口，为研究20世纪二三十年代中国政治文化的变迁提供了诸多有益的素材。政治的变迁引发了学院内的知识分子对于这所大学处身定位的争论，是应该成为一个献身于学术和自我完善的封闭象牙塔，还是成为与众不同的政治文化活动的中心？学院知识分子的分化与专业之间的关系如何，也是一个值得注意的问题。

　　当然，东南大学的"中央化"过程，并非单纯是一个大学的问题，由于首都的变迁，国民政府极力扶持这所大学成为民国全国的学界领袖，成为"最高学府"，这一过程同时面临其他大学的挑战，尤其是来自一直在中国近代大学处于领导地位的北京大学的挑战。政府如何处理这两所大学的关系，外在的知识界如何看待这一过程，以及中央大学内部如何警惕和防止其他大学对其地位的挑战，从心态史的角度来探讨这一问题，对于理解20世纪二三十年代知识界的心路历程无疑会有些许帮助。

　　本书的章节安排采取依时间为纲、以事件为目，具体的章节多以校长的更替来划分。之所以如此，主要是从校长在大学发展中的独特作用考虑的。从近代中国的国立大学产生之日起，校长就处于一种特殊的理想和现实中间，即处于国家权力系统与大学自治、学术自由理念的交接点上。国立大学的校长既是政府监管大学的代理人，不能脱离政府而存在，同时，由于受到西方大学理念的影响，他又是大学精神的集中体现。因此大学校长的人选和变动，最能体现国家与大学的关系。在近代中国大学史上，每一所大学的成长都与一位杰出的大学校长联系在一起，如北京大学与蔡元培、蒋梦麟，清华大学与罗家伦、梅贻琦，中山大学与邹鲁，武汉大学与王世杰、王星拱，成都大学与张澜，四川大学与任鸿隽，暨南大学与何炳松，浙江大学与竺可桢，等等。尤其是20世纪二三十年代，由于多数大学施行校长责任制（这与今天的大学校长负责制不能同日而语），大学校长的知识类型、生活经验与其政治文化立场决定了一个校长的治校理念与措施，对于一个大学特色的建立和其发展的基本走向起着举足轻重的作用，尤其是在大学相对享有一些自主权的时候。同时，东南大学向中央大学的转变中与政党政治的兴起紧密相联，从政治变迁与派系斗争的角度考察或许会有一些新的发现。因此本书的主要章节就是依据校长的轮替，按时间顺序，分别以郭秉文、张乃燕、朱家骅和罗家伦四位校长为中心而展开相关论题的讨论。

第一章

东南大学"国立化"与地方社会、政党(1919—1927)

近代中国民族国家的兴起及其建构过程,是中国近代社会转型的重要内容。这一过程不仅涉及国家体制的变革等上层建筑方面,而且深刻地影响了社会生活及文化心理的各个方面。其中新型近代大学的出现是这一民族国家建构的重要一环,"大学是一种独特的教育机构,它们有着共同的历史渊源,又深深地植根于各自所处的国家之中。"① 大学从其起源而言完全是西方的产物,随着晚清民族主义的高涨,近代大学在中国的民族国家建构中的作用日益受到重视。中国近代历史上第二所综合性国立大学东南大学就是在这样的背景下出现的。在这一章中,笔者将围绕东南大学国立化的过程,重点探讨国家与地方在国立化过程中的分歧及其冲突,并对其中所掺杂的军阀政治与政党政治、观念冲突与人事纠葛等问题进行探讨,从而具体分析东南大学国立化过程的艰难及其破产,并讨论这一困境对于东南大学的学术文化的影响。

---

① [美]菲得普·G.阿特巴赫著,人民教育出版社教育室译:《比较高等教育:知识、大学与发展》,人民教育出版社 2001 年版,第 13 页。

一 "五四"与东南大学的国立化

1. 从南高到东大:"国立化"的动议

近代中国大学诞生于何时,当代学术界有不同的看法,或认为起源于教会大学,或认为起源于同文馆的创立。不过,民国时期教育界一个重要的意见认为中国大学诞生于清末时期,"至于中国设立高等教育机关的经过,大学当以一八九五年北洋大学的创设为嚆矢;次之,一八九八年,北京大学设立,再次之,一九〇二年,山西大学开校。清朝时代,中国的大学仅有这三大学而已。民国初年,即计划设立北京、南京、武汉、广东四大学,次之一九一九年,筹设西南大学,可是后来因为人才经费的缺乏,加以历年政治纷乱,不能见其实现;一九二一年,南京东南大学,即见正式成立,与北京大学遥相对立,成为中国国立大学的基础。"[①] 这一说法大体符合近代中国大学发展的历史,也可见东南大学在近代中国国立大学发展史中的位置。

东南大学的前身,是始于 1902 年的三江师范学堂,1905 年改为二江师范学堂,1915 年再改为南京高等师范学校,这也是近代中国较早设立的高等师范学校之一。[②] 南京高等师范学校成

① 乐嗣炳编辑、程伯群校订:《近代中国教育实况》,世界书局 1935 年版,第37—38 页。

② 对于这所大学的早期创办历史文献,可参考叶楚伧、柳诒徵主编,王焕镳编《首都志》"教育"下"高等学堂"部分,正中书局 1935 年版,第 710—723 页。中央大学秘书处编纂组:《国立中央大学沿革史》,秘书处编纂组编印 1930 年版,第 5—15 页。杨葆初:《国立中央大学沿革史》,载国立中央大学湖北学会刊物编辑委员会编《江汉学报》创刊号,1933 年 4 月,第 9—15 页。最近的研究可参考苏云峰《三(两)江师范学堂 南京大学的前身,1903—1911》,南京大学出版社 2002 年版。

立后，"诸所擘画，颇异部章，而专修科增设之多，尤为各高师所未有。其后实行选科学分制，学程与设备，益趋于大学之规模。"① 在学校规模不断扩大的同时，南京高等师范学校本身形成了良好的学风，这一点正如当时的副校长刘伯明先生所言："吾校同学率皆勤朴，无浮华轻薄气习，而其最显著之优点，在专心致力于学，其坚苦卓绝，日进不已，至可钦佩，实纨绔子之学生所不能及者也。"② 在短短几年之中，南京高等师范学校声誉鹊起，为后来的东南大学和中央大学留下了丰厚的文化遗产。20 世纪 30 年代中期，一批学者回忆南京高等师范学校这段历史，将这种学风称为"南高精神"，具体而言指的是：保持学者的人格；尊重本国文化；认识西方文化；切实研究科学。③ 这实际上也是中西平衡的学术文化特色。

　　1912 年南京临时政府成立之初，就有另筹备四所国立大学的动议，时掌教育部的蔡元培 20 世纪 30 年代回忆说，民初他对大学特别注意有四点，其中第三点就是对国立大学暂定为五所，除北京大学外，再设筹办大学各一所于南京、汉口、四川、广州等处。④ 后终因经费支绌，并未真正实行。1920 年东南士绅再次提出筹设国立东南大学，与"五四"运动爆发导致政治学术格局变动关联，更与"五四"运动的爆发后北京大学的命运息息相关。

---

　　① 张其昀：《源远流长之南京国学》，载《国风半月刊》第 7 卷第 2 号（南京高等师范学校二十周年纪念刊）（1935 年 9 月），第 48 页。

　　② 张其昀在《"南高"之精神》一文所引述，张文载《国风半月刊》第 7 卷第 2 号（1935 年 9 月），第 15 页。

　　③ 郭斌和：《南京高等师范学校二十周年纪念之意义》，载《国风半月刊》第 7 卷第 2 号（1935 年 9 月），第 1—4 页。

　　④ 蔡元培：《我在北京大学的经历》，载钟叔河、朱纯编《过去的学校》（回忆录），湖南教育出版社 1982 年版，第 1 页。

"五四"运动爆发后，北京大学一时处于全国风潮的中心，自身形势日益吃紧。1919年5月8日上海《申报》载称，5月5日政府阁员在一次紧急会议上，"主将北京大学解散"，时教长傅增湘认为古今中外无此办法，因此力争。5月7日，陈独秀去信上海的胡适，"大学解散的话，现在还没有这事实，但少数阔人，确已觉得社会上有一班不安分的人，时常和他们为难，而且渐渐从言论到了实行时代；彼等为自卫计，恐怕要想出一个相当的办法。"[①] 是时，谣言四起，或曰蔡校长的人身安全有危险，或曰徐树铮的士兵将从景山炮击北大。这种情势之下，5月9日蔡元培宣布辞职离京，一时北京大学前途未卜。蔡离开北大的本意似乎是借此消弥北京政府对北大的压力，恢复北大的正常秩序，但却引发了学生新一轮的抗议、示威和游行，北京政府亦借机加大对北京大学的镇压。在这种不断恶化的形势下，南方江浙教育界的领袖黄炎培、蒋梦麟等与北大新派领袖胡适等商量，借机将北大迁往南方（南京或上海）去办理，以此为新派寻求一个安身立命之所。为此，蒋梦麟主编的《新教育》发表《南方当急立大学》评论，公开呼吁在长江流域设立一所国立大学："吾国之大，而足以号召全国之大学惟二：曰北京大学，曰北洋大学。北京大学设文理与法科，北洋大学设工科，分之为二，合之实惟一也。吾国教育虽幼稚，而据民国四年统计，全国学生已达四百万人有奇，其中中学生计七万人。仅一国立大学，其足以容纳之乎？且查全国学生数，黄河流域及以北诸省，仅一百六十万人，而长江流域及以南诸省，有学生二百三十五万人。以二百三十五万之区

---

① 《陈独秀致胡适》，载中国社会科学院近代史研究所中华民国史研究室编《胡适来往书信选》上册，中华书局1979年版，第42页。

域，而无一大学，执政诸公，将何以自白于吾民乎?"① 时任江苏教育会副会长黄炎培和蒋梦麟 5 月 22 日联名去信北大教授胡适，信中说得十分清楚，重点提及蔡元培离开北大后南方人士预备的两大办法："（一）同人所最希望者，为大学（指北京大学——引者注）不散。孑公自仍复职。同人当竭力办南京大学，有孑公在京帮忙，事较易。事成后渐将北京新派移南，将北京大学让与旧派，任他们去讲老话（亦是好的），十年二十年后大家比比优劣……（二）如北京大学不幸散了，同人当在南组织机关，办编译局及大学一二年级，卷土重来，其经费以募捐集之……总而言之，南方大学必须组织，以为后来之大本营，因将来北京还有风潮，人人知之。"② 随后第三天蒋梦麟再次致信胡适："照我的意思，如能委曲求全，终以保全大学为是。因为我们的第一条办法是比较好一点儿。如你看来，大学有不能保存之势，也要早些写信给我，我们可以早些儿预备你们来上海。"③东南各省知识精英认为北方现为旧派势力所控制，东南应建立一所新的国立大学，借机可以将北方新派力量转移至东南（南京或上海），成立新的大本营。可见，他们设想中的南京大学，多为在北方的新派学人（多为南方籍学人）的出路考虑，并且有南北

---

① 《南方当急立大学》，载《新教育》第 1 卷第 4 期（1919 年 5 月），第 347—348 页。

② 《黄炎培、蒋梦麟致胡适》（1919 年 5 月 22 日），载《胡适来往书信选》上册，中华书局 1979 年版，第 47—48 页。

③ 《蒋梦麟致胡适》（1919 年 5 月 24 日），载《胡适来往书信选》上册，中华书局 1979 年版，第 50 页。胡适最早接触到黄炎培是在 1918 年 6 月 19 日，其第二天在与朋友的书信中称："昨日有一位朋友蒋梦麟先生从上海来，我约他在中央公园吃晚饭。到了晚上，他来了，还带来一位客，问起始知是江苏教育总会会长黄炎培先生。黄是当今教育界一位最有势力的人。我们几次想相见总不曾见着，今晚才遇着他，两人都很欢喜。"（《致盛兆熊》，载耿云志、欧阳哲生编《胡适书信集》上，北京大学出版社 1996 年版，第 1164 页。）但后来二人却因教育观念、权势之争而渐行渐远。

与新旧争锋的意味隐含在其中。同样，余斐山于6月14日致信胡适仍坚持请胡适南来办理东南大学："我望先生如看局势不佳，仍以南来筹备'东南大学'为是"①。虽然运动中北京大学并没有像黄炎培与蒋梦麟所预测的那样被解散，胡适也没有南下来筹办东南大学，但在东南设立一所新的国立大学的动议却再一次被激活。到了第二年，正值范源廉执掌教育部，有志刷新教育，于是南京高等师范学校校长郭秉文②联络东南各省热心教育的社会名流，共同筹划，议于南京建立第二所国立大学，于是又出现国立东南大学之筹划。

1920年4月7日在南京高等师范学校的校务会议上，校长郭秉文正式提出筹备国立大学的议案，即请教育部改南京高等师范学校为东南大学，出席会议代表一致表示赞同。这样大的问题，在一次会议能得到大家的一致赞同，可见南高人对于建立国立大学的急迫心理。自此，以南京高等师范学校为基础来筹建东南大学的方案进入实际的运作时期。为稳妥推进起见，会后第三天，郭秉文在校内成立"筹议请改本校为东南大学委员会"，聘请南京高等师范学校的主要行政和系科负责人——张子高、刘伯明、邹秉文、柳诒徵、杨杏佛、孙洪芬、王伯秋、陶行知、胡步曾、张士一、涂羽卿为委员，具体讨论并草议了《南京建立国立

---

① 《余斐山致胡适》，载《胡适来往书信选》上册，中华书局1979年版，第57页。
② 郭秉文（1880—1969），字鸿声，江苏江浦人，长于上海，早年毕业于上海清心书院。后留学美国，先后获沪斯特大学理学士、哥伦比亚大学师范学院教育学硕士。1914年以《中国教育沿革史》的论文获哥伦比亚大学哲学博士学位，成为在该学院取得教育学博士学位的第一位中国人。在留美期间，曾任中国留美学生联合会会长，并主编《留美学生联合会会刊》，在留学生中颇有声望。郭于1914年8月学成归国，即参与创办南京高等师范学校，始任教务长，1908年任代理校长，1919年开始任校长。第二年就开始创设国立东南大学。1921年6月东南大学正式成立后，成为首任校长，直到1925年。以上参见刘绍唐主编《民国人物小传》，第1册，台北传记文学出版社1975年版，第199—200页。

大学计划书》。郭秉文深知仅凭南京高等师范学校自身的力量来说服中央政府同意创建国立东南大学，的确不易成功。9 月初郭秉文便亲往上海，与商界教育界贤达接洽游说，先后争取到东南社会的九位名流——张季直、蔡子民、王儒堂、蒋梦麟、穆藕初、沈信卿、黄任之、江易园与袁观澜为本校发起人，这九人均是东南教育界、实业界有相当影响力的社会精英，他们的简历如次：

张謇（1853—1926），字季直，江苏南通人。清末民初著名实业家、教育家，曾任民国实业总长、农工总长、江苏教育会会长等职。

蔡元培（1867—1940），字子民，浙江绍兴人。著名教育家，民国第一任教育总长，时任北京大学校长。

王正廷（1882—1961），字儒堂，浙江奉化人。政府官员，历任参议员、多届内阁的外交部长、工商部长。

蒋梦麟（1886—1964），字兆贤，浙江余姚人。美国哥伦比亚大学哲学博士，时任北京大学总务长兼代理校长。

穆藕初（1876—1943），名湘玥，上海浦东人。厚生、德大、豫丰纱厂的创办人，近代大实业家。

沈恩孚（1864—1944），字信卿，江苏吴县人。教育家，曾创办河海工程专科学校，时任江苏省教育会副会长。

黄炎培（1878—1965），字任之，江苏川沙人。辛亥后任江苏都督府教育司长、江苏省议会议员，时为江苏教育会副会长。

江谦（1876—1942），字易园，安徽婺源人（今属江西）。江南硕儒，曾任江苏省教育司司长、南京高等师范学校校长。

袁希涛（1866—1930），字观澜，江苏宝山人。辛亥革命后历任教育部普通教育司司长、教育部次长，时任江苏教育会会长。

以江浙地方政界、学界、实业界名流所组成的东南大学发起人，于1920年9月开始正式筹划成立国立东南大学一事，当时考虑最多的是经费问题，为此十发起人提出一个替代方案，即在南京高等师范学校的基础之上成立新的国立大学，计划"自十年度起，南高即停止招生，俟旧有学生全体毕业后，即将南高名称取消。是目前虽大学与南高名目并存，而实际无异停办高师，专办大学。此与本部原定之学校统系不（疑为"并"——原文如此）无出入。"① 这样可以解决经费问题同时科系设置、师资来源等均可一并解决。

国立东南大学的发起人首先在报界展开舆论攻势，在学校的日刊上公布《〈东南大学〉缘起》：

"民国初建，东南人士之兴学者，往往号称大学未几而停辍者相望。近年教育部议设五大学，南京居其一，已草预算矣，复未见诸实行，故自天津太原以南都官私立学校计之，舍今日甫经议立之西南大学、南通大学外仍无一大学，有则外人所设立者也。东起河济，南迄海徽，其方里不下五百万，其人口不下二万，而数十年来数千里中无一完备之大学，嗜学而薪大学者而不入外人所立之大学，必裹粮斋装不远千里而之京津。而京津之大学不足容，则必走日本、美利坚，西诣俄、法、德以解其嗜学之渴……以南京高师改办东南大学其利有十：利在地理者一，利在历史者二，利在校址者三，利在设科者四，利在师资者五，利在学生者六，利在经济者七，利在学术者八，利在国际者九，利在民治者十。"②

---

① 《改订南京建立国立大学计划书致教育部》，收入《南大百年实录》上卷《中央大学史料选》，南京大学出版社2002年版，第102页。

② 《东南大学缘起》，载《南京高师日刊》第387号，1920年11月4日。

　　这份缘起是造成立国立东南大学的主要理由，强调近代以来东南是中国社会经济文化发展的重心地区，其人才与经济实力均居全国最为重要的地位。其后，这份缘起重点论及国立东南大学的倡议是江南经济文化实力的体现，特别从学术的世界竞争角度来立论，"教育重普及，学术贵大成，昔之言教育者第知小学为普及之具。欧战以后，各国学者乃悟大学教育亦宜注意，凡所推广倡设者，汲汲惟恐或后。盖今后之时代，一大学教育发达之时代也。"① 在这篇缘起中，重复前面所论在南京设立国立东南大学的十大先天优势：地理、历史、基础、人才、经济和政治等，其中尤为重要的就是学术发展与贡献，称"吾国学术向多倡自东南，近年输入欧美文化亦以东南为捷……近世各国社会风气率视大学学者为转移，往往以一二巨子之学术思想冀进国情作新世运，吾国鲜此学府，故新旧争讼而群德坐是不昌，使东南有一完备之大学，为焕发国光吐纳万有之地，非独可以融贯群言，作吾国社会之准的，充其所得且将贡输于各国，植吾国于世界大学之林"。② 言词之中，不仅对于东南在学界的地位有相当的自信，尤其对于即将成立的东南大学对社会的贡献以及光大中国学术寄予厚望。

　　其后，郭秉文会同上述九位名流一起联名上书教育部，建议在南京添设大学，正式向教育部提出创立东南大学之议。稍后，郭秉文邀请黄炎培、蒋梦麟二人北上进京，会同北京的蔡元培一同前往教育部拜会教育总长范源濂，面呈创办东南大学的事由，首先得到范总长的支持。其后又拜访教育部次长、司长、参事等，经讨论之后，教育部属员提出东南大学的设立须解决三个难

---

① 《东南大学缘起》，载《南京高师日刊》第387号，1920年11月4日。
② 同上。

题：第一，学制问题，即高等师范是否继续存在，是将高师改制为大学？或是在高师之外另办大学？第二，地址问题，南京高等师范学校已劝说华侨张步青将南京城内的南洋劝业会旧址赠送筹备中的东南大学作为校址，其条件是政府颁发给他一个勋位，但政府是否肯颁给他勋位仍是个问号。第三，经费问题，即办理大学所需经费甚巨，国务会议上恐不易通过。郭秉文等人认为大学急需开办，不能迟缓。以上三个问题可作一些变通，如学制方面，不妨将南京高等师范学校一面改办起来，仍将南京高等师范学校名义保存；经济方面，即使大学预算不通过，只要将南京高等师范学校本年度新预算通过，第一年就可以筹备；地址方面，即使没有南洋劝业会的旧址，南京高等师范学校校址有地四百亩，周边空地很多，有足够的发展空间。以上变通之法只是郭等人的一厢情愿，政府最后的答复是：第一、政府不能给张步青勋位。第二、学制不能更改，高师必须保存。第三、经费上财政部以今年增加太大碍难照准为由拒绝批准，东南大学的议案一时陷入困境。

郭秉文等回校后分析政府之所以难以批准，关键在于经费一项，决定将改办计划书的经费进行大量削减，开办费从原来计划的 206040 元减至 81000 元[①]，并致书教育部专门司司长任鸿隽，称"计划书已照部意修改。经费方面较前拟预算尤为轻而易举。"[②] 并请其从中协助。随后郭秉文再次进京，向出席国务会议的各位总长一一游说，并最终取得各位的谅解，在 12 月 7 日的国务会议上，全体通过，新的大学被定名为国立东南大学。

---

① 分别见《改南高为东南大学计划及预算书》、《南京建立国立大学计划》，收入《南大百年实录》上卷《中央大学史料选》，南京大学出版社 2002 年版，第 103—106 页。

② 《黄炎培、郭秉文关于改正东南大学计划书致教育部函》，收入《南大百年实录》上卷《中央大学史料选》，南京大学出版社 2002 年版，第 102 页。

从此，国立东南大学进入到具体的筹建过程之中。1920 年12 月 6 日，教育部下令指派郭秉文为东南大学筹备员。郭秉文也以南京高等师范学校为基础建立了"国立东南大学筹备处"，设置正副主任二人，下设八股，分头筹备，其主要组成人员如下，主任：郭秉文；副主任：刘伯明；组织系统股：张谔（股长）、柳诒徵、徐则陵；经济股：张准（股长）、孙洛、郭秉文、卫挺生；校产推广规划股：葛敬中（股长）、原颂周、周铃荪、郭秉文；建筑计划股：涂羽卿（股长）、李文藜、孟延钊；校章编订股：陶行知（股长）、孙洛、刘伯明、张谔、郭秉文、杨铨、涂羽卿、饶冰土；招生股：陆志韦（股长）、廖世承、孙洛、郑宗海、陈鹤琴；公布股：郭秉文（股长）、胡先骕、林天兰、涂羽卿。① 这一班子完全是南京高等师范学校的成员。

在东南大学的实际筹建中，面临的最大问题是经费的困难，先前为争取中央政府的批准，开办计划书的经费一再削减，筹备处为解决开办大学的经费困难，决议仿效欧美各大学为求社会的资助而往往设立董事会来协助校务的作法，决定成立校董事会，并议定章程。推举江苏两任巡按使齐耀林、韩国钧为"名誉校董"，先后推举 17 人为校董事会成员，其中除了先前东南大学的10 位发起人外，又增加了 7 名，其中四位是当时上海著名的实业家——聂云台，时为上海总商会会长；陈光甫——上海银行公会主席；钱新之——上海交通银行经理；荣宗敬——上海棉纱与面粉大王。另外三位：一位是严家炽，时任江苏财政厅厅长，为当时江苏地方财政大员。一位是余日章，时为中华基督教青年会总干事，与同为基督徒的郭秉文私交甚好。一位是任鸿隽，学界

---

① 《国立东南大学筹备处简章》，载《教育杂志》第 13 卷第 1 号（1921 年 1 月20 日），"记事"第 5 页。

名流,身为教育部专门教育司司长。① 从上面这份名单中可以看出,东南大学的校董事会是由东南的社会名流、教育专家和工商巨子所组成的。(任鸿隽是四川人,不是东南人士,有点例外。但其为教育部专门指派的当然董事,另外他是当时中国科学社的总干事,而中国科学社总部就设在东南大学,科学社对于留美归国的科学界专家有很大的影响力。)在近代中国的国立大学中,东南大学是第一个设立董事会的大学,董事会对于大学的发展起着十分重要的作用,对于学校事务管理有着相当的影响力。

由此可见,国立东南大学的最终设立是东南社会精英共同努力的结果。还值得一提的是,其与江苏教育会的关系非同一般。作为近代中国第一个出现的省级教育团体,江苏教育会成立于1905年,原名为江苏学务总会,1906年改名为江苏教育总会,1912年改为江苏教育会,至1927年被国民党当局解散。先后担任会长的有张謇(1905—1908)、唐文治(1909—1911)、张謇(1911—1922)、袁希涛(1922—1927),先后担任副会长的有黄炎培等5人。② 就其性质而言,江苏教育会是清末民初涌现出来的带有强烈民间自治性质的组织,在变革社会中不断调整自身以适应社会的需要,并表现出杰出的社会动员能力,在致力于江苏教育经费制度化、提倡职业教育方面成绩尤其突出。1916年袁世凯时代结束后,中国陷入政治分裂和军阀割据之中,地方新式精英团体组织开始承担更多的社会责任,江苏教育会虽然并没有取得政治制度上的合法性依据,但在社会经济、文化事业和地方公共管理中,拥有广泛的资源和人际关系网络,尤其在教育界更

---

① 《国立东南大学一览》,国立东南大学,1923年,第1—2页。

② 《江苏省教育会历届正、副会长》,载朱有瓛等编《中国近代教育史资料汇编·教育行政机构及教育团体》,上海教育出版社1993年版,第285—286页。

是声势浩大。① 加之地方军阀及其所属的民政附庸尽管拥有军事实力，但在政治和意识形态方面却极度缺乏权威，军阀当局也不能完全忽视民众的呼声和社会舆论压力，因此江苏教育会在江苏地方政治和社会生活中，能够以民间的力量，以维护舆论和影响地方官员任免的方式进入江苏地方的政治生活之中。这在江苏教育的发展方案规划和江苏教育界人事的任免上表现得最为明显。

南京高等师范学校的最初创设，江苏教育会在其中起着相当重要的作用，同样，国立东南大学的创办江苏教育会也功不可没，不仅东南大学校董会的核心成员中江苏教育会的正副会长占有四分之一的比例，而且在协调东南大学与江苏地方政府关系上也出力最多。其中郭秉文的任职就与江苏教育会的扶持分不开。对于这一点校长郭秉文再清楚不过。郭秉文归国之初之所以能从南京高等师范学校教务长升至校长，与江苏教育会的大力支持不无关系。时人回忆说，郭秉文长于交际，"见江苏教育会在当时社会舆论上既有影响，在教育界颇有实力，连地方军阀亦适当与之迁就。因此与所谓省教育会派（彼等又与各地教育会合组成'教育改进社'）深相结纳，在就南高扩充为东大时所组成校董会成员中亦延揽北方著名人士和教育家，而主要实权操纵在常务校董，如袁希涛、沈信卿（名恩孚）先生等均为教育会要员，过去有功于南高初期之规设者，至是郭尤倚为校董会骨干。"② 因此，从某种意义上讲，国立东南大学也是江苏教育会直接推动下的产物。

---

① 沈尹默称当时江苏教育会势力甚大，"已隐然操纵当时学界"，甚至对于蔡元培出长北大校长一职也多插手，并认为蔡先生为江苏教育会所利用。见氏著《我和北大》，收入钟叔河、朱纯编《过去的学校》（回忆录），湖南教育出版社1982年版，第43页。

② 李清悚：《回忆东大时代柳翼谋师二三事》，收入柳曾符、柳佳编《劬堂学记》，上海书店出版社2002年版，第125页。

经半年的筹备，1921 年 6 月 6 日，东南大学在上海召开董事会，讨论董事会章程，通过《东南大学组织大纲》，编制预算，并一致推举郭秉文为校长，由董事会报教育部呈大总统批准。这标志着东南大学在南京正式成立，成为中国近代史上第二所综合性国立大学。

2. 名实不符的"国立"大学

在近代中国，就一般意义而言，所谓"国立"大学，顾名思义指由国家办理的大学，无论办学经费还是办学权力，均来自于代表国家权力的中央政府。经费由中央财政直接拨付，即"国款办国学"；校长也由中央政府直接委派，是国家监管大学的代理人，直接对中央负责。东南大学成立之初，虽号"国立"，但无论是经费来源还是校长的任免权力，均不直接来自于中央政府，而更多地来自东南地方，因而造成东南社会与中央政府之间在权力方面的紧张，最初尤其表现在经费安排上。

经费是一个大学办学的物质基础，对于大学的发展关系甚大。东南大学作为近代中国的第二所国立大学，虽然在东南社会各界名流的运作之下，一时得到中央政府的批准正式成立，但成立之初就面临着"国立大学"经费无着的窘境。"国款办国学"——近代以来所形成的大学拨款机制，中央政府是十分清楚的，但北洋政府却没有这个意愿与能力来支付东南大学国立化后的经费。对于改制"国立"后的东南大学的经费安排，北洋政府也颇费心机，既然中央无力负担，只好从地方来筹措经费，最后借国立东南大学为就近各省人才而设、为东南各省共有大学之名，北京政府的国务会议决议将这所国立大学的经费由东南四省——江苏、浙江、安徽和江西共同负担。如 1921 年度东南大学的经费预算三十六万余元由江苏省承担一半，其余一半由浙江、江西和安徽三省共同分担。但三省纷纷借口本省财政困难，自身难保，均表示无力负担，虽经郭秉文多次催收，"浙赣俱成悬案，安徽虽认二万，实际仅领到什一"①。其他两省更是分文未拨。当时中国正值军阀时代，中央政府的权威极度虚弱，对此无可奈何。北京政府在编制审定东南大学1922 年度经费时，将东南大学的经费预算增加到五十四万余元，虽然东大的经费增加了不少，但只是增加了江苏省的负担，增加的经费完全由江苏省负担，即要求江苏省担任全部经费的三分之二，其余三分之一由江西、安徽和浙江三省分摊。尽管其他三省负担东大的经费基本没变，但依然遭到拒绝。其中浙江省就此向财政部呈文，称"东南大学系属培养就近各省人才而设，与吾浙教育具有关系，所需经费极应酌量分任、藉资维持。无如本浙年东西各属迭遭风水为灾，赋税收入骤短数百万元，库藏艰窘，尤较往年为甚。目前本省所需各款，百方筹措，尚多难应负，罗掘既穷，不遑自顾，所有东南大学二一年度经费浙省委实无力分任等情。"② 文中虽也承认负担经费的合理性，但其借口拒付的理由仍同前。其他二省同样以各种借口拒绝支付东南大学的经费。

当初在南京议设国立大学之所以将大学校名定为"东南"，既是考虑到借东南各省之人力共同谋划（如借浙籍的蔡元培、蒋梦麟等的影响力），也考虑借东南各省之财力来共建。但东南大学成立之初，虽号"国立"，却无法改变其江苏省立大学之实，东南大学的经常费基本上是从江苏省教育经费中支出。从总体上看，民初以来江苏的教育经费来源比较有保障，该省的教育支出

---

① 《东大校董商大委员联席会纪》，载《申报》1924 年 1 月 4 日，第 14 版。
② 《东南大学经费之浙讯》，载《申报》1923 年 2 月 3 日，第 10 版。

数占当时全国教育支出总数的10％左右而居各省之冠。就江苏省内而言，国立东南大学出现后，为协调江苏境内的国立学校与省立学校的经费分配，江苏地方政府作出了相当的努力，以税种的划分来定各自的经费来源。1923年江苏省议会作出决议，举办"卷烟特税"充作教育经费，此为江苏指定教育专款之始。其后1924年秋又指定"漕粮省附税"、"屠宰税"、"牙税"专门作为江苏教育经费。以上四款税收所得即为江苏教育经费的来源，其中又分为"国库"和"省库"两项，国库的来源为"屠宰税"和"牙税"，专门用来支付国立大学的经费；省库的来源为"卷烟特税"和"漕粮省附税"，用来支付省立各级学校及社会教育机关经费。① 这样，江苏教育经费下的国税和省税互不相涉，因此这一时期东南大学的经费虽由江苏教育经费管理处经管，但其来源主要是教育专款，即江苏省内的国税——屠、牙两税。而同属江苏教育经费管理处之下的江苏省属各校的经费由其征收的省税项下支付。国立大学和省属学校经费各有其归，本无矛盾和冲突。这种经费独立的体制，对江苏教育发展的推进作用十分明显，正因为如此当时社会认为"苏省教育经费自设立经费管理处，指定卷烟特税与省附税为专款，教育费遂完全独立。数年以来，即此戋戋教育专款，学校犹时感经费困难。然非经费独立，苏省教育早已破产。"②

从成立之初的经费来源看，虽然东南大学已定名为国立，但或多或少有点名至而实不归之感，东南大学经费并没有从中央政府中得到切实保证，中央权威虚弱，虽政令下达东南各省共同负

---

① 参见王运来《江苏高等教育的早期现代化》，人民出版社2001年版，第214页。

② 《教育经费独立之办法》，载《教育杂志》第17卷第2期（1928年2月），"国内教育新闻"第2页。

担，却得不到切实执行，东南大学虽号国立，仍不过是江苏省立大学之实，当时的媒体也评论称东南大学"虽号国立，或国家费补助，实则均由江苏省国库支给。"① 事实上东南大学发展所需经常费的来源主要依赖于江苏地方政府的扶持，从制度安排上看，东南大学为江苏境内唯一的国立大学，其经费应有切实保障，但实际上江苏地方政府对于东南大学的经费并不能得到切实的保障。北洋时期，军阀混战不断，大学的经费经常得不到有效的保证，致使地方上不断出现"索薪"的事件。东南大学也遇到同样的经费困境，"及江浙战事开始，苏省收入，全充军费，学校方面，益感困难。计民国十三年五月经费，尚未领全，至六、七、八、九、十、十一、十二以及十四年一月止，总共积欠经费十万元之巨。然而沪宁两校，仍能照常开课，均因郭氏平日维持学校之苦衷，得全体教职员之谅解，而愿与合作，故虽经费困难，而罢课罢教索薪等事均无发生也。"② 这一成绩的取得与郭秉文专心筹款息息相关，时人统计称郭氏本人在东南大学成立后向国内筹款不下六七十万之巨，同时，就在江浙战争爆发之前，东南大学的经费也不能及时按月到位，平日郭氏便向银行设法挪借，以保障学校的正常运行。③ 1924 年江苏省政府讨论下一年预算时，对东南大学的经费进行实际调查，南京高等师范学校、东南大学实际上每月向财政厅领经费四万元，其中南京本部每月领取经费三万元，上海商大每月领取四千元，附中每月四千元，附小每月一千元，而预算中每年所列的六万元经费，向领不到。④

---

① 《苏省政务会议南高经费》，载《申报》1924 年 4 月 9 日，第 7 版。
② 《学校经费之困难》，载《教育杂志》第 17 卷第 2 号（1925 年 2 月），"教育界消息"第 8 页。
③ 同上。
④ 《苏省政务会议南高经费》，载《申报》1924 年 4 月 9 日，第 7 版。

到 1925 年 7 月，受到战争时局的影响，江苏财政厅短发东南大学的经费也高达三十八万元①。这种状况极大地影响了东南大学的发展，也为后来中央政府与江苏地方政府争夺校长的任命权力埋下了制度上的隐患。

　　以上就经费方面而论，国立东南大学有名无实。就校长的任命权限而言，国立东南大学也有其特殊的一面。国立大学的校长无疑应由中央政府任命，这一点在东南大学多次修改的筹备计划书中明确无疑。值得注意的是，东南大学的设立得到国府会议的批准之后，筹委会十分注重校董会的作用，且在管理权限上明显超越了中央政府，与一般意义上的国立大学相较，东南大学表现特殊，值得深究。《国立东南大学校董会简章》规定了校董的六大职权，其中对东南大学校长的任命权限作了变通，第三条规定"推选校长于教育当局"，换言之，校长的命免最后程序虽在教育部，但校长的人选却必须是校董会所推举的，这实际上将东南大学的人事任免大权牢牢地控制在校董会手中，对于这种含有近于苛刻条款的校董会简章，北京教育部竟完全批准照章实行。这或多或少反映出 20 世纪 20 年代初国家与社会力量对比中较为真实的一面。这种经由校董会推荐的校长任命制度，也为东南大学的国立后的自治和依托地方办学的模式奠定了关键性的人事基础。

3. 科系与师资

　　由于有南京高等师范学校的雄厚基础，东南大学改为国立大学后，经过短短几年的建设，有了长足的发展。校长郭秉文长袖善舞，一批欧美留学生纷纷汇集东南，东南大学一跃而成为中国

---

　　①　《东大复省署拨发欠薪文》，收入《南大百年实录》上卷《中央大学史料选》，南京大学出版社 2002 年版，第 234 页。

最为著名的大学之一，俨然开始与北京大学相提并论，成为当时中国南北两所双峰对峙的最高学府。

就其规模而言，东南大学设有当时中国最为齐全的文理、教育、农学、商业、工科共计五科，当时北京大学还只设有文、理、法三科，两校所得的经费虽有一定的差距，但却相差并不大。然而，东南大学校长郭秉文在校董会的报告中一再拿东南大学与北京大学的经费进行对照，心中颇有不平之意，称"本校虽号五科，经临两费总数不到六十万元，以较北大之只有文理法科而经费达八十万元者，相去悬殊。"[①] 如果考虑到北大的学生要远多于东南大学——当时北大的学生是东大学生的两倍多——这一点，两校之间相差的二十万元的经费完全属于正常。问题是东南大学成立之初，政府所承诺的经费并不能完全到位，因此，经费问题是困扰东南大学发展的一个重要因素。但东南大学有一个突出的优势就是从社会上募集了大量的办学基金。除了政府方面的经费外，东南大学也得到了社会多方的资助，这一点在很大程度上是依赖于校长郭秉文利用不同的社会关系来实现的。如郭氏利用其与当时江苏督军省长齐燮元的私人良好关系，新图书馆以齐燮元之父名"孟芳"二字命名，将齐燮元为其父祝寿的十五万元成功募来，作为图书馆的建设基金，实现学校建设的大发展。1923年美国洛氏基金会的董事孟禄到中国巡回演讲，郭秉文借机向其游说，结果成功说动洛氏基金会出资十万美元兴建东南大学的科学馆。1924年东南大学建造生物馆时，其中的十万元就是由校董会募集而来的。[②] 东南大学时期，这所大学到底得到多

---

① 《东大校董会商大委员联席会纪》，载《申报》1924年1月4日，第14版。
② 朱斐主编：《东南大学史》第一卷，东南大学出版社1991年版，第124—131页。

少政府之外的社会各方面的捐资,至今并没有一个精确的考证数字,笔者保守的估计也当在百万元以上。

东南大学成立乃依赖于南京高等师范学校的班底,之初两校并立存在了几年,直到南京高等师范学校学生全部毕业归并于东南大学为止。到1923年年初,东南大学拥有新旧正式生761人,特别生263人,商科夜校生124人。教授、教员、讲师、助教113人,全校共开设课程达246种。其中文理科规模最大,计设有国文、英文、西洋文学、哲学、历史、地学、政治、经济、数学、物理、化学、心理、生物十三系。规模最小为工科,仅设有机械工程一系,其他各科如教育科设有教育、体育和心理三系,农科设有农艺、园艺、畜牧、病虫害、农业化学、蚕桑和生物七系,商科设有银行、理财、会计和工商管理四系,另外计划扩充的系科颇多。[①]

最为重要的是东南大学拥有一批十分优秀的师资力量,根据1923年1月制订的《国立东南大学教职员一览》[②],统计各科系的主任与教授名单如下(有留学经历者作一说明):

文理科(11个系):主任刘伯明(美国西北大学哲学博士)

国文系:主任陈钟凡、吴梅、陈去病、顾宝(日本大学法科)

英文系:主任张谔(美国哥伦比亚大学硕士)、李玛利(美国伊利诺大学硕士)、林天兰(美国普林斯顿大学硕士)、林承鹄、夏之进(美国里要大学学士)、马惟德(美国人)、崔有濂、龙质彬(美国威斯康星大学)

历史系:主任徐则陵(美国伊利诺大学史学硕士)、柳诒徵

西洋文学系:主任梅光迪(哈佛大学硕士)、吴宓(哈佛大

---

① 国立东南大学:《本校现状及十二年度计划》,载《申报》1923年1月1日"元旦特刊",第2版。

② 《国立东南大学教职员一览》,收入《南大百年实录》上卷《中央大学史料选》,南京大学出版社2002年版,第149—164页。

学硕士)

政法系：主任王伯秋（哈佛大学政治经济科）、黄华（哈佛大学法律学士）

经济系：主任王伯秋（兼）、萧纯锦（美国加利福尼亚大学经济学硕士）

哲学系：主任刘伯明（兼）、汤用彤（哈佛大学硕士）

数学系：主任熊庆来（法国蒙柏里大学理科硕士）、段子燮（法国理昂大学数科硕士）

物理系：主任胡刚复（哈佛大学理学博士）、史密斯（美国籍）、熊正理（美国函益令大学硕士）

化学系：主任王琎（美国理海大学化学学士）、孙洪芬（美国彭林大学）、张准（美国麻省理工大学学士）、路敏行（美国理海大学）

地学系：主任竺可桢（哈佛大学理学博士）、王叔义

教育科（3个系）：主任陶行知（哥伦比亚大学）

教育系：主任陶行知（兼）、朱斌魁（美国哥伦比亚大学博士）、孟宪承（美国约翰大学文学士）、陈鹤琴（哥伦比亚大学硕士）、廖世承（美国布朗大学博士）、郑宗海（美国威斯康星大学硕士）

体育系：主任麦克尔（美国人，哈佛大学体育科）、麦苛尔（美国籍）、卢颂恩（德国柏林大学体育学士）

心理系：主任陆志韦（美国芝加哥大学哲学博士）

农科（6个系）：邹秉文（康奈尔大学农学士）

畜牧系：主任汪应夔、王兆麟（美国爱荷华大学兽医毕业）、秉志（康奈尔大学博士）、陈植（美国哥伦比亚大学硕士）

农艺系：王善俭（美国乔治亚大学植棉学硕士）、孙思麐

　　　　　　（美国路易斯安邦大学硕士）、原颂周（美国爱荷华
　　　　　　大学农学士）、叶元鼎（美国乔治亚大学农学硕
　　　　　　士）、过探先（康奈尔大学农学硕士）、杨炳勋（美
　　　　　　国大学农学士）

　　园艺系：主任葛敬中（法国都露士农科大学学士）、陈焕镛、
　　　　　　钱崇澍（美国伊利诺大学）

　　病虫害系：主任张巨伯（美国俄亥俄州立农科大学农学士）、
　　　　　　胡经甫（美国康奈尔大学博士）、张景欧（美国
　　　　　　加州大学农学硕士）

　　蚕桑系：名誉主任费咸尔（法国人，蒙具利爱农学士）、何
　　　　　　尚平（比利时白路农科大学农学士）

　　生物系：主任胡先骕（美国加利福尼亚大学农科学士）

　　工科：主任茅以升（美国康奈尔大学工程硕士、卡乃奇大学
　　　　　　博士）

　　机械工程系：主任李世琼（英国孟鸠斯德大学工科学士）、
　　　　　　史久恒、涂羽卿（美国麻省理工大学工科硕
　　　　　　士）、杨铨（康奈尔大学机械工程学士、哈佛
　　　　　　大学商科硕士）、杨举燫（麻省理工大学硕
　　　　　　士）、刘润生（康奈尔大学）

　　以上所列可谓是名师荟萃，盛极一时。已有学者统计出
1923 年东南大学各科教员 222 人的学习背景、留学人员及外籍
教师比例，最高为理科 86.2％，最低者为文科 38.6％，全校平
均为 64.4％，共计有 127 人有留学背景。① 其中不少新的学科是
由他们在东南大学首创的，如竺可桢创建新型地学系就是一个显
著的例子。

---

　　①　王德滋主编:《南京大学百年史》,南京大学出版社 2002 年版,第 97 页,表 2—4。

　　东南大学成立之后，从其招生方面来看，也基本上是一所东南地区的大学，还称不上是全国性的大学，以 1925 年东南大学在校学生的省籍分布为例，其基本情况如表 1。

表 1　　　　　　东南大学在校学生省别表（1925 年）

省别	正式男生	正式女生	学生总数（含非正式生）
江苏	340	14	588
安徽	115	2	164
浙江	125	11	195
江西	61	1	82
湖北	24	1	30
湖南	85	9	125
四川	85	1	108
贵州	9		10
云南	13		19
广东	41		59
广西	4		6
福建	16		20
山东	29	2	34
河南	22		24
甘肃	3		4
山西	1		2
陕西	2		2
直隶（河北）	5		8
吉林			1
奉天（辽宁）	1		4
总计	981	41	1485

　　资料来源：原刊《东大手册》（1925 年），引自张其昀《源远流长之南京国学》，载《国风半月刊》第 7 卷第 2 期（1935 年 9 月），第 49—50 页。笔者对表格中的总计数字作了一些调整。

从表1可以看出,东南大学的生源虽然来自于全国20个省区,但东南四省的学生人数占了全校学生总人数的大半,东南大学也正是一所名副其实的"东南"大学,要真正成为一所全国性的大学,东南大学还有很长的路要走。

二　依托地方:东南大学的办学模式

1. 郭、刘的办学理念

东南大学在20世纪20年代中国学界的崛起,成为一个传播新文化思想的重要讲台,实与第一任校长,也被人称之为"东南大学之父"的郭秉文——这位东南大学早期历史中的关键人物息息相关。作为第二所综合性国立大学的东南大学,与第一所国立大学的北京大学的区别主要有两点:一是与北京大学效仿德国大学模式不同的是,东南大学主要效仿美国大学模式。二是东南大学崇尚古典主义和人文主义,而北京大学力主新文化。两所大学地处南北,办学风格迥异,成为20世纪20年代中国大学里最为著名的学府。当然这两所国立大学又有着很多的共同点,比如都是以学术自由和教授治校为办学方针,但在具体的操作实践中,上述原则又有不同的侧重点,甚至有的并没有得到真正的实现。

郭秉文的大学理念是一种自由主义教育理念与权威主义相结合的产物,其主要要点为:一是在教育目的上崇尚个性主义,促进个性的自由发展;在教学过程中坚持学术自由,要求学术超然于政治和宗教,包括思想言论自由和教学研究自由;二是在教育管理上,表面上也主张教授治校和大学自治,但真正掌握学校管理体制大权的是以校长为首的校董会,教授在学校的自治上所发挥的作用十分有限①。郭秉文的这种混合式的办学理念体现在东南大学里主要表现在两个方面，一是围绕校董会为中心的学校管理模式，二是推行与社会紧密联合研究与推广的课程和教学模式。之所以会形成这样的一种学校办学模式，是由当时历史条件下东南大学所处的现实环境所决定的，这种模式对于东南大学的特色形成和发展影响颇深。尤其是后一点即所谓美国模式，强调大学与社会的广泛联系，对于东南大学的发展影响甚大。郭秉文的大学模式也是基本依照以上两点来经营东南大学的，并充分地动员和利用东南社会的力量来参与大学的建设，这也成为东南大学日益崛起的关键因素。

东南大学以美国大学模式为主要效仿对象，与其校长郭秉文氏的个人游学经历有着很大的关系。作为中国在美国哥伦比亚大学师范学院取得博士学位的第一人，归国后郭秉文办理东南大学的一个基本理念，就是仿照美国的大学模式来办理南京高等师范大学和东南大学，与当时蔡元培办理北大以德国大学模式为主形

---

① 最近大陆对于郭秉文与东南大学的研究，主要散见于以下一些著作中：冒荣：《至平至善　鸿声东南——东南大学校长郭秉文》，山东教育出版社 2004 年版；霍益萍：《近代中国高等教育》第五章第二节，华东师范大学出版社 1999 年版，第 148—159 页；王运来：《江苏高等教育的早期近代化》第三章第三节，人民出版社 2001 年版，第 159—187 页；刘正伟：《督抚与士绅：江苏教育近代化研究》，第五章第二节，河北教育出版社 2002 年版，第 293—312 页。以上著作中均从教育现代化的角度探讨郭秉文的办学理念及其贡献，对于郭氏办学理念中如何处理政治的关系则语焉不详。台湾学者对郭秉文的研究主要集中在郭氏逝世后《中央日报》1969 年 9 月 24 日所发表的系列纪念文章，如张其昀：《郭师秉文的办学方针》，高明：《郭秉文校长行状》等以及张其昀等编：《郭秉文先生纪念文集》，中华学术院 1971 年版，多侧重于纪念性的文章，对于郭秉文时期东南大学与政治关系则不详。国外学者的研究主要见美国学者（Barry Keenan）所著的 *The Dewey Experiment in China*（Cambridgye Mass. Harvard University Press，1977），书中对郭秉文时期的东南大学与国家、地方、政党的关系进行了讨论，受主题的限制，只是点到即止，并没有充分的展开。

成鲜明的对比。

从西方大学发展史来看，德国大学与美国大学模式是 20 世纪初期世界主要大学模式。回顾西方大学发展的历史，主要经历了三个阶段：一是英国牛津、剑桥为代表的古典阶段。作为近代欧洲大学的教育理想模式，英国大学的理想在于养成"Gentleman"（绅士）。如同维多利亚时代著名的教育家纽曼所言，大学是传授知识的地方，教学是其唯一的功能，大学的基本使命是培养良好的社会公民。[①] 第二个阶段以德国大学为代表。19 世纪初以来，统一过程中的德国利用大学进行民族国家建设，以威廉·冯·洪堡为代表的德国知识界精英，改革德国的大学教育，其主要依据两项新人文主义的原则：学术与教学的自由，教学与学术研究的统一。其中一个重要的方向就是从政府获得大量资助，承担国家发展和工业化为目标的科学研究职责，使科学研究不仅成为大学的一个主要职能，而且也使大学在确立德意志民族的意识形态方面扮演着更为重要的角色。第三个阶段以美国大学为代表。19 世纪末 20 世纪初，德国的大学模式传入美国，美国教育家则兼容英、德二者的大学理想，美国的教育家并在此基础上进一步加强了大学与社会的联系，强调大学与工业直接结合。20 世纪二三十年代在教育家的眼中，欧美大学的最大区别在于，欧洲大学是"讲研高深学术之机关"，而美国的大学，是为"继续普通教育之场所"，这种区分的结果是，在欧洲大学中，注重学理性的基础学科，凡注重实际应用的技术类学科就不属于大学的科目，而将其交给专门学校。而美国大学则注重社会的需要，将各种实际应用的学科均纳入到大学的教学之中。稍后有人将 20

---

① 参见［英］约翰·亨利·纽曼著，徐辉等译《大学的理想》（节本），浙江教育出版社 2001 年版，第 1—12 页。

世纪 20 年代的北京大学、东南大学与欧美大学进行比较之后，得出这样的结论："从前之北京大学，可以说粗有欧洲大学之规模；东南大学，则类似于美国 College 为规模。"① 这实际上对二者办学风格来源作了大略的说明。

郭秉文对于东南大学的特色形成作用甚大，其办理东南大学理念中最为显著的特色就是大学与社会协调的平衡，具体而言指的是其学生后来成为著名地学家的张其昀所总结"四个平衡"的办学理念，即："通才与专才的平衡"、"人文与科学的平衡"、"师资与设备的平衡"和"国内与国际的平衡"。②

"通才与专才的平衡"，是针对东大的基础而论的。自晚清以降，中国新学堂和新式大学的办学模式深受日本影响，高等师范与大学分开而设，前者为专门性学校，后者为大学。东南大学创立于南京高等师范学校基础之上，学科分为"正科"与"专修科"两种，"正科"设有文史地部和数理化部，"专修科"设有工、农、商、教育、体育等科。这种分别主要在于"正科"注重通才教育，"专修科"注重专才教育。南京高等师范学校升格大学后，郭秉文依照其母校哥伦比亚大学的办学模式，提出"寓师范于大学"的主张，力图打通基础与应用的学科限制，使专与通进行有效的结合，以培养学生宽厚的基础知识和敏锐的科研能力。郭秉文主张大学应是多种人才的培养基地，应当多设学科，既注重本科的通才教育，又要注意专科的专才教育，基础与应用相辅相成，不可偏废。他这一办学思想与时任北大校长的蔡元培

---

① 常导之：《欧美大学之比较及我国高等教育问题》，载《国立大学联合会月刊》1929 年第 2 卷第 6 期。

② 张其昀：《郭秉文的办学方针》，收入"国立中央大学建校七十周年纪念特刊"：《"国立中央大学"七十年》，台北"中央大学"七十年特刊委员会，1985 年，第 75—76 页。

的办学思想大不相同,蔡元培主张"所谓大学,非仅为多数学生按时授课,造成一毕业生之资格而已也,实以为是为共同研究学术之机关。"① 在蔡元培的办学思想中,"学"与"术"有严格的区分,"学"为学理,"术"为应用,他强调"学"重于"术",主张大学重点在文、理、法等"学"上,而工、农、医等"术"则由高等专门学校去办理,因此当时北大的学科改革中的具体措施就是扩充文理、调整法科和归并商工科,最后将北大原来的文、理、法、商、工五科合并改革成文、理、法三科。② 与蔡元培在北大裁并工、商科不同的是,郭秉文在东大除设置文理、教育科之外,又增设了工、农、商等学科,使当时东大的学科之数一时居全国之最。

"人文与科学的平衡",20 世纪的 20 年代初,东大与北大并称,成为中国高等教育的两大支柱,当时新文化运动风靡全国,可是东大的中国文化大师如柳诒徵、刘伯明等,创办《学衡》杂志,主张发扬民族精神,沟通中西文化,对于西方文化,并非作空泛的介绍,而应当做更深入的研究。学衡派旗帜鲜明,阵容强大,俨然担负起维护中国民族文化中流砥柱的责任。(这里不展开讨论,详见第三节的内容)但南京高等师范学校并非保守,同时郭秉文从国外亲自物色延揽五十位优秀留学生到东大执教,其中许多为中国科学社的骨干。中国科学社总部从美国迁回国内之初,办公地点就设于南京高等师范学校之中,这批学人的到来,也展开了中国科学研究的奠基工作,东大也因此而以"科学"名世。

---

① 《就任北京大学校长之演说》,载《东方杂志》第 14 卷第 4 号(1917 年 3 月),第 148 页。

② 参见梁柱《蔡元培与北京大学》(修订本),北京大学出版社 1996 年版,第 50—54 页。

"师资与设备的平衡",在注重人才的同时,郭秉文也特别注意办学的物质条件的改善,前面已论及 20 世纪 20 年代南京高等师范学校改为东南大学后,北京政府的财政支持并没有相应到位,东南大学办学条件的改善主要是依据社会力量来完成。如前面所提到的中国大学里最早的东南大学科学馆,就是郭氏向美国洛氏基金会募捐而建成的,东南大学图书馆的建设所费 15 万元是郭氏向江苏军阀齐燮元募来的,此外东南大学新学生宿舍也是通过与银行合作投资的方式建成。这一方面,东南大学尤其借重校董会的作用,东南大学商科之所以设在上海,也是考虑到上海商业的发达、校董多在上海实业界任职,以及学生实验和就业的方便。

"国内与国际的平衡",郭氏推行自由主义的教育理念,同蔡元培一样主张囊括大典、网罗众家、兼容并包。在教育过程上,奉行学术自由原则——无论是思想言论自由,还是研究自由。当时为全国所瞩目的是请中外学术名人所担任的长期演讲,如杜里舒博士的哲学、史密斯博士的物理、梁任公先生的中国政治思想史和江亢虎博士的社会问题均轰动一时,其目的是要培养大学生"国士"——"以国事为己任"的风度和志节。

东南大学在 20 世纪 20 年代的崛起,除了校长郭秉文在办学方针的制定、经费的筹措诸方面的努力外,主持校务的副校长刘伯明①先生也功不可没,刘的主要贡献在于优良校风的积极倡导与培养。对于刘伯明在东南大学的作用,郭秉文自己也称在其任

---

① 刘伯明(1887—1923),江苏江宁人。早年留学日本、美国,以《老子哲学研究》获美国西北大学哲学博士学位。自 1915 年南高成立之初起,就一直担任该校哲学教授,此后先后担任南高东南大学的文理科主任、训育主任和校长办公室副主任(唯一的副校长)。关于其生平与事略散见于《国风半月刊》第 9 号(刘伯明先生纪念号)(1932 年 11 月),收有梅光迪:《九年后之回忆》、胡焕庸:《忆刘师伯明》、郭秉文:《刘伯明先生事略》等文。

东南大学校长期间,得刘"助力"最多。由于郭秉文本人"规恢校事,奔走不遑",致使"校之内部,一倚畀君"。① 在校内主政期间,与郭氏专断作风不同的是,刘伯明先生"以恕待人,以诚持己,日常以敦品厉行教学者,不屑以诡异新奇之论,繁芜琐细之言,骇俗以自眩。"② 刘伯明一向主张,在团体中"人的接触"与"人的关系"为不可少,彼此如果有隔阂,则误会生而纠纷起,社会若不能以情感来维系,而一切归于机械化,则人生就没有多少情趣。刘伯明努力将东南大学办成家庭式的情感融洽的大学,他自己以身作则,垂教身范,对南京高等师范学校优良学风的形成贡献甚大。

刘伯明的办学方针尤其注重学生人格的培养,自己身体力行为学生作榜样。对于教授之职,他认为除了学术的传授之外,就是人格的感化③,因此他对于优良校风的形成不遗余力,"以改进校风自任"。他认为真正共和精神的实现,有待于共和精神的养成,学校教育,首在培养共和精神。④ 他努力将国立东南大学与国家的前途命运紧紧联系在一起。刘伯明改进校风的方法主要为以下两点:

一是重教导说服。刘伯明以哲学教授的身份兼学校训育主任、副校长之职,当时每逢开学放假、新年元旦及其他特别典礼,师生齐集一堂,刘伯明每必亲躬出席,对于学风问题,常侃

---

① 郭秉文:《刘伯明先生事略》,载《国风半月刊》第 9 号(1932 年 11 月),第 73 页。

② 汤用彤:《四十二章经跋》,载《国风半月刊》第 9 号(1932 年 11 月),第 39 页。

③ 张其昀:《教育家之精神修养》,载《国风半月刊》第 9 号(1932 年 11 月),第 59 页。

④ 缪凤林:《刘先生论西方文化》,载《国风半月刊》第 9 号(1932 年 11 月),第 43 页。

侃而谈。梅光迪回忆称，"伯明之于学生，亦无若何特殊之德育训练，而其静穆和易之貌，真挚悱恻之言，自使人潜移于无形之中。当时东大俨然自成风气，由社会所公许，由今思之，彼真黄金时代矣。"[①] 关于学风他专门在《学衡》上撰写一篇《论学风》的文章，他认为近年来，中国的学风之所以日趋败坏，其根本原因在于以下两点：一是在办学者要么滥用权威，事事专断，要么放弃权威，处处迎合学子心理，来扩张个人的势力，巩固个人的地盘。二是政治未上轨道，"致舆情甚激昂"。他一再强调良好学风的形成必须有安宁的环境，告诫师生不要卷入政潮之中，"学校固为研究学术之地，大学尤甚。环境不宁，则精神不专。"对于防止学潮转入政治之中，刘伯明时时警惕。东大学人王焕镳回忆说"记民国十年时，有某部部长方以文学招摇于世，欲来校演讲，刘伯明先生闻之曰，此政客耳，曷为污我青年，诸生当自重，毋为所眩，某遂默然而去。"[②] 同样，当年张君劢欲将自治学院附属于东南大学，但因其政党色彩过重，被刘伯明拒绝。[③] 刘所固守的只是学术与政治之间的适当距离，以重学术研究之本。当然，他并不要把东南大学办成一个不问政治和社会事务的象牙塔式大学，事实上，他以18世纪初德国柏林大学为榜样，注重培养学生的爱国精神，尤其是"共和国民"精神，主张在学校中注意自由精神和责任精神（他称之为训练和负责）的协调。[④] 就实质而言，就是将大学生训练成为共和国的公民。

---

　　① 梅光迪：《九年后之回忆》，载《国风半月刊》第9号（1932年11月），第26页。

　　② 王焕镳：《谈南高学风》，载《国风半月刊》第7卷第2号（1935年9月），第12页。

　　③ 胡先骕：《东南大学与政党》，原载《东南论衡》第1卷第1期（1925年），收入《胡先骕文存》上卷，江西高校出版社1995年版，第304—305页。

　　④ 刘伯明：《论学风》，载《学衡》第16期（1923年4月），第1—8页。

二是重身体力行。刘伯明对于东大校风的提倡，不仅仅是针对学生而言，对于任教于东大的教师们，他也倡导一种真正的学者精神。针对当时中国学术界"渴慕新知，所求者多，所供者亦多"的现象，他认为一个真正的学者必须具备以下五种精神：自信、自得、求真、坚强和审慎。① 就与社会关系而言，他提出真正的学者的严格标准——"真正学者，一面潜心致力于专门之研究，而一面又宜于了解其所研究之社会的意义，其心不囿于一曲，而能感觉人生之价值及意义，或具有社会之精神及意识，如是而后始为真正之学者也。"② 以此号召教授们以真正的学者风范来引导学生。刘伯明推崇中国传统大师硕儒的立身行己风范，对于今日留学归来的教育者只注重"办事之效率"和"可见之事功"的作风，进行猛烈批评，他认为学校既是研究学术之地，更是培养人格之所，教育者的身体力行至为重要。他自己就是这方面的典范，与师生同吃住，刻苦向学。就是病重期间，他还一直念及学校科系的发展。刘氏的高风亮节得到全校不同派系师生的爱戴。

1923 年 12 月 24 日刘伯明先生以劳瘁逝世。"南高诸教授以刘伯明先生为重心所在，先生以恕待人，以诚持己，为一理想之教育家。南高改称大学，先生规划之力为多，而其在校之权威日起，高风亮节，实为全校师生所宗仰。"③ 刘伯明主持校务时，"一本至诚，坦然为公，蔼然可亲，及其病殁，全校师生无不痛哭。"④ 此时也正是学衡派对胡适等新文化派进行猛烈批评和攻

---

① 刘伯明：《论学者之精神》，载《学衡》第 1 期（1922 年 1 月），第 1—3 页。

② 刘伯明：《再论学者之精神》，载《学衡》第 2 期（1922 年 2 月），第 3 页。

③ 张其昀：《源远流长之南京国学》，载《国风半月刊》第 7 卷第 2 号（1935 年 9 月），第 50 页。

④ 胡焕庸：《忆刘伯明师》，载《国风半月刊》第 9 号（1932 年 11 月），第 28 页。

击之时，但胡适对学衡派的领袖刘伯明也予以极高的评价，所撰挽联称其"鞠躬尽瘁而死，肝胆照人如生"[①]。

在长期的办学中，郭秉文与刘伯明这两位东南大学的主持者，一个主外，一个主内，分工明确，配合默契，相得益彰。他们所精心营造的以学术为重、潜心向学的学风，使东南大学受到社会上的极高赞誉。1923 年清华学校学生梁实秋南游东南大学后，写下了这样的感想："东南大学确是有声有色的学校，当然它的设备远不及清华，它的图书馆还不及我们的旧礼堂；但是这里的学生没有上海的浮华气，没有北京学生的官僚气，很似清华学生之活泼质朴……实在，东大和清华真是可以立兄弟行的。这里的教授很能得学生的敬仰，这是胜过清华的地方。"[②]

2. 校董会治校

在 20 世纪 20 年代初，郭秉文对当时的中国高等教育进行总结时，他认为有三大问题困扰着高等教育的发展：教育经费的短缺、无统一的标准、人才的缺乏。其中经费短缺是第一大难题，"近年来政局杌隉，致教育经费不但不能增加，即规定之原额，亦不能维持。"[③] 郭秉文所言虽是当时中国高等教育的普遍问题，对于东南大学本身再恰当不过。为解决经费难题，东南大学倡导设立"校董会"，并借重这一组织作为治校的重心。与当时北京

---

① 张其昀：《刘伯明先生逝世纪念日》，载《国风半月刊》第 9 号（1932 年 11 月），第 67 页。

② 梁实秋：《南游杂感》，原载《清华周刊》第 280 期（1923 年 5 月 4 日），收入张宏生主编《走近南大》，四川人民出版社 2000 年版，第 18—19 页。

③ 郭秉文：《五十年来之中国高等教育》，收入申报馆编《最近之五十年（下）》（1923 年），近代史史料丛刊三编第九十辑，台北文海出版社 1994 年版，第 9—10 页。当时郭秉文将办理高等教育的三大难题分为以下四个方面：教育经费、共同讲座机关、培养师资、留学。

大学以教授会为核心的"教授治校"不同的是，东南大学推行"校董会"为核心的学校领导体制。虽然东南大学成立之初也设立了诸如教授会和评议会之类的机构，但学校的行政大权却主要掌握在校董会的手中。

东南大学是中国近代大学史上第一所设立校董会的国立大学，校董会并非徒有虚名的名誉头衔，而是掌握着东南大学的校政大权。根据《东南大学校董会简章》，东南大学设立校董会，除第一届校董由筹备处推举、呈教育部聘定外，其他各届的董事来源主要有以下两种：第一种是为当然校董二人，一名由教育总长指派一部员担任，另一名为该校校长。第二种选聘校董，定为 15 人，任期 5 年，主要是由以下两种人士组成：甲，声望卓著、热心教育者。乙，以学术经验或经济赞助本校者。校董的具体职权如下：决定学校大政方针；审核学校预算决算；推选校长于教育当局；决定学校科系之增加，废止或变更；保管私人所捐之财产；议决学校其他之重要事项。① 从校董的职权中可以发现校董会实际掌握着东南大学的办学实权，包括校长的人选、经费的支配以及系科的设置等等，可以说东南大学的校长是在校董会的领导之下。当初郭秉文之所以大力倡导设立权力超越于校长的校董会，主要是基于仿效美国的大学求得社会的赞助，尤其是在创办之初，对于社会的赞助"至大且急"，校董会的设立，充分地调动社会的力量来支持大学的建设。事实上在东南大学的历史上校董对于大学的发展了作出了巨大的贡献，成为东南大学的办学特色之一。

东南大学校董会成立之后，对于学校的办学和经济改善起着至关重要的作用。如中国近代一个商科大学——上海商科大学之

---

① 《国立东南大学校董会简章》，收入《南大百年实录》上卷《中央大学史料选》，南京大学出版社 2002 年版，第 116—117 页。

初是由东南大学与其他学校合办，在校董会的运作之下，改由东南大学独办；为筹建图书馆，其经费也是在校董会的努力下筹集的。穆藕初校董"捐助器具建筑费 6000 元，又捐助银 5 万两，选送东南大学毕业生，留学欧美，又捐银 5000 两，选送高师教员留学美洲中校"[①]。为扩展校园，黄炎培校董借考察南洋之机，专门拜会华侨张步青，说服其同意将南京丁家桥的南洋劝业会旧址 500 亩捐献给东大办学。[②] 在学校内部的管理上，主要是实行校长负责制与"三会制"的结合。三会指评议会、教授会和行政委员会，校长兼此三个委员会的主席。评议会系学校议事机构，职责为制定校内规章；决定本校的教育方针；提出经济方面的建议；重要的设备和增设与废止等。其人员由校长、科主任和教授代表组成。教授会为全校的教务机构，指导全校的教学工作，其成员由校长、各科系主任和教授代表组成。其主要职能为：议处全校教务上的公共事务；建议系科的增设废止与变更；决定赠予名誉学位；规定学生的成绩标准等。行政委员会为全校的行政事务机构，负责协助校长处理校务。其主要职能是：规划全校的公共行政事务；督促审查行政各部事务；处理临时发生各种行政事务。但在实际的操作过程中，东南大学的校评议会、教授会并没有起多大的作用，主要是因为学校的行政权力基本上被校董会包揽了，以致后来评议会有名无实，到 1925 年东南大学发生易长风潮时，校董会从中与教育部大唱对台戏，教育部下令裁撤校董会的同时也不得不下令该校同时恢复评议会，以填补校董会之后的学校行政权力的真空。

---

① 《东南大学校董会开会详情》，收入《南大百年实录》上卷《中央大学史料选》，南京大学出版社 2002 年版，第 173 页。

② 参见王运来《江苏高等教育的早期现代化》，人民出版社 2001 年版，第 165 页。

纵观现代中国大学里的"教授治校"这一重要制度，其作用显然是双重的，既有校内的直接作用，又有校外的间接作用。在校内，它有以民主的名义，对抗校长独断专权的一面，在校外，它有以学术自主的名义对抗政治派系势力或其他势力对教育学术机构的侵入和控制的一面。但值得注意的是，东南大学时期，大学的诸多权力并不掌握在教授会的手中，而是由校董会所控制，因此在东南大学时期，教授会有名无实，而事实上评议会也名存实亡，对于这一点正如梅光迪的回忆，"当年东大之评议会，为校中最高议事机关，教授中有悃愊无华办事认真者，每当讨论一事，则据其此事本身之是非，引古证今，往复办难。抑知其事已由当局与其亲信者，在密室中先定，任尔书状有广长之舌，徒增彼等之背后窃笑耳。"[1] 梅氏所言当局及其亲信者指的就是校董会。这种校长和校董在大学里权力过大状况，也引发教授们的不满，如校董会裁撤西洋文学系与工科时，并未完全征得教授会的同意，引起校内众人不满，虽然凭借副校长刘伯明的个人威望和人格魅力，从中调和使得矛盾得以缓和。但人事的纠葛最终与外界政党势力兴起相呼应，引发东南大学的易长风潮，郭秉文也因此而去职。就在郭氏下台后不久东南大学的教授胡先骕就对于郭氏的治校政策发表其看法，"予为对于郭校长治校政策向表不满之人，即因其缺乏大学校长之度，无教育家之目光，但以成功为目的。然退一步论之，处今日人欲横流道德颓落之世，责人过苛，亦非所宜。统观今日之大学校长，自蔡孑民以下能胜于郭氏者又有几人乎？"[2] 此语道出了郭秉文倚重于校董会这种管理模

---

① 梅光迪：《九年后之回忆》，载《国风半月刊》第 9 号（1932 年 11 月），第 25 页。

② 胡先骕：《东南大学与政党》，原载 1925 年《东南论衡》第 1 卷第 1 期，收入《胡先骕文集》上卷，江西高校出版社 1995 年版，第 305 页。

式的动机，也显示出作者对郭氏这种办学模式的理解。

校董会是东南大学与东南社会的桥梁。借助这一桥梁，东南大学的发展与东南社会紧紧联系在一起。一方面，东南大学借助校董获取东南社会的巨大资助，同样，东南大学对东南社会作出积极的回报。如东南大学农科在 20 世纪 20 年代积极参与地方建设，通过组织农村巡回演讲团、举办展览会等方式，普及科学知识、推广优良品种，受到社会的广泛赞誉。东南大学与东南社会之间的良性互动成为 20 世纪 20 年代东南大学崛起的关键原因所在。

三　《学衡》与东南校风

在学术风格上，东南大学持其所特有的古典主义风格，倡导文化民族主义，逆北京大学所倡导的新文化运动潮流而动，独树一帜。自南京高师成立以来，北大、南高（含东大）隐然成为中国高等教育的两大重镇。二者之间也因所主张的主义不同而形成对立，时人有"北大尚革新，南高尚保守"之语，据当时的知情人说，"其说盖起于胡适之"。[①] 在学术文化上与北京大学分庭抗礼，成为 20 世纪 20 年代中国学术文化史上一道独特的风景。本节以早期《学衡》派为主，探讨 20 世纪 20 年代南北学术文化的纷争与对流。

但南京高等师范学校、东南大学并不认可上述评论，副校长刘伯明在一次公开的演讲中，还专门郑重地声明："与其称北大

---

① 张其昀：《刘伯明先生逝世纪念日》，载《国风半月刊》第 9 号（1932 年 11 月），第 68 页。

为革新派、南高为保守派，无宁谓北大重文学南高重科学比较的合乎事实。"① 南高、东大重视科学（指理工等自然科学）也多为社会所认可。其时在人们眼中，之所以有北大与南高为革新与保守的评价，还有一个重要原因就是这两所大学所倡导的不同文化的风格，即北京大学以《新青年》、《新潮》为主的杂志提倡新文化，而南方学术重镇东南大学的学人以《学衡》、《史地学报》为中心提倡古典人文主义。二者之间在关于新文化和整理国故方法上展开过激烈的辩论。如同探讨北京大学早期的政治文化不能不研究《新青年》一样②，研究南高、东大的历史也少不了研究《学衡》。故有学者在研究中国近代学术的地缘与流派时，称当时东南大学的《学衡》公然树旗，与北方的北大分庭抗礼，形成所谓"南高学派"，成为南方学术的代表声音。③ 从某种意义上讲，《学衡》是20世纪20年代东南大学的一种学术文化的象征。

《学衡》是由东南大学一批反对北方新文化运动的教授群体于1922年1月创办的一个综合文化杂志④，直到1933年出版至79期停刊，前后共存在11年。其编辑部设在东南大学内的时间共二年半，即从1922年1月到1924年6月，共出了1—32期。东南大学时期的《学衡》是一份具有明显地缘特色的文化杂志，

---

① 刘伯明语，见张其昀在后来中央大学的演讲《我所希望于本校同学》，载《国立中央大学半月刊》第1卷第4期，1929年，第431页。

② 美国学者魏定熙在《北京大学与中国政治文化（1898—1920）》一书中，重点讨论了以《新青年》为主的新文化团体对于北大早期政治文化的影响。

③ 桑兵：《晚清民国的国学研究》，上海古籍出版社2001年版，第50页。

④ 台湾学者沈松侨在1984年就出版了专著《学衡派与五四时期的反新文化运动》，台湾大学出版委员会，1984年。近年来对学衡派的文化思想专门研究著作，有沈卫威：《回眸"学衡派"》，人民文学出版社1999年版；《"学衡派"谱系——历史与叙事》，江西教育出版社2007年版；郑师渠：《学衡派文化思想研究》，北京师范大学出版社2000年版。对学衡与东南大学的关系的研究，可参考高恒文《学衡派与东南大学》，广西师范大学出版社1998年版。

其主要编辑和撰稿人大部分为东南大学教授，尤其是以文史哲学科为主。其核心成员有吴宓、梅光迪、汤用彤、刘伯明、柳诒徵、胡先骕，尤其以吴宓为其中自始至终的中坚。东南大学中主要撰稿人还有：萧纯锦、徐则陵、缪凤林、景昌极、张其昀、徐震谔、束世澂、向达。就这些学者的知识背景和人脉关系而言，有一个大至相同的特点，要么从清华学校毕业、留学美国而执教于东南大学，如刘伯明、梅光迪、吴宓；要么执教于东南大学和就学于东南大学者，如柳诒徵、缪凤林、张其昀、景昌极等。二者之间存在着密切的师友关系，因此也可以判断出《学衡》是一个重要的同仁杂志。

　　《学衡》杂志的宗旨是站在中西文化融合点的高度，致力于国学和西学两个方面的研究，并特别提倡"以吾国文字，表西来思想"①，这里所说的"吾国文字"应是指中国传统文化。这份杂志从创办就公开地与以陈独秀、胡适为核心的北大新文化运动主力军进行交战，故始终站在新文化运动的对立面是其一外在鲜明的特点，它还带有强烈的文化民族主义色彩。

　　学衡派的文化民族主义思想的源头之一，是美国学者哈佛大学白璧德教授的"新人文主义"。新人文主义是对文艺复兴和启蒙运动的反动，其主旨在于造成一种世界性的文化，主张摒弃狭隘的西方中心论，认为欲造成一种于世界各民族、各时代皆有益之世界性文化，必循中、西、印三大文化自古相沿之轨辙，而上述三种世界上最伟大的古典文化，已经受到来自科学理性主义和艺术中的浪漫主义的威胁，只有以"人本主义"对抗"物本主义"，才能恢复古典世界文化的"人文主义"本质特征。在白璧德看来，世界是一个统一的整体，历史应该成为人类统一的记

---

　　①　《学衡杂志简章》，载《学衡》第 3 期（1922 年 3 月）。

载，孔子、释迦牟尼和亚里士多德其地位同等重要。现今美国地处欧洲和远东之间，理应成为沟通东西文化的桥梁，而不应成为东西文化的壁垒。白璧德多次强调，"真正的人文主义者，在同情与选择两者间保持一种正确的平衡。"① 白璧德的人文主义与当时流行的人道主义、浪漫主义和自然主义大相径庭。人文主义与人道主义的最大差别在于，人道主义是一种无差别的同情，而人文主义则为有差别的，有同情的选择；浪漫主义发源于法国的卢梭，以感情衡量万物，不重内心修养，而欲殚其精力，以谋人类的进步，而人文主义则主张从自己修养入手，以好学深思进德修业为要义，谋求感情与理性的和谐。由于自18世纪以来，西洋的文学艺术教育哲学以至政治，均直接间接接受浪漫主义的影响，造成情感冲动以达于狂热的境地，其结果往往是有破坏而无建设，最终导致健全人格的丧失。而自然主义大受达尔文学说的影响，使人一意于物质上的繁荣，醉心于科学的权力，而对于较高的文化价值不免淡化。在新人文主义者看来，浪漫主义偏重于感情作用，自然主义偏重于机械作用，都走向极端，均是现代文化的通病。白璧德认为世界大战的出现就是19世纪以来不良观念发展的结果，人文就是针对这些缺点而思补过的。换言之，新人文主义的出现就是以矫正浪漫主义的流弊为己任。人文主义的理想即为君子之风，而君子有三长，即中庸、敏感与合理。"敏感"相当于中国的"仁"字，"合理"相当于中国的"礼"字，这样君子身上的仁、礼和中庸三德与儒家学说就基本打通了。② 这也成为新人文主义为何对一些中国留学生有特别亲和力的

---

① ［美］白璧德：《什么是人文主义者》，收入美国《人文》杂志社编《人文主义：全盘反思》，生活·读书·新知三联书店2003年版，第6页。

② 张其昀：《白璧德——当代一人师》，收入罗岗、陈春艳编《梅光迪文录》，辽宁教育出版社2001年版，第252—253页。

原因。

白璧德的中国学生对其师尊的主义深信不疑，学衡派的中坚人物大多是白璧德的私淑弟子，如吴宓、汤用彤、梅光迪、陈寅恪等，其中吴、汤、陈三人并称哈佛三杰。新人文主义不但增加了学衡派对传统文化的自信，而且使他们眼界更开阔，能够提出世界性的文化理想。20世纪初白璧德敏锐地注意到的中国正在进行的新文化运动，认为这场运动无论是立意还是动向上皆类似于西方之文艺复兴与启蒙运动。他在演讲中告诫中国人说：

> 今日在中国已开始之新旧之争，乃正循吾人在西方所习见之故辙。相对抗者，一方为迂腐陈旧之故习，一方为努力于建设进步、有组织、有能力之中国之青年。但闻其中有主张完全抛弃中国古昔之经籍，而趋向欧西极端卢骚派之作者，如易卜生、士敦堡、萧伯纳之流。吾固表同情于今日中国进步派之目的，中国必须有组织、有能力，中国必须具欧西之机械，庶免为日本与列强所侵略。中国或将有与欧洲同样之工业革命，中国亦须脱去昔日盲从之故俗，及伪古学派形式主义之牵锁。然须知中国在力求进步时，万不宜效欧西之将盆中小儿随浴水而倾弃之。简言之，虽可力攻形式主义之非，同时必须审慎，保存其伟大之旧文明之精魂也。苟一察此伟大之旧文明，则立见其与欧西古代之旧文明，为功利感情派所遗弃者，每深契合焉。①

白璧德在演讲中，对中国激进的全盘反传统和顽固的墨守成规都提出了警告，对于中国的出路似乎也在"同情"与"选择"之间

---

① 胡先骕译：《白璧德中西人文教育谈》，载《学衡》第3期（1922年3月）。

寻找平衡，即同情传统的精魂与选择"欧西之机械"间的平衡。这正体现了白氏运用新人文主义观来评论中国当时的思想运动。这一评论实际上开启了中国留学生以新人文主义来抵抗自由主义和浪漫主义极端流行的恶果的先河。

白璧德的理论之所以能吸引当时中国的部分留学生，据这些学生的回忆，主要是在于白氏理论中的"历史眼光"和"世界观点"。前者能极好地解放人的思想，将人从现代社会狭隘的束缚中解脱出来，它撇开了只注重近代而对西方文化史随意进行分析的做法。白氏认为伟大人物的标准是永恒的，不会随着时间的推移而"进步"。后者即白氏的世界观点认为，看似背道而驰的东西方文化其实是一个整体，白氏对孔子有着深刻的理解，并将孔子与亚里士多德进行了精辟的比较，并认为西方文化只是世界文化中的一部分。对于身处民族文化危机之下的留学生而言，白氏这种以"以历史的智慧来反对当代的智慧"①的思想无疑具有巨大的吸引力，他们借助白氏的理论，将中国传统的儒家思想重新解读为"人文主义"或者中国文化人文主义精华。与国粹派们不同的是，他们并不十分关心传统的匮乏，他们的努力的重心在于寻找东西方文化的精髓，并在此基础上交汇而形成一种文化理想。白氏理论对其中国弟子的一个最大的影响就是，中西文明是平等的，其精华是人类共同的遗产。从这一观点出发，吴宓等人对近几十年来中国文化界盛行的"西化"与"国粹"进行了一番新的理解和评说，认为西化与国粹并非人们所想象的水火不容。在《论新文化运动》一文中，吴宓论证说："自光绪末年以还，国人忧国粹与欧化之冲突，以为欧化盛则国粹亡。言新学者，则

---

① 梅光迪：《人文主义和现代中国》，收入罗岗、陈春艳编《梅光迪文录》，辽宁教育出版社 2001 年版，第 218 页。

又谓须先灭绝国粹而后始输入欧化。其实二说均非是。盖吾国言新学者，于西洋文明之精要，鲜有贯通而彻悟者。苟虚心多读书籍，深入幽探，则知西洋真正之文化与吾国之国粹，实多互相发明，互相裨益之处，甚可兼蓄并收，相得益彰。"[①] 显然，吴宓看重的是中西文化精华的交融与互通，而没有看到中西文化之间的冲撞。

正因相信欧化与国粹之间可以相通，就不难理解白璧德的新人文主义成为学衡派反对新文化的理论基础的原因了。白氏对当时中国新文化运动的即时观察和基本思想倾向，对其中国弟子影响很大，这集中体现在东南大学西洋文学系主任梅光迪、教授吴宓对新文化运动人物和理论的评论上。《学衡》从第1期载梅光迪《评提倡新文化者》起，到最后一期载易峻《评文学革命与文学专制》止，总共79期连续十余载，几乎从来没有放弃过对新文化的抨击，从而成为20世纪二三十年代之际中国现代文化史占据独特地位的有重要影响的文化流派。

20世纪20年代初，北大的胡适等人正倡导用"科学的方法"来"整理国故"，一时全国学界关于"国学"与"国故"的讨论也形成热潮。学衡派对中国文化的一个基本态度，也表现在对于传统——国学的研究方法上，而在这一点也与新文化派大异其趣，他们针对胡适"整理国故运动"及以顾颉刚为首的"古史辨"疑古思潮发起抨击。梅氏评论说："其言教育哲理文学美术号为'新文化运动'者，甫一启齿，而弊端丛生，恶果立现。"他主要对提倡者本身的两副面孔加以揭露，点明提倡新文化者的表象与本质有着天壤之别，具体表现在以下四点：第一，非思想家而是诡辩家；第二，非创造家而是模仿家；第三，非学问家而

---

① 吴宓：《论新文化运动》，载《学衡》第4期（1922年4月）。

是功名之士；第四，非教育家而是政客。① 其后，梅氏又指责新文化派的门户党派之见，认为"彼等固言学术思想之自由者也，故于周秦诸子及近世西洋学者，皆知推重，以期破除吾国二千年来学术一尊之陋习，然观其排斥异己，入主出奴，门户党派之见牢不可破，实有不容他人讲学，而欲养成新式学术专制之势。"其二是学术研究方法有名无实，即对胡适等人所倡导的"整理国故"提出了批评，认为"彼等又好推翻成案，主持异义，以期出奇制胜。且谓不通西学者，不足与言'整理旧学'。又谓'整理旧学'须用"科学方法"，其意盖欲吓倒多数不谙西洋文未入西洋大学之旧学家，而彼等乃独怀为学秘术，为他人所不知，可以'大出风头'，即有疏漏，亦无人敢与之争。然则彼等所倾倒者，如高邮王氏之流，又岂曾谙西文、曾入西洋大学者乎？"② 明显是针对胡适等人提倡的"整理国故"的方法。与梅氏批评方式不同的是，吴宓则主要是从学理上对新文化运动的理论来源进行批驳，"近年国内有所谓新文化运动者焉，其持论则务为诡激专图破坏，然粗浅谬误……唯选西洋晚近一家之思想，一派之文章，在西洋已视为糟粕为毒酒，举以代表西洋文化之全体，其行文则妄事更张，自立体裁，非马非牛，不中不西，使读者不能领悟。"③ 吴宓的评论主要是针对新文化运动者对西方文化的片面理解而立论的。胡先骕对新文化运动倡导者的批评集中在其功利主义的动机上，"近日之新文化运动者，虽自命提倡艺术、哲学、文学，骤视之，似为今日功利主义之针贬，实则同为鄙弃节制的道德之运动，且以其冒有精神文明之名，故其为害较纯粹之功利

① 梅光迪：《评提倡新文化者》，载《学衡》第1期（1922年1月）。
② 梅光迪：《评今人提倡学术之方法》，载《学衡》第2期（1922年2月）。
③ 吴宓：《论新文化运动》，载《学衡》第4期（1922年4月）。

主义为尤烈焉。"①　换言之，其对新文化运动的动机持相当的
怀疑。

　　学衡派主将梅光迪后来用英文撰文指出：《学衡》的特别之
处更在于以各种方式告示国人，民族传统中的精华部分是建立一
个新中国的唯一坚实基础；其集中表现为哲学、政治和教育上的
理想主义及文学中的古典主义。也就是说，其立足点是儒家学
说，尽管它并没有宣布要成为儒家运动。事实上，现代中国所有
文化斗争就是对孔子持有不同看法的派别之间的斗争。②　针对新
文化运动者将中国今日的衰落归咎于孔子及其所代表的儒家之类
的文化传统，学衡派主将之一的柳诒徵便明确指出，中国社会衰
落只是由于社会动荡和历史事件的无常，而不能将之归结到孔子
和儒家身上，他说："中国今日之病源，不在孔子之教……在满
清之旗人，在鸦片之病夫，在污秽之官吏，在无赖之军人，在托
名革命之盗贼，在附会民治之政客，以迄地痞流氓，而此诸人固
皆不奉孔子之教。"③　他开出以儒家思想为救治中国近世之病的
药方，是从中国病象中觉察得来的，其矛头则直接针对新文化运
动者以启蒙的意识形态对于中国传统的批判。与柳诒徵稍不同的
是，胡先骕批评新文化运动者的重点在于对物质主义、科学主义
和工具主义的批判，他同样也将中国公众道德的堕落归罪于资本
主义价值观的侵入，发出"而吾数千年之古国，或将有最后灭于
西方文化之恶果矣，可不惧哉！"④

　　讨论至此，不禁会提出这样一个问题：为什么这样一个带有

---

①　胡先骕：《说今日教育之危机》，载《学衡》第 4 期（1922 年 4 月）。

②　梅光迪：《人文主义和现代中国》，收入罗岗、陈春艳编《梅光迪文录》，辽
宁教育出版社 2001 年版，第 224 页。

③　柳诒徵：《论中国近世病源》，载《学衡》第 3 期（1922 年 3 月）。

④　胡先骕：《说今日教育之危机》，载《学衡》第 4 期（1922 年 4 月）。

强烈文化民族主义色彩的杂志会出现在东南大学,而不是别的学校? 物以类聚,人以群分——这句熟语用来解释学衡派的聚集也恰如其分,正如20世纪30年代初周谷城评论所说:"从前北大曾新极一时,凡奉行新教育主义的,当然到北大去。与北大对抗的有南高。那大反北大,而且专拜古典主义的,当然到南高为好。在教育界能因主义不同而树党派,不仅不是坏事,简直是好现象。"[1] 文中所提及的南高与北大的对抗,以及新教育主义和古典主义,主要指的就是北京大学新青年派与东南大学的学衡派之间的论战。东南大学学衡派的形成轨迹十分类似于北京大学新青年派的聚结。如果说北大新青年派的出现与蔡元培的用人之道不无关系,那么东南大学学衡派的出现与郭秉文的办学原则和刘伯明的引进人才更是有直接渊源。蔡元培以"思想自由、兼容并包"为办学原则,聘请陈独秀入北京大学,陈独秀招引胡适到北大,从而形成北京大学内的《新青年》为核心的新文化群体,并引导新文化运动的潮流。同样,郭秉文以"四个平衡"为办理东南大学的基本方针,尤其注重人文与科学的平衡,既是注重大学里的人文与自然两大学科的平衡,又是在引进西洋文明的同时,注重提倡民族精神和民族文化。刘伯明聘请梅光迪入东南大学,继而梅光迪招引吴宓,并主持《学衡》,进而形成与北大新文化派抗衡的学术文化派别。

直至今日,许多研究中国现代知识分子问题的学者仍习惯以激进派、自由派和保守派来展开相关问题的讨论,虽然这一研究视角对于把握这一群体内部的总体特征有诸多方便,但这明显是将中国的历史简单化为普遍的(欧洲的)有关进步叙事的地方版本。学衡派对新文化运动的公开抵抗,在中国现代史上通常被视

---

[1] 周谷城:《官场似的教育界》,载《社会与教育》1930年第5期。

为保守的表现。正如已有研究者明确指出，这样解读的危险是，人们会轻而易举地落入他们的对手——即提倡新文化者的修辞陷阱之中，因为后者首先给《学衡》加上一个社会进步的绊脚石的恶名。[①] 事实上，学衡派与新文化运动者都是从文化上致力于新时期中国的民族认同问题，二者基本的学术思路和文化态度有着惊人的相似之处，不仅表现在他们有着共同的知识背景，还表现在他们之间的相互密切关系，只不过因为在中国社会的急剧转型时期，在中国的民族建设和文化建设中由于相互竞争的声音而掩盖了彼此之间的巨大共同之处。

由于《学衡》是作为新文化运动的反对派的面目出现的，时人多批评《学衡》的保守，由于学衡派主张保守中国文化的精粹内容，它一直被后世学人视为一个与国粹派类似的"文化保守主义"派别。其实这是对于学衡派的某种程度的误解。如同学衡派的代表梅光迪后来所言：恐怕没有人比《学衡》的编者们更愿意承认，中国的文化传统经过长期的与世隔绝之后，已陷入了狭隘的自我满足、固步自封之中，因此在比较和竞争中缺乏优势。所以，它必须得到丰富、补充；在其退化的情况下，还必须得到修正。目前它与西方文化的接触肯定是其历史进程中最具意义的一次经历；这样的接触应该能为它提供一次极好机会扩展及提高自身，但绝不是像它的一些现代派敌人所希望的那样，给它带来自我的灭顶之灾。[②]

从历史渊源上看，《学衡》的出现很容易使人联想到《国粹学报》，无论是《学衡》的办刊宗旨中一再倡导的"论究学术，

---

① 刘禾著、宋伟杰等译：《跨语际实践》，生活·读书·新知三联书店2002年版，第356页。

② 梅光迪：《人文主义和现代中国》，收入罗岗、陈春艳编《梅光迪文录》，辽宁教育出版社2001年版，第225页。

阐求真理,昌明国粹,融化新知"的"国粹"二字,明显地直接继承了20世纪初章太炎、刘师培、黄节等人首次使用并逐渐成为公共流行的话语;还是对于中国传统文化对民族认同巨大价值的宏扬,都可以发现前者对后者的继承。但是,我们还须清醒地认识到,在学衡派的头脑和文字中,虽然"国粹"一词一再被使用,但其意义与其前辈们相比已发生了巨大的变化,"国粹"已不再单纯地指中国古代圣贤的形象,同时也将西方的智者纳于其中,《学衡》创刊号上的孔子与苏格拉底并立的形象无疑在学衡派心目中占有巨大的象征意义。与《国粹学报》全心推崇中国的传统学术相比,在学衡派那里,西方(尤其是欧洲)历史上伟人莎士比亚、约翰·弥尔顿、狄更斯、威廉·萨克雷、耶稣、萨缪尔·约翰逊和马修·阿诺德先后出现在《学衡》杂志的第3、4、6、12期上,不能不说是一个明显的表现。而西方人文主义的代表欧文·白璧德的理论更是他们的直接理论来源。同时,在学衡派的理论视野中,国粹二字也不再包含《国粹学报》时代的文化等级、种族差异的内涵,而代之以更为广泛的文化平等观念,因而更具有开放性和平等心态。

这也就是说,学衡派在中西文化上更持有一种平等文化观,对于文化的选择评判标准,也不再像国粹派那样,一切以西人的标准为标准,更多地表现出一种文化上的自觉与自信。可以说,学衡派所要努力的是设法与西方建立起一种平等的文化对话,并尝试以当时美国的学术话语来重新建构有关国粹的论述,而这一话语在学衡派看来只有他们才能真正代表。这些从美国归来的留学生认为,在陈独秀、胡适们的激进主义与他们之间的新人文主义的论战中,他们要做的首要事情是暴露并修正提倡新文化运动者对于西方文化及中国传统文化的"误读",而不在于反对笼统意义上的新文化。事实上,学衡派并不反对纯粹意义上的新文化，更不反对吸收外国文化，他们与新文化派的区别只是对新文化与外国文化的理解和侧重不同而已。学衡派对于现代文明所倡导的民主与自由等现代性的政治观念并不排斥，相反却表现出极大的热情。如作为《学衡》的精神领袖之一、时任东南大学副校长的刘伯明，就先后在《学衡》上发表《共和国民之精神》和《杜威论中国思想》等论文，对于科学与民主等理念抱有和《新青年》一样的热情。刘伯明认为："新文化之运动，确有不可磨灭之价值"，对于"五四"运动的原因和意义也有真切的认知，他说"五四运动"是"激于世界之民治新潮，精神为之舒展，自古相传之习惯，缘之根本动摇"，其意义在于"新潮漫溢，解放自由之声，日益喧哓"，结果使得社会发生"激烈之振荡，而后能焕然一新。"进而，他提出与"五四"运动相一致的"共和精神"，提出"共和精神非他，即自动的对于政治及社会生活负责任之谓也"，并主张共和国民应当同时具备自由和负责任的精神，即"余观之自由必与负责任合，然后有真正之民治。仅有自由，谓之放肆任意任情而行，无中心以相维相系，则分崩离析，而群体迸裂。仅负责任而无自由，谓之屈服，此军国民之训练而非民治也。"[1] 在刘伯明眼里，更注重民主自由对应下的"责任"，这是一种典型的平衡观。由此可见，学衡派并不反对新文化，也不反对吸收外国文化，他们与新文化派的区别只是对新文化与外国文化的理解和侧重不同而已，他们所寻求的是传统与现代之间的一种平衡。

对于新文化运动的另一主题——科学，学衡派也同样表现出相当的热情，学衡派的主体多为留学欧美的归国学人，对于西方现代的科学文明有着深切的体认，无论是该杂志的宗旨所倡导的

---

[1]　刘伯明：《共和国民之精神》，载《学衡》第 10 期（1921 年 11 月）。

"融化新知"，还是其各自在学术研究中的基本理路，均表现出相当的现代科学理念。事实上，当时参与《学衡》杂志的创办和作为主要的撰稿人之一的胡先骕又是当时中国科学社的骨干成员；还有东南国学的领袖、并没有出国经历的柳诒徵，虽然他在《中国文化史》中提出史学与科学不能等同，"近人欲属之科学，而人文与自然径庭，政治、经济、社会诸学皆产于史，子母不可偶，故吾尝妄谓今之大学宜独立设史学院，使学者了然于史之封域非文学、非科学，且创为斯院者，宜莫吾国若。"① 他这主要是从史学与科学的学科特点来立论，如果从学术研究的方法上而言，其文化史的研究路径也与西方科学主义之间有相当程度的契合②。

当然，学衡派作为一种与新文化运动相悖的文化派别，其对于中国传统文化的态度与《新青年》是大不一样的。刘伯明认为中国文化源远流长，断不能一笔抹杀，"自欧美之风东渐，吾国学子率喜趋向实利，偶提及机械或物质上之发明，则相与惊吓，而以旧有文化为不屑研究，或无补于救亡。"③ 柳诒徵在讨论大学生的责任问题时，对于学者的文化态度提出了三原则：一，今人的责任主要为"改革"和"建设"；二，前人的责任主要是"继承"和"扩充"；三，世界之责任主要是"报酬"和"共进"。④ 这种对于传统文化的继承和发扬的态度，也是学衡派的

---

① 柳诒徵：《中国文化史》"牟言"，东方出版中心1988年再版，第1页。

② 如近来有学者指出，用"泥古"和"信古"等字样来概括柳诒徵的文化史派是相当不准确的，参见刘梦溪：《中国现代学术经典·总序》，河北教育出版社1996年版，第34页。另外郑师渠在《学衡派史学思想初探》（载《北京师范大学学报（社会科学版）》1998年第4期）一文中，对于学衡派柳诒徵、张荫麟、缪凤林等人史学思想中"得风气之先"的因子进行了细致的分析。

③ 刘伯明：《杜威论中国思想》，载《学衡》第5期（1922年5月）。

④ 柳诒徵：《论大学生之责任》，载《学衡》第6期（1922年6月）。

基本文化立场。

对于社会上关于东南大学在文化上"保守"的说法，该校毕业生在 30 年代有一辩解，不妨照录："在文化的使命上，南高的成就，虽然在开创方面不能说首屈一指；可是在衡量和批判一切新思想，新制度，融合新旧文化，维持学术思想的继续性和平衡性这一方面，它有独特的贡献。在有些方面，诚然有人批评过南高的保守，可是保守和前进，在促进文化上，是同等的重要。而南高教育机关的文化使命，本是开创与保守、接受与批判缺一不可的。南高对于文化的贡献，如其不能说在开创与接受方面放过异彩，在保守与批评方面，却有不可磨灭的成就。何况有些方面，如教育理论与方法的革新，农业的改良，体育的提倡，南高还是开全国之先的呢。"[①] 平心而论，这种自我评价不无道理。《学衡》的出现对"五四"以后的学风的转变的确起了不小的作用，学衡派的主将之一胡先骕在十余年后有一总结："当'五四'运动前后，北方学派方以文学革命整理国故相标榜，立言务求恢诡，抨击不厌吹求。而南雍师生乃以继往开来融贯中西为职志，王伯沅先生主讲四书与杜诗，至教室门为之塞，而柳翼谋先生之作《中国文化史》，亦为世所宗仰，流风所被，成才者极众。在欧西文哲之学，自刘伯明、梅迪生、吴雨僧、汤锡予诸先生主讲以来，欧西文化之真实精神，始为吾国士大夫所辨认，知忠信笃行，不问华夷，不分今古，而宇宙间确有天不变道亦不变之至理存在，而东西圣人，具有同然焉。自《学衡》杂志出，而学术界之视听以正，人文主义乃得与实验主义分庭抗礼。'五四'以后江河日下之学风，至近年乃大有转变，未始非《学衡》杂志潜移

<hr />

[①] 吴俊升：《纪念母校南高二十周年》，载《国风半月刊》第 7 卷第 2 号（1935年 9 月），第 6 页。

默化之功也。"① 胡氏所论，是再次重申东南大学以白璧德人文主义为号召，与北京大学的杜威实验主义竞争所显示的不同的学术路向。不过，《学衡》与《新青年》所代表的南北学风的不同，其依据并非学者的籍贯，而是居处，若论籍贯，两者均多为南方人士。②

在阵线分明的《学衡》与《新青年》之间，也存在着一个巨大的共同之处，他们都在努力关注现代世界，并在相互竞争所形成的民族国家体系中，深入思考中国的民族和文化认同的根本问题。二者都努力从西方的学术传统中寻找理论的支撑，所不同只在学衡派们找到的是欧文·白璧德，新文化运动者们找到的却是约翰·杜威和伯特兰·罗素而已。这种以某一西方权威来对抗另一西方权威，并因此而引发二者之间的论战的一个直接后果，是摧毁了知识分子头脑中固定存在的西方文化的同质性看法。在学衡派的理论中由此取消了东西方文化的二元对立，代之以"真"、"伪"新的二元对立，他们对新文化运动主将们所树立的偶像如卢梭、易卜生、托尔斯泰和尼采加以摒弃和摧毁，而认为西方文化的精华体现在希腊罗马以及犹太教和基督教共有的传统中。正如同学衡派的代表之一梅光迪所论，真正的新文化不是确定中国文化的精华去对抗西方文化的，因为两种文化是不可调和的系统（这一点与新文化论者同），而重点在于确定谁真正有权威对第一文化（真正的全人类文化精华——引者注）有发言权，只有将两种文化精髓整合起来，才能熔铸成"真正的新文化"。③

以《新青年》、《学衡》为代表的北京大学与东南大学在 20

---

① 胡先骕：《朴学之精神》，载《国风半月刊》第 8 卷第 1 期（1936 年 1 月）。
② 参见桑兵：《晚清民国的国学研究》，上海古籍出版社 2001 年版，第 51 页。
③ 梅光迪：《评提倡新文化者》，载《学衡》第 1 期（1922 年 1 月）。

世纪 20 年代的学术文化对立和论争，集中地反映了现代大学进入中国的一大难题，即在"学术自由"理念随着现代大学制度在中国扎根的同时，大学在民族国家的重建中，也面临着将历史、文化、文学和地理集中起来，建构、指导并传播民族的同一性的重任，现代大学不仅是传播现代知识的殿堂，同时也应是宏扬民族文化的重镇，这种自由教育与民族教育常常处于冲突之中①，如何处理好中西文化二者的关系是近代中国大学面临的难题之一。北京大学的《新青年》群体，站在文化激进主义的立场，总想寻求"根本解决"的办法。新文化派作为 20 世纪初期的文化主流，倡导现代文化潮流，其历史功绩不可抹杀，但由于其缺乏健全的心态和冷静的理性，也使传统遭受到毁灭性的打击。新文化运动开始以后不久，学衡派就作为最有力的反对派面目出现，对于新文化运动激烈的反传统主张持相当的保留态度，而更多地是从文化民族主义的立场反思传统，对中国传统文化始终怀有温情和敬意，在传播西方现代科学文明的同时，对中国传统文化在民族性的提升方面的作用有更多的发挥。学衡派本身也是反观"五四"新文化的一面镜子，从中可以映照出新文化运动中存在的一些问题，如功利主义、激进主义，等等，因此可以说学衡派的出现，是对新青年派文化激进主张的制衡。从中国现代"反传统"到"接续"传统这一文化潮流来看，学衡派的出现是一个重要的转折点。从这个意义上讲，学衡派在中国文化史上占有相当重要的地位。《学衡》这种人文与科学并举的精神，成为东南大学学术风格的一个标志，这也为东南大学在 20 世纪 20 年代崛起抹上浓墨重彩的一笔。甚至可以说学衡派的出现，初步奠立了这

①　参见三好将夫对现代大学与资本主义关系的论述，收入谢少波、王逢振编《文化研究访谈录》，中国社会科学出版社 2003 年版，第 156—157 页。

所大学的特殊精神基础。直到 20 世纪 40 年代,由东南大学一脉相承下来的中央大学学者总结学校精神时,一再称:

> 中央大学历年发展有一贯之宗旨三:一曰指导做人标准:由人生德性之锻炼,发展民族精神之养。二曰尊重中国固有文化,尊重并非墨守,以同时认识撷取西洋之现代文化。三曰切实研究科学,且能使科学与文哲二方面,契合无间。此三者为中大精神之所寄,自南京高师迄于今,虽校名频变,而立校宗旨未尝改易,一方重新估定西洋文化价值,一方面推本固有文化之精华,而一以笃实践履为归宿焉。[①]

以上这种中西文化并立互补的基本态度,明显地继承了学衡派的基本文化观,与北大历史上激烈的反传统形成了鲜明的对照。

四　易长风潮中的政党与社会

郭秉文在东南大学灌输一种美国风格的学术精神,加强大学与社会的广泛联系,并以此作为改革努力的目标和方向。在东南大学的发展之初,无论是江苏地方军阀,还是江苏教育会等其他社会团体,郭秉文均努力与之保持良好的关系,这种良好的人际关系网络为东南大学的改革提供了广泛的经济和社会支持。从总体上看,郭秉文担任校长期间,一度推行比较温和的改革,提倡学术自由,主张学校远离政治,但他还是渐渐趋向政治上的保

---

① 马程:《国立中央大学回顾谈》,《中央日报》1945 年 6 月 9 日,第 3 版。

守，对于 20 世纪 20 年代国民党势力的日益扩张并未给予太多的关注。东南大学也以素不与政党发生任何关系而自我标榜，这正如当时生物系主任胡先骕所言：

> 东南大学与政党素不发生关系，言论思想至为自由，教员中亦无党派地域之别。言留学所在之国，则英、美、德、法、日本；言省籍，则苏、浙、皖、赣、湘、鄂、川、黔、闽、广、直、豫；言个人所隶属或接近之党，则国民党、研究系、国家主义派、社会党，而要以鄙视一切政党，态度超然，纯以研究学问为事居多；言宗教，则孔教、佛教、基督教、与不信一切宗教者……统观今日之大学校长，自蒙蔡孑民以下能胜于郭氏者又有几人乎？然在郭氏任内，一方请梁任公演讲，一方学衡社同人即批评戊戌党人。一方请江亢虎演讲，一方杨杏佛即与笔战。大学言论自由，亦不过如此，至谓某为大学校长某为教授，某与某政党关系何，此何足问？……环顾国内，唯东南大学为不受政治影响专事从事研究学术之机关。①

东南大学这种超然于党派之外的态度，在军阀时代也不失为一种学术独立的处世之道，其目的不过是为学校的稳定和发展赢得一个安定的环境而已。然而，随着政党政治的兴起，东南大学也并不是身处世外桃源的，相反却日益受到来自于国民党势力的渗透，后者试图将东南大学变成宣传三民主义的大本营，南北国民党势力的崛起与郭秉文所尊奉的自由主义的办学理念形成了尖

---

① 胡先骕：《东南大学与政党》，原载《东南论衡》第 1 卷第 1 期（1925 年），收入《胡先骕文存》上卷，江西高校出版社 1995 年版，第 304 页。

锐的冲突，这一冲突的结果使郭成为政治变革时代中的牺牲品，被北方政府免职。免郭事件引发了东南大学长达二年多的风潮，对于东南大学以后历史走向影响颇深，这一事件当时即称为"东南大学易长风潮"。同时，"易长风潮"也使得东南大学从一个相对远离政治的地方大学，演变成为一个党派势力竞逐的舞台，而且也使东南大学内部教授与学生群体发生了巨大分化，校内派系之间的相互矛盾、冲突和外界政局变动纠缠在一起，使一个本来以校风优良而著称的大学，变成了一个学潮丛生的是非之地。

1. 免郭事件

1925 年 1 月 6 日就在郭秉文大展宏图之际，北京政府教育部以代理部务的教育次长马叙伦的名义下达新年第一号训令，"前派东南大学郭秉文应即解职，另候任用。现经改聘胡敦复为国立东南大学校长，除函聘外，仰即遵照。此令。"① 郭秉文突然被解除东南大学校长之职，并不给予任何理由，这在平静的东南大学掀起了轩然大波。当北京政府教育部的任命下达后，东南大学的拥郭一派纷纷发表通电，都称此次免郭的命令是"乱命"——一个最为根本的理由是根据《东南大学董事会简章》第三章第三条第三款"推选校长于教育当局"的规定，这一章程是经过教育部审核批准的，没有经过校董会的同意而贸然任免东南大学的校长显然不合程序，因此也不合法，故称之为"乱命"，理所当然也应该拒绝接受教育部的任免。在这一点上，江苏教育会、该校董事会、大部分教职员、大部分毕业生、在校学生的意见是相当一致的。一面竭力反对教育部，对北京政府的任命均表不满，并积极活动

---

① 《教育部解除郭秉文校长职务的训令》，收入《南大百年实录》上卷《中央大学史料选》，南京大学出版社 2002 年版，第 181 页。

来推翻成命；一面竭力挽留郭氏，反对胡敦复来主持东大。

当即，东南大学的校行政员会成员副校长任鸿隽、理科主任孙洪芬、农科主任邹秉文等联名向校董会呼吁，称"郭校长任职十年，于政潮紊乱经费艰难之际，不涉政争，维持高尚纯洁之教育，辛苦经营，为诸先生所共睹。今政府乱命免职，是混淆教育与政潮，视校长若官吏，倒行逆施，成何政体，同人并力一志牺牲一切，实行教育独立，不受政争之主张，以尊蔽教育之地位巩固。"① 任鸿隽更是单独在报纸上发表反对免郭命令的三大理由：一是教育须与政争分离，此次郭的免职与政争有关，此事无可讳言，此风一开，教育界永无宁日；二是大学校长须具有相当的尊严，没有任何理由仅凭个人喜好来解除国立大学校长的职务，这样做不仅难以服众，也种下了纷争的种子。三是东南大学正值艰难创业之时，突然更换校长即使不发生风潮，也会致使用权校务发生停顿。② 所持三点无一不有相当的正当性，无非是将政府的免职令置于不义的地位。同时也以学潮的威胁对北京政府施加压力。风潮中的任鸿隽地位特殊，其本人并不是拥郭派的中坚，相反与反郭最力的杨杏佛同为科学社骨干，私人关系密切，故风潮发生后，杨杏佛等专门云电任鸿隽"嘱一致进行"，但任鸿隽"恐他们不明此间真意"，特向胡适去信报告称："此间各界殆无不以为政府与学校捣乱，于是挽留之电如雪片飞出。郭秉文何幸得此！"③ 因此任鸿隽所争的并不是郭秉文个人的去留问题，这在他另一封给胡适的信中说得再清楚不过了："上海的朋友们虽

---

① 《东大郭校长免职后之情形》，载《申报》1925年1月9日，第11版。

② 《东大易长问题告一段落》之《任鸿隽发表反对免郭之三大理由》，载《申报》1925年2月11日，第12版。

③ 《任鸿隽致胡适》（1925年1月14日），收入《胡适来往书信选》上册，中华书局1979年版，第293页。

平时有不满意于郭的,但无人不说教育部此次的事做得糊涂。你看了我与杏佛、诒孙的信,便知道此次我们所争的,不是郭个人的去留问题了。"① 可见其背后有深层的原因,这一原因上海爱国女校校长季通给胡适的信中说明十分清晰:"东南大学更易校长,引起一般舆论的非难;我们南方人,和东大的教职员学生,除郭君同党外,对于他人格的信仰,本来有限;但夷初先生不按校董会推荐的定章办理,也令人颇为不满。并见陶行知先生有文章发表,说此事的动机,是精卫'党化教育'的主张;如果并无此事,陶先生总不能如此言之凿凿;假使果然如此,似乎很不正当。"② 这样,东南大学易长中所争就由具体的校长任免权问题与抽象的"党化教育"联系在一起了。

　　事实上,学潮并没有避免。东南大学全体学生于 1 月 8 日就发表宣言,也宣布"教育代总长马叙伦乃突然提议罢免吾校校长,事出无端,理无所据,若非受人利用,当系别有阴谋。教育尊严于以破坏,同人学业供其牺牲,较之曹汝霖×之××,其罪相差无机,同人恨未身处北京,抱以老拳。"③ 学生所持的主要理由是政治与教育分属两途,不能混淆为一,就世界范围而言,"欧美大学校长未尝轻易更动,盖教育与政治殊科,必独立而后能尊严,校长与官吏异趣,必专责而后能收功,其理至显,不容或背。"而中国当时的现实却是,"五四"运动以来,学潮澎湃,几无一校免其影响。其间原因固然复杂,"而其大者盖以军阀视

---

① 《任鸿隽致胡适》(1925 年 2 月 5 日),收入《胡适来往书信选》上册,中华书局 1979 年版,第 310 页。

② 《季通致胡适》(1925 年 1 月 20 日),收入《胡适来往书信选》上册,中华书局 1979 年版,第 305—306 页。

③ 《东大易长风潮水之昨闻》之《东大全体学生宣言》,载《申报》1925 年 1 月 14 日,第 7 版。

学府为隶属，政客以校长为奇货，一度政变，校长随以更易。"①
宣言之中，对于教育部任意罢免所带来的严重后果提出警告。

　　对于这种局面的出现，教育行政当局也是有所思想准备的，当初马叙伦下达东南大学校长的任免令同时，深知东南大学校董和江苏教育会的影响力，当即给东南大学校董之一的江苏教育会副会长黄炎培发去专电，请其从中协助新旧权力的交替，电文中称："东大校长别有借重，聘敦复先生继任，公与敦复素有挚谊，东大亦素赖维护，敬祈就近敦促，至有感荷。"② 可见马叙伦对黄炎培等江苏教育会要员还是抱有相当大的希望，但黄炎培回电中却并不领情，对教育部的任免提出质疑。事实上，当时东南大学校董会、江苏教育会等均站在支持郭秉文的立场上，并当即在上海召集紧急会议，对于北京执政府和教育部违反校董会章程任免校长，表示严重抗议，否认政府的任免，电文中称"教育贵有独立之精神，岂可随政潮而进退……且查十三年六月二十五日准教育部修正之东南大学校董简章第三条第三款，推选校长于教育当局为校董会之职权，今教育部并未践行部令核准之规定，本校董会本委员会本日联席会议，一致议决……对于此次东南大学校长免职任职绝对否认。"③ 同时采取三大举措：第一，校董会也致函代理教育总长马叙伦，表示对教育部的训令实难接受。第二，通过报界等媒体发表声明，为郭秉文公开辩护，对社会上对郭指责最多的——取消评议会、无公开决算、停办工科、放弃校

────────────

　　① 《东大易长风潮水之昨闻》之《东大全体学生宣言》，载《申报》1925 年 1月 14 日，第 7 版。

　　② 《教育部致黄任之电》，载《民国日报》（上海版）1925 年 1 月 10 日，第 2张第 11 版。

　　③ 《东大易长风潮之昨讯》，载《申报》1925 年 1 月 13 日，第 7 版。

务和接近督军——一一进行辩解，对教育部的任免一致坚决反对①。第三，校董会也开始在行动上进行应付郭秉文离校后的困难。政府免职令下达后，郭秉文表面上也只能表示接受，并一直滞留上海，静观时局的变化。后来董事会见北京政府态度强硬，便决定请郭秉文出洋考察。作为补救措施，校董会开始组织临时校务委员会，并推举沈恩孚、史量才、袁希涛、盛竹君、黄炎培、方椒伯、穆藕初为临时委员会委员，并推沈恩孚、史量才为临时委员会正副主任，协同校行政委员会共同处理校务②，实际行使校长权力。

　　校董会和江苏教育会的举措得到江苏地方政府的支持。江苏省地方政府也与东南大学的大部分师生、校董会站在同一立场，省主席韩国钧在致北京政府的电文称："郭校长前后任事十年，学风纯洁，绝未加入政治漩涡，今无故免职，于苏省教育前途影响极大，务恳查明教育核准该校董会章程规定之校长任用手续，郑重考虑，俾不致于时局靡定之际，再发生教育界之纠纷。"③韩国钧从一个地方属员的角度来保证郭秉文的为人品质和办学成绩，实质也是变相地对北京中央政府施加压力。

　　面对东南大学校内外及东南社会的激烈反对，教育部并未作任何退让的表示，相反采取更强力的姿态来弹压。北京政府对于东南大学校内外的拥郭之声并不予理会，尤其对于校董会的活动极为不满，为了堵住教育部任免东大校长违反校董会章程规定是"乱命"的口实，决定从取消东南大学校董会入手，着实整顿东

---

① 《国立东南大学校董会为郭校长受诬声明》，载《民国日报》（上海版）1929年2月18日，第2张第4版。

② 《东大易长长告一段落》之《校董会致郭秉文公函》，载《申报》1925年2月11日，第12版。

③ 《韩国钧电》，载《民国日报》（上海版）1925年1月16日，第2张第11版。

南大学。在对郭秉文的免职命令下达两个月后，于 1925 年 3 月 7 日教育部代理部长马叙伦于一天之内连续向东南大学下达两道训令，其一是令东大成立评议会，"查国立大学条例第十四条规定，国立大学设评议会。该校应即遵照办理，并由该校教授等自行互选评议员，克日成立评议会。所有校内内部组织及各项章程，迅速详细拟定，呈部核定，俾校务进行有所依据。"其二是勒令东大校董会停止行使职权，训令中称："查国立大学条例第十三条，国立大学校设董事会，原为协助学校进行起见，乃该校校董会近年以来，常有侵越权限情事，抛将益滋纠纷，应即暂行停止行使职务。"① 借恢复评议会在东大校内的行政权力，来填补校董会取消后的权力真空，为的是尽快地为教育部任命的新校长上任扫清障碍。

对于教育部与东南大学之间的纷争，局外观察者胡适评论说郭当去而教育部去法太笨，遂使郭因祸得福反而不易去了。② 值得注意的是，教育部为什么此时突然下令免除郭秉文的校长职务，而又不给出恰当的理由？教育部坚持成命与东南社会的激烈反对说明了什么问题？这是免郭事件中笔者要考察的重点，期望透过这一事件，有助于我们了解 20 世纪 20 年代国家与社会力量对比在东南的具体体现，也有助于我们理解 20 世纪 20 年代中期国内政治力量兴衰更替变化轨迹。

免郭命令的出台，同时也是与江浙战争后东南社会政治格局变动相关。1924 年 9 月江苏都督齐燮元与浙江军阀卢永祥之间发生江浙战争，战争的结果以直系军阀与齐燮元的失败而告终。

---

① 《国立东大易长风潮扩大之昨闻》之《克日成立评议会及取消董事会之二部令》，载《申报》1925 年 3 月 12 日，第 10 版。

② 胡适 1925 年 1 月 19 日日记，见曹伯言整理《胡适日记全编》第 4 册，安徽教育出版社 2001 年版，第 203 页。

这一失败与郭秉文的命运紧紧相连，由于东南大学的创办与发展得到了地方军阀的扶持，如东大图书馆的资金就曾得到江苏军阀齐燮元的捐款 15 万元，并以其父的名字命名为"孟芳图书馆"。因此郭秉文也被北方势力划归为直系人物，所以才会出现段祺瑞主持国务会议，通过罢免郭秉文东大校长职务的提案。其中一个最大的口实就是指责郭与军阀相勾结。

就其个人办学主张而言，郭秉文极力反对大学参与政治。但现实中，在 20 世纪 20 年代中国学生运动风起云涌的年代里，随着国家主义言论的高涨，国民党与共产党等政党活动的加剧，各派日益将势力渗透到大学之中。加之，东南大学又不自觉地和军阀政治紧紧相连，正如前文所述，虽然东南大学号为国立，但其经费来源却要求地方自己筹措，当初也规定名为东南，由东南四省江苏、浙江、安徽和江西四省共同出资，但后三者均以财政困难为由加以拒绝。因此东南大学的经费势必依赖江苏督军，接受地方军阀的资助，但这种作法日益遭到国家主义派和国民党等党派的反对。国家主义派和国民党等政治团体均一直宣传反对军阀势力，认为郭秉文与军阀往来的作法是维护现状，也就是扶持军阀，并非保持政治中立，这一点日后即成为国民党攻击郭秉文最为严厉的一点。如当时的国民党舆论报刊《民国日报》就是用这样的言词来评论东大校长郭秉文：

> 国立大学的校长，是纯粹的一个政客。
> 国立学校的校长，竭力崇拜"金钱主义"。
> 国立学校校长的演讲，老是研究金融变化。
> 国立学校校长不重视校务，而时常伴二三女子游西湖。
> 国立学校校长，日谋国立学校改为私立。
> 国立学校，对于教职员：减少薪俸，加多职务。

国立学校校长，对于学生缴费：无理由地加了五元。

国立学校校长，当国款无着时：大说停办，竟敢改组。

国立学校校长，当国政混乱时：竭力鼓动齐贼乱苏。

国立学校校长，禁止学生言论自由。

国立学校校长，因忙于奔走军阀之门——无心教育。

国立学校校长，三百六十五天，在校不足五十天。[①]

上述这种言论虽未指名道姓，但从其所论内容无一不是特指郭秉文，对郭秉文的办学进行了多面的攻击，其中最为主要的一点就是指责郭与军阀勾结。笔者认为，东南大学改为国立之后，经费一项中央政府并没有切实保证，在中央权威衰弱、社会力量相对强大之时，尤其是处于一个军阀时代之中，作为一校之长，郭秉文为学校的发展与各种力量打交道，也不失为一种办学之道，不宜对此作过多的苛求。即使当时对郭秉文治校方略不满的教授，对郭氏与军阀打交道的作法也给予相当的理解，胡先骕就评论说："郭校长为事业家，以成功为目的，对于学术政治无一定之主张，此固其大缺点。然在军阀统治之下，欲求学校经济之发展，对于军阀政客与所谓之名人，势不得不与之周旋。"[②] 同样李清悚也有同样的看法，认为郭"态度作风有如交际家、政客"[③]，撇开个人之间的恩怨外，胡、李对于郭秉文的理解也充分考虑到当时的客观环境。

---

① 《国立学校校长的种种》，载《民国日报》（上海版）1925 年 2 月 19 日，第 2 张第 8 版。

② 胡先骕：《东南大学与政党》，收入《胡先骕文集》上卷，江西高校出版社 1995 年版，第 305 页。

③ 李清悚：《回忆东大时代柳翼谋师二三事》，收入柳曾符、柳佳编《劬堂学记》，上海书店出版社 2002 年版，第 125 页。

郭秉文之所以被教育部突然免去校长一职,其主要原因是军阀格局变动情况之下,校内外国民党人联合在北京政府中活动的结果。当时知识界人士已十分明确地指出这一点,胡适在日记中评论说:"此次东南大学换校长的问题,由国民党人作主力,也是他们的包办大学教育的计划的一部分。"① 时任东南大学副校长的任鸿隽事后回忆说:"东南大学者,承江南优级师范及南京高等师范之后,尝为江南教育界新旧势力角逐之场。当时校长郭秉文君与江苏教育会接近,甚为新派诸人所不喜。会民十三年冬,南方民党势力浸入北方,素不慊于郭者遂因而倾之。"② 任氏所言免郭是国民党势力入侵北方的结果,"素不慊于郭者"具体指的就是杨杏佛。

早在易长风潮发生之前,东南大学内部因为办学方针和人事安排就产生了较深的矛盾,这成为了日后免郭事件的导火线。其中最大焦点是郭秉文与杨杏佛之间的矛盾。杨杏佛,1893 年生于江西,早年加入同盟会,参加辛亥革命。其后入美国康奈尔大学、哈佛大学学习机械和工商管理,在美期间与胡明复、赵元任、任鸿隽等发起成立中国科学社,归国后初任东南大学工科主任。杨杏佛早在民初就已加入同盟会,与国民党各方面多有联系,在东南大学教授群体中属于左派人士,除担任专业课程外,他还在东南大学兼授公共理论课——"社会思想史"等,鼓吹国民革命,为青年学生所钦重。就个性而言,杨为人耿直而富有革新精神,在校内时也常因校务与郭发生矛盾,同事回忆称其"对于校长郭秉文所为最为不满。自从被教授会所推举,参与东大筹

---

① 胡适 1925 年 1 月 19 日日记,见曹伯言整理《胡适日记全编》第 4 册,安徽教育出版社 2001 年版,第 203 页。

② 任鸿隽:《五十自述》,收入樊洪业、张久春选编《科学救国之梦——任鸿隽文存》,上海科技教育出版社、上海科学技术出版社 2002 年版,第 686 页。

备工作,每在会上讨论中,直斥郭之言行,出言锐利有理,使郭穷于应付,故甚忌恶之。"① 围绕东南大学的办学方针,这种性格上的差异也导致二人之间的矛盾进一步加深。郭秉文与杨杏佛之间的矛盾主要集中在对杨位置的安排上,二人之间的关系恶化也有一个发展的过程,有三件事值得一提:

一是郭秉文指示杨杏佛在上海创办东南大学商科时,"以事不相得,仍令回宁教于工科,杏佛由是与郭有衅,郭恒欲挤之使去。"② 这是二人交恶的开始。

二是1923年上半年学期将结束时,郭秉文即将离校赴美考察,决定东南大学的校务由当时的副校长刘伯明代理(当时称校长室副主任),郭氏私下要求刘伯明在下年度教授的续聘时,解除杨杏佛的教席。于是刘伯明、王伯秋等以杨杏佛在校讲授社会改造思想为借口,决定不再续聘杨,其他名教授如柳诒徵、竺可桢等闻讯后也相继辞职,以示抗议,结果引发一场辞职风潮。杨杏佛也当即在郭离沪之前赶往上海,当面质问此事,郭当面坚决否认,杨杏佛归宁后将郭氏之意告予刘伯明,刘伯明也只好以温言好语宽慰杨氏,杨也提出"教授人格保障及讲学自由"为留职条件,③ 事后以校方妥协而结束,杨仍留在东南大学工科任教授一职,但郭与杨之间的关系愈紧张。此其二。

① 李清悚:《回忆东大时代柳翼谋师二三事》,收入《劬堂学记》,上海书店出版社2002年版,第126页。

② 柳诒徵1933年6月18日的日记,收入《劬堂学记》,上海书店出版社2002年版,第54页。此则日记是作者对杨杏佛被暗杀后,对杨其人其事的回忆。

③ 参见《杨杏佛致胡适》(1923年6月8日、6月9日),收入《胡适来往书信选》上册,中华书局1979年版,第204—205页。胡适在日记中记述了杨杏佛告诉其内情,在日记中称郭秉文的行为"真是无耻",评论辞去的秉志、竺可桢、柳诒徵"皆是东南大学的健将","真是怪事!"见曹伯言整理《胡适日记全编》第4册,安徽教育出版社2001年版,第33页。

三是 1924 年郭秉文以东南大学经费不济为由，决定裁撤工科，作为当时工科主任的杨杏佛也只好离开了东南大学。据当时任东南大学历史系教授、著名史家柳诒徵对此事的回忆，称此事实质是"裁工科以屏杏佛也。以一人故而牺牲一科之师生，知者咸不直郭。"① 东南大学工科停办，也闹成一时风潮，社会批评之声一时丛集，杨杏佛事后对于此事一直耿耿于怀，对于东南大学因工科停办的风潮也冷眼旁观，私下也不无讽刺，其在给胡适的信中评论道"东大为裁工科事闹得落花流水，今当局者已陷入进退维谷之地，庸人自扰，真奈何不得也。"②

杨杏佛在离校三年之后的 1927 年，回忆在东南大学这段经历时仍忿忿不平，称"在校之日，虽以主张之不同，不见容于当时之校董及其爪牙，惟与同学则深得切磋相长之益。居宁五载，被迫而三易讲席，由南高商科主任，初迁为文理科经济教授，再迁为工科教授。年年续约之时，则生去留问题。郭氏及其学徒，暗示明言，无不讽其辞职，欺凌毁谤，人所难堪。……十三年复，郭氏挟齐燮元淫威停办工科，铨与工科职员及同学不得不与东大作永久之告别。"③ 杨杏佛所言五年三易其职此言不虚，年年续约时则生去留问题也不假。由于当时东南大学的经费紧张，系科的裁并也成为常事，杨杏佛也因此成为校内派系斗争的牺牲品，四年之中先后担任三个完全不同的系科教授，最后也由于工科的停办被迫去职，这成为日后杨杏佛四处活动倒郭的一个人为

---

①　柳诒徵 1933 年 6 月 18 日的日记，收入《劬堂学记》，上海书店出版社 2002 年版，第 54 页。

②　《杨杏佛致胡适》（1924 年 6 月 16 日），收入《胡适来往书信选》上册，中华书局 19679 年版，第 256 页。

③　杨杏佛：《与东大同学论军阀与教育书》（1927 年 11 月 2 日），收入《杨杏佛文存》，上海书店影印平凡书局 1929 年版（民国丛书第三编 84），第 317 页。

因素。这种矛盾的产生，也多在郭秉文办学缺乏计划所致，时为副校长的任鸿隽曾言："至于此事的根本问题，就除开政治关系不讲，专就学校本身而论，不能不怪郭鸿声办学无计划——如各科系的设置，自来无预定的计划和步骤，以至科与科系之间，竞争冲突，终年不已。近来因经费困难，闹出乱子，固意中事，即使经费宽裕，我恐各科也不能得平均的发达。而做后台老板的校董先生们，又对于大学多半外行，所以不到几年，外面虽轰轰烈烈，内里头却已是千疮百孔了。"①

　　郭、杨之间的个人恩怨也是后来郭廷以所言免郭事件中，人事关系上有人从中拨弄，指的就是杨杏佛氏。当战争的胜利者段祺瑞 1924 年年底攻占了北京后，委任马叙伦为教育部代部长，而马是国民党在北京的地下组织成员之一，并成为组织宣传部分的负责人。加之马叙伦与东南大学中与郭秉文不同政见的教授有着密切的联系，其中与杨杏佛更是多年的老朋友。因此战争结束后，马叙伦向执政府提案将郭秉文免职，因此郭的免职也可以说是北方国民党人活动的结果。据当时正在东南大学念书，后来又长期在中央大学任教的郭廷以先生回忆，此次易长风潮实在与国民党有关。郭廷以先生认为：

　　　　闹学潮后我发现党员积极反郭，而我反同情郭，可是党也不因此开除我的党籍，原因是以前早不参加活动，现在不积极反不构成违反党纪的罪。我们党员超然党外来观察此事件，可能是郭校长不肯帮国民党从事活动惹起的。郭先生与孙先生的关系本甚密切，孙先生的建国方略英文稿据说也是

　　　① 任鸿隽致张奚若函，载《"东大风潮"的辨正》，载《现代评论》第 1 卷第 26 期（1925 年 6 月 6 日），第 18 页。

郭先生拟的。孙先生希望郭先生在东大培植国民党力量,但做校长的有其客观环境与立场,象蔡孑民在北大其立场就与国民党有时不一致,曾有一次打电报劝孙先生下台。郭先生可能认为教育不要参入政治,可能为学校经费来源着想,拒绝了国民党的要求,引起党的不满,再加上人事关系有人从中拨弄,活动易长,引起风潮。①

当然郭廷以当时只不过是一个旁观者,对事件真正的原因是不可能清楚明了,因此其猜测也不一定可信,但据其事后的回忆和其他当事人的证实,所言却非完全是捕风捉影。在倒郭事件中起关键作用的当事人如吴稚晖、马叙伦、杨杏佛当时或事后不久的言行,却也充分地证实郭廷以的猜测不假。

离开东南大学后的杨杏佛专心于发展国民党的党务工作,1924年到广州,任孙中山秘书,"当十三年底孙先生北上时,他(指杨杏佛——引者注)与不满郭校长的国民党要员吴稚晖商议,乘直系垮台利用国民党力量及其关系胁迫教育部(按教长原为王九龄,未到职,由马叙伦代——原注),撤郭校长职,改任与吴稚晖有关系的胡敦复为校长。此时校内尚有柳诒徵、胡刚复等不满郭校长,合作运用倒郭,才有这场风潮。"② 直接参与倒郭的东大教授柳诒徵对此中情况更是明了,他坦言"东南大学之风潮亦以杏佛为主因。杏佛入京,与秦汾马叙伦等商斥郭秉文。"③

其实,杨杏佛氏只是诱因之一,国民党元老之一的吴稚晖在其中也发挥了相当关键的作用。如果说杨与郭不合主要是办学方

---

① 《郭廷以先生访问纪录》,中研院近代史研究所1987年版,第144页。

② 同上书,第145页。

③ 柳诒徵1933年6月18日的日记,《劬堂学记》,上海书店出版社2002年版,第54页。

面，那么吴与郭不容更多是在政治理念上。对于郭秉文被免职一事，吴稚晖则认为郭咎由自取，"因为郭秉文先生不专心做校长，他是齐燮元先生的要人。燮元先生又是曹锟先生要人的缘故。曹锟倒了，齐燮元倒了，郭秉文依然做东南大学苦心维持的校长，便彼仍与后来的军阀出力，恐无以服曹、齐吧！"① 当时，对吴等国民党人士所指责郭秉文与军阀关系密切之处，拥郭者也称在当时南北军阀混战的时代，学校经费支绌，对于军阀"低头眼小"，也不是什么过错，更何况也非郭秉文一人，加之为教育经费而与军阀往来并不是什么大罪。而吴稚晖等则紧紧抓住郭秉文希望借助外国人的势力来达到改变政局的把柄做文章，吴所举事实之一是当浙江军阀卢永祥出走后要徐树铮支持时，郭却在外国人方面运动制止；所举事实之二，当冯玉祥还京时，郭却跑到东交民巷去竭力替曹锟想法制止……由此将郭秉文划入"政客式"的人物之列，吴的结论是"与其叫政客式的郭秉文做东南大学校长，不如叫学者式的胡敦复去做，在东南人民心理中更满意。"② 吴在答复东南大学学生王希曾的来信时，一方面再次重申"郭秉文专心做校长，固然甚好。他现显然投入政治漩涡，改做党人尤好。夫失败是党人的常事。"另一方面也直言不讳地承认"我曾送江苏许多人揭布郭秉文的罪状的说帖到教育部，并且诘问教育部何以不早罢斥他？"③ 这也再一次证实吴稚晖在倒郭中的作用。

　　除吴外，国民党人活动倒郭出力最多的就是汪精卫，这可从

---

　　① 吴稚晖：《致邵飘萍书——为东大校长问题》，收入罗家伦、黄季陆主编《吴稚晖先生全集》卷二"文教"，国民党党史编纂委员会，1969 年，第 123 页。

　　② 同上书，第 124 页。

　　③ 吴稚晖：《答王希曾书——为郭秉文先生的东大校长》，收入罗家伦、黄季陆主编《吴稚晖先生全集》卷二"文教"，国民党党史编纂委员会，1969 年，第 126—127 页。

汪、郭二人在报上的公开信函来往看出大概的情形。2 月 19 日，汪精卫在回复东南大学学生代表关于东南大学易长的诘问时，搬出"无论何人，既与政治生关系，即应负政治上之责任"的理论，为郭的免职辩护："即就郭平时与铭所言，固亦自谓参与苏督外交机要也。故郭今日之辞职，自铭眼中观之，以为当然之事，无足深论也。固知人往往具两种资格，一方以督署机要之资格与闻政治，一方以大学校长资格致力教育，本无不可，然人之行为须负责任。铭未尝谓郭不当参与政治，而谓既参与政治，即当负政治上之责任耳。至于大学应采兼容并包之义，抑应使成党化，此完全另一问题。与校长个人无关，惟恐铭凭直以言，郭校长时代之东南大学，固非如邹海滨校长时代之广东大学带国民党色彩，亦非如蔡孑民校长时代之北京大学以兼容并包为主义，其显著之倾向，乃如愿承趋附军阀之意旨而已"①。

当事人之一的郭秉文也深知其被免职是国民党人在北方活动的结果，也曾专门去函汪精卫、吴稚晖讨一说法。在致汪精卫的信中，紧紧抓住汪致东南大学学生信中的"即就郭平时与铭所言"一句不放，称"文与足下，自 1919 年同船赴美后，绝未再面，何来'即就郭平日与铭所言'？如此说在 1919 年同船赴美之时，则东大尚未诞生，苏督系李非齐，何至有参与齐督外交机要之谈话？"②信中也对汪的为人进行嘲讽。笔者检阅郭秉文致吴的原函内容，主要有二：一是为吴等所指责其为齐燮元等进行政治活动进行自我辩解，并诘问吴在给邵飘萍的上述信中所言其亲自"耳闻目睹"之事从何说起？二是猜度在北方活动其下台的主

① 《汪精卫覆东大学生代表书》，载《民国日报》（上海版）1925 年 2 月 19 日，第 1 张第 3 版。

② 《郭秉文致汪精卫函》，载《民国日报》（上海版）1925 年 2 月 21 日，第 2 张第 4 版。

要人物圈子还有汪精卫、李石曾等，"汪李二公亦为秉文道义之交，请为转达鄙意。"① 吴在回信中也坦然承认"惟盼望免先生之职者，弟亦一人……汪精卫先生亦其一人，至李石曾先生则未尝闻彼过问此事。"② 最值得玩味的是，信中吴稚晖称免去郭秉文的目的在于："此次望免先生之职，得敦复先生代之，乃请党人离教育界，使教育事业归于纯粹之学者，以免学校'党化'。"③ 可见，国民党人反对郭秉文所持主要理由是郭依附于军阀齐燮元，在国民党要人的眼中，郭则成为有派分成见的"党人"，不过在北方持自由教育观念的现代评论派看来，则认为郭的遭遇则是由于校长独裁制的后果，"东南大学郭秉文氏之被北京政府免职，据说系因郭氏趋附齐燮元所致。事究竟如何，我们不欲深论。我们所感觉的是：第一，在现在这样的政治情形之下，教育如不独立，大学的地位是很危险的；大学校长的人格也是颇难自全的。第二，在现实这样的政治情形之下，大学组织如不采取'教授治学'制而采用校长独裁制，大学地位尤其危险，校长的人格尤其难于自全。"④

　　之所以出现国民党人公开提出避免学校"党化"，也主要是一时社会上对国民党人活动将东南大学校长免职议论纷纷，一个最为直接的结论就是国民党正以各种方法攫取大学校长的职位，是在"党化大学"，而国家的教育应该独立，不应受特殊政党的支配。对此，国民党宣传骨干邵力子也不得不公开对此作解释，并表示："国民党此时对各大学所要求，而正在进行中的工作，

---

① 《郭秉文为免职事致吴稚晖函》，载《申报》1925年2月17日，第12版。
② 吴稚晖：《复郭秉文函——免去校长事》，收入罗家伦、黄季陆主编《吴稚晖全集》卷二"文教"，国民党党史编纂委员会，1969年，第128页。
③ 同上书，第128—129页。
④ 《教育消息》，载《现代评论》第1卷第5期，1925年1月10日，第3页。

本只自由地宣传党纲政策而止。国民党所以主张党化教育,亦正以自信其党纲为'有益民众,大利国家'的。故青年学生皆能接受其党纲,以为国努力——并非仅希望他们代己党竭力宣传。"[1]也有一批倾向于国民党的自由主义知识分子出来解释"党化教育",认为这里的"党"不必作"政党"解,更多地应作"教党"、"朋党"解,更愿将此看成是对国家教育方针意见不同的教育派别之争。[2]

东南大学校董会中成员也深知倒郭是国民党在其中活动的结果,也纷纷对汪精卫、吴稚晖、马叙伦等进行指责。时任东南大学校董之一的穆藕初致函蒋梦麟、胡适,就校中一部分人士在北京活动取消董事会一事,请其从中设法周全,信中称:"东大易长事,黑幕重重,令人齿冷。学界尚如此,中国前途何堪设想。昨函马次长及稚晖先生,请其向各方疏解,就此罢手,免得再起纠纷。"[3] 穆氏函中所提的"黑幕重重"之一指的就是当时东南大学倒郭派教授萧纯锦在致胡刚复、柳诒徵的亲笔信中,所言其在北京活动取消董事会的细节,其中有"嘱呈部恢复评议会,业已遵命照办,并进一步请部取消董事会。想此事已得精卫、稚晖诸人合作。弟今午后晤夷初,亦允考虑,且声明恢复评议会为当然之事,大约不久即可发表……现在惟视在宁诸人之团结及疏通各教授效果如何,以定将来阻力之大小耳……总之,据弟各方接洽之结果,觉郭免职后推倒董事会一层已为各方所共认,而铲除

---

① 力子:《论党化大学》,载《民国日报》(上海版),1925 年 2 月 12 日,第 1张第 2 版。

② 张奚若:《党化教育与东南大学》,载《现代评论》第 1 卷第 17 期(1925 年4 月 4 日)。

③ 《穆藕初致蒋梦麟、胡适函》,收入《胡适往来书信选》上册,中华书局1979 年版,第 319 页。

江苏教育会把持之局，尤为执政府与民党两方殊途同归之目标。"① 从这封信中可以看出，教育部取消校董会、恢复评议会这一招，也是东南大学内部倒郭派与外部国民党人共同合作的结果。这一封信不知为何落到"拥郭派"手中，将其大量复印，到处散发，并在信前加上"勾引汪精卫、吴稚晖、马叙伦破坏东南最高学府之口供"的字样。穆藕初也将上面萧纯锦致胡、柳的信寄给吴稚晖一份，吴在回信中除了再一次将黄炎培等主持江苏教育会斥之为"流氓公馆"外，对"拥郭派"盗取他人信件进行复印作法进行挖苦，称"倘彼等手段高明，更能从执政府窃取马叙伦提案之稿，用珂罗版印布，题曰：马叙伦勾引段祺瑞执破坏东南最高学府之口供，当愈可作开胃健脾之印件矣。"② 但东南大学中"拥郭派"的教授徐则陵、陈鹤琴、邹秉文、叶元龙等联名致全国教育界公开信中，将东南大学教授萧纯锦、胡刚复、柳诒徵等与北京的国民党人汪精卫、马叙伦、吴稚晖接洽活动一事公布于众，认为他们是在"借外力以呈私图"，并明确提出"教育应超出党潮"的口号③，来抵制国民党势力对大学的入侵。

　　但社会上尤其是国家主义派及国民党报纸，如《醒狮周报》、《民国日报》等认为郭秉文为基督教徒，而且与军阀列强多有结交，不免有依附权贵之嫌，对其提出批评指责。④ 东大

---

　　① 《穆藕初致蒋梦麟、胡适函》附录《萧纯锦致胡刚复、柳翼谋之亲笔函》，收入《胡适往来书信选》上册，中华书局 1979 年版，第 320 页。

　　② 《复穆藕初书——为东大事也》，收入罗家伦、黄季陆主编《吴稚晖先生全集》卷二"文教"，国民党党史编纂委员会，1969 年，第 220—221 页。

　　③ 《国立东大易长风潮水之昨日要讯》之《东大教职员徐则陵等致全国教育界书》，载《申报》1925 年 3 月 10 日，第 10 版。

　　④ 《最近国立各大学专门校长问题扰攘》，载《教育杂志》第 17 卷第 3 号（1925 年 3 月），"教育界消息"第 3 页。

毕业生、国家主义派的重要代表人物陈启天，在其为东大校长问题致毕业同学书中，在礼节性对郭氏主校十年的辛劳成绩进行一番赞誉之后，以国家主义派的教育理论眼光来评论郭氏任校长一事，认为国立大学为国家之最高学府，大学校长为全国教育界之导师，宜于国家教育有远识、有卓见、有操守，而后才能正本清源、以收教育建设之效。但郭氏的基督教徒身份，且与外国教会学校"颇有宿缘"，因此不宜长期担任国立大学的校长。至于当时人们共同关心何人可以出任东南大学校长，陈启天提出四个人选条件：第一，无政党之偏见者，所以严党化教育之禁也。第二，无宗教之臭味者，所以防教会教育之侵也。第三，有教育之远识者，所以定教育建国之根本方策也。第四，有特立之操行者，所以风后学警权贵也。[①] 后者从其对郭氏被免职的原因分析中可见一斑，称："大学为最高学府，在政治上应取超然态度，不当为一派或一人之附属品，某氏对于此次江浙战争，公然为齐宣传奔走，甚且自裁科系，削减预算，其用意非为大学本身着想……苏公团之不受郭氏势力之影响者，多主更换，以端士习，正人心，以绝教育界奔竞趋附之风。"[②] 比较国家主义派和国民党对东南大学校长的人选标准，均要求其超然于政治、政党之外。虽然如此，但在实际行动中无疑是将东南大学政治化了。

2. "驱胡运动"

北京政府仍然坚持自己的成议，并要求新任命的胡敦复迅速

---

① 《东大毕业生陈启天为东大校长问题致毕业同学书》，载《教育杂志》第 17 卷第 3 号（1925 年 3 月），"教育界消息"第 6—7 页。

② 《东南大学校长郭秉文免职原因》，载《民国日报》（上海版）1925 年 1 月 17 日，第 2 张第 7 版。

上任，但事与愿违，东南大学大部分师生坚决反对，以致最后双方的矛盾冲突表现为，胡敦复上任演变成"拒胡逐胡事件"，就在这两道训令下达两天后东大就发生了痛打新校长的"驱胡运动"，事态进一步扩大。

随着郭秉文免职的原因一步步在媒体披露后，东南大学进一步加剧了内部师生的分化，形成为拥郭的"校务维持"派与倒郭的"校务改进"派两大阵营，一时简称为"拥郭派"和"倒郭派"。前者以副校长任鸿隽、理学院院长孙洪芬、农学院院长邹秉文、图书馆主任洪范九为核心，为多数派，属旧派，反对政治势力进入大学，占据全校师生总人数近九成；后者以历史系教授柳诒徵、物理系教授胡刚复、经济系教授萧纯锦为核心，为少数派，属新派，认同国民党的政治纲领。两大阵营连续发表宣言、通电，陈述本方立场，指责对方。在这种情势之下，新任命的校长胡敦复考虑到东大挽郭情绪激烈，也不敢贸然前来上任，亦致电教育部和郭秉文，表示不就东大职，在任鸿隽等拥郭派致函给他希望他自远嫌疑时，也多次作此声明。但3月7日胡敦复在其弟胡刚复的陪同下，从上海赴南京准备接任校长一职，而校中行政职员听到消息后，第二天即8日均未到校办事，进行抵制。胡敦复抵达南京后，随即在科学社召集会议，商讨接任办法，并预先拟好布告两纸。到9日晨，胡敦复之弟胡刚复到学校行政委员会副主任任鸿隽的家中，要求任一同到校就任。任氏当即告知校内情形不佳，请其勿急于上任。但胡敦复不听，坚持要求任鸿隽与其一同往校内接任。胡到校后即在其弟等陪同下，到校长室索要出校印，在预先准备好的就职通告上盖章，即张贴布告，当时因学生上课，并未引起注意，但到学生下课见到布告之时，群情大哗，是时，有陆志韦、徐则陵二教授公开鼓动学生以武力驱逐校长，于是有学生对胡氏兄弟拳脚相加，并唾其面，又逼其声明

"永不就东大校长职",并最后被逐出校园。①

个中详情,可以从事件发生后,当事人之一的胡敦复被拒后的电诉公开声辩中略见一斑,称:"教育科教授陆志韦撕去布告,号召学生喊打。教育科主任徐则陵,在图书馆月台演说,口出秽语,反对部令。遂有数十学生,雇用流氓,吹口哨,把校门,断电话,哄围校长办公室,掷石打伤敦复及物理教授胡刚复头部。任主任无法制止。巡警被阻校外,学生遂破门入室,勒索校印,胁迫敦复声明不为东大校长"② 可见当时情形颇为混乱,也的确有教授从中鼓动指挥学生。

驱胡运动后,校内的教授分化成两派的情形更为严重,一批支持胡敦复的教授如汤用彤、叶企孙、段子燮、顾实、过探先、熊正理等6人,向报界公开揭露当时真相,对带头的徐则陵、陆志苇(韦)教授表示不耻,称"以大学教授而指挥暴徒,莘莘学子,变为乱民,校风如此,良可痛心。"③ 稍后以汤用彤为首的拥胡派16名教授公开反对拥郭派以全体教授会的名义发表宣言,"凡教职员会议,悉少数专制,并无合法会议,纯系盗用全体名义……嗣后如有发表只字一文,同人概不示认。"④

驱胡运动发生后,不仅教授分化严重,学生也分成两派,一派为支持驱胡运动的拥郭派,当运动发生后,学生召开全体大

---

① 《东南大学校长问题又一幕》,载《教育杂志》第17卷第4号(1925年4月),"教育界消息"第11页。

② 《胡氏被拒后之电诉》,载《教育杂志》第17卷第4号(1925年4月),"教育界消息"第12页。

③ 《汤锡予等六教授电》,载《教育杂志》第17卷第4号(1925年4月),"教育界消息"第12页。

④ 《国立东大易长风潮续志》之《东大教授汤用彤之快邮代电》,载《申报》1925年3月15日,第12版。

学，到会达 545 人，决议第二天照常上课，并请胡刚复、柳诒徵、萧纯锦三教授自动辞职。而另有 60 名学生联名宣言，却完全站在同情胡敦复一边，对驱胡的行为进行指责：事件的发生"乃少数患得患失之教授，竟利用群众心理，反指使少数盲目冲动之学生……以众暴寡，是谓不武，以强凌弱，是谓不仁。"①显然驱胡运动进一步加剧了东南大学内部的分化，两派之间的冲突也日益白热化。

拒胡运动之后，东南大学的校长问题成为一时的难题，如何解决，不同的派别纷纷提出不同的方案：

方案之一：江苏地方教育界提出改国立东南大学为省立江苏大学，所持的基本理由，一为东南大学虽号为东南，其经费均由江苏一省负担，其他三省均发展其省立大学，东南大学有名无实；二为东南大学虽号国立，其经费均是江苏省内之国库省库中开支，无论国库省库均是江苏人民的膏脂，宜由江苏人自办省立大学，且江苏省无省立大学，为此江苏地方教育界发起改东大为江苏大学的运动。② 从表面看似乎只是一个改隶属问题，实质是对于校长人事权的掌控。

方案之二：东大校董会推选校长。4 月 2 日，校董会推选张一麟为校长，由于此时校董会被教育部明令取消，因此校董会推选校长的合法性也让人怀疑但张坚持不就。

方案之三：江苏地方政府任命临时校长。实际上是对中央政府任命校长权力的一种挑战。

以上三种方案，集中到一点，即是代表国家力量的中央与地

①　《学生态度之互异》，载《教育杂志》第 17 卷第 4 号（1925 年 4 月），"教育界消息"第 13 页。

②　《苏教育界发起改东大为江苏大学》，载《申报》1925 年 3 月 16 日，第 11 版。

方政府与代表东南社会力量的江苏教育会和东大校董力量对比、联合、折衷的表现。

由于北洋政府正因军阀战事起伏，无力解决东大的校长风潮，最后也依然只能是地方官绅从中调解，调当时任江苏教育厅厅长的蒋维乔先生暂时代理校长一职。但校内各派之间之争并未平息。毕竟郭在南高和东大办学有十年的历史，对于大学本身的发展功不可没。就连反对郭秉文的国民党，也承认郭对于东南大学的建立之功。因郭的拥护者在校内颇众，去郭之后对于新校长的迎拒成为一个令当局十分棘手的问题，二年之内几易其长，风潮不断，致使学校几陷入停顿。这也成为 1927 年北伐成功后，对其改组的关键因素。

1927 年 3 月，北伐进军北上之时，东南大学的政治纷争十分激烈，离校来上海的同学姚定麃等 82 名同学联名发表改革学校宣言。笔者关心的不是其具体对学校改革的措施，而是其改革学校的理由。在宣言中，校中大部分学生由原来的拥郭派也因政治变迁而成为倒郭派，宣言中将改革的理由也变成了对郭秉文的申讨，如"慨吾校自成立以后，即为势力所笼罩，江苏学阀更与军阀政客相勾结，盘据校政，广树党羽，视吾校为私产，自齐卢战起，学阀之劣迹尤觉昭著，故郭氏之免职，海内称快。无如学阀植势日久，根深蒂固，更依军阀为奥援，其生命遂得延续，此后更明目张胆，为所欲为，排斥异己教授，经济绝不公开，献媚军阀，歌颂权贵，对于爱国运动则目为越轨行为，不加压抑，则加谤议，直欲使东大实行'走狗化'之教育，永为帝国主义及军阀之孝子顺孙。尤为可恨者，以堂堂国立大学，不惜自贬人格，接受孙传芳、张宗昌之伪命，束缚学生言论出版聚会结社之自由，对于能代表民意之国民政府，则横肆诋毁，更时时宣传'凡西'Facist 及种种反革命的主义，年来使东大乌烟瘴气，士气颓丧，结症在此也。"① 这是一篇充满革命话语色彩的宣言，其立论与国民党对东南大学的改革理论几乎一模一样，时局的变化直接改变了学校的命运，中国近代大学的命运始终与政治紧紧地联系在一起，这一点是与自中国近代大学产生之日起，大学就作为民族国家建构的一部分而参与国家建设息息相关。

东南大学事实上停办后，留校师生组成促进改组东大同志会，于 1927 年 5 月 22 日召开第二次全体大会，对于改组的校长人选标准提出讨论，当时有人提出吴稚晖、蔡子民二人，大众以为吴、蔡两氏无论是学识资格，还是声望言行，在国内均为众望所归，若能以吴、蔡二氏择一为该校校长，那是最为适当不过。又有人提出校长人选杨杏佛，因为杨氏历任东大文、理、工、商各科教授，其学识思想深为同学所钦仰，亦堪为人选之一。其后又提出李石曾、马君武、罗家伦诸人为校长人选，前后总共提出校长人选 6 人，请求中央择一任命。② 从这份名单中看出东南大学的校长人选标准已完全政治色彩化了，学术地位已开始让位于政治地位。东南大学原先所崇奉的远离政治、教育独立的主张已被无孔不入的政治挤兑得无影无踪了。

东南大学的易长风潮，就其实质而言，是国民党人对于地方自治力量的侵蚀的结果。1925 年元月郭秉文的免职，是 20 世纪 20 年代中期中国内部政治发展过程中军阀政治与政党政治斗争的牺牲品，在很大程度上是中国内部政权更迭的结果。因此有研究者指出，在某种程度上讲，郭秉文的免职之事的意义已超越了

---

① 《东大来沪学生之改革学校宣言》，载《申报》1927 年 3 月 30 日，第 8 版。
② 《东大学生注意校长人选》，载《民国日报》（上海版）1927 年 5 月 26 日，第 4 张第 3 版。

郭作为"国立东南大学之父"的个人悲剧范围。[①]"五四"以后，新的激进主义意识形态和列宁主义式的政党组织迅速崛起，各种政治势力的思想派别努力影响青年知识分子和学生，民族主义的高涨，学生开始走出学校与民众相结合，参与到推翻军阀和帝国主义的实践斗争之中，这也使得各种学潮不断高涨，而东南大学作为地方主义自治的一个实验场，采取一些措施来维护学校的教学秩序以减少风潮，这些均受到国共两党的攻击。尤其是1924年国共合作后建立起统一战线，两党为发动国民革命，均加强了在东南地区的活动，对于东南大学国民党的力量也开始不断壮大，郭秉文等与江苏教育会对于政党政治的抵制，自然受到国民党的猛烈攻击。1925年的东南大学驱郭事件就是东南大学的国民党人利用孙中山和段祺瑞执政府联盟的机会，排挤郭秉文和校董会，争夺东南大学领导权的斗争。同时我们还应该看到，驱郭只是一个象征，也意味着20世纪20年代政党力量兴起后对地方自治势力的挤压，正如已有研究者指出，这一事件是国民党人对于江苏教育会的第一个打击。[②] 到了国民党势力真正控制江苏后，立即宣布江苏教育会为非法组织，将其解散。

---

① Keenan：*Dewey Experiment in China*，中文译文见赵渝、丁证霖译《二十年代中国的教育改革》，载《高教研究与探索》1988年第2期。

② 萧小红：《从黄炎培与江苏教育会看中国国家和社会关系的历史演变（1905—1927）》，收入朱宗震、陈伟忠主编《黄炎培研究文集》第2集，文汇出版社2001年版，第22页。

第二章

"首都最高学府"的名与实:以大学区试验为中心(1927—1929)

　　1927年北伐成功,国民政府定都南京,对于东南大学而言,这意味着其命运将发生重大的改变——新政权为重建学术中心,决定以东南大学为中心将江苏境内九所高校合并改组成首都的最高学府。但围绕着如何建设这所最高学府,国民政府进行了多种试验,其中大学区制最为重要。在二年半的试验过程中,首都大学与中央政府、江苏地方政府之间,围绕校名的确立、经费分配和人事安排进行了系列的明争暗斗。在政局变动的大背景下,1929年年底中央大学区制在一片反对声中被取消。设计者本是从学术独立化的角度提出大学区制,但在实际的操作中却陷入政治纷扰之中,显示出教育制度移植过程中深受国情制约的一面;同时,中央大学区制在实验中也演变成为国立大学挤占地方教育资源的制度依托,集中反映出这一时期中央与地方在教育资源分配中的矛盾冲突,尤其是国民政府在建设"首都最高学府"中"心有余而力不足"的窘境。

一　从"东南"到"中央"

1. 张乃燕上任

1927 年春北伐军进入长江流域后，为纪念孙中山先生，先后改组成立第二中山大学（武汉大学前身）、第三中山大学（浙江大学前身）。国民革命军占据南京后，东南大学事实上处于一种停顿状态，政府当局就开始从军事上对东南大学进行接管，并着手对东南大学进行改组。具体方案为：第一步，派国民党信任的人员接管东南大学，"自中央教育行政委员会颁行学区制，同时商请胡刚复、蔡无忌、何尚平、刘藻彬四人接收东南大学。"[①]第二步，将江苏（含上海）境内的河海工程大学、江苏医科大学、上海商科大学、江苏法政大学、上海商业专门学校、南京工业专门学校、南京农业学校、苏州工业专门学校与东南大学一共九所高校，合并改组成一所综合性的"首都最高学府"——国立第四中山大学。这种改组有两重隐藏的背景：一是打击东南大学时期反国民党力量，是为根本原因。如前章所论，国民党当局自 1925 年以来一直认为东南大学在政治上一向反对国民党，称东大是"反动势力的大本营"，1930 年的国民党官方报纸《民国日报》仍称：

东大校长郭秉文，当时与学阀黄炎培、沈信卿辈深相勾

结,藉军阀齐燮元、孙传芳等为后台。当时势焰煊赫,俨然以东南甚至全国教育界之权威自命,以卑劣的功利主义相号召,鄙视东汉明末士林重气节尚血性之主张,致使多数学生教授,竟以奔走权门为荣,不知羞耻为何物,杨杏佛氏讥言曰'拜督热'即此故也。彼等对于本党革命势力,素持仇恨态度,于本党同志当时在东南一切活动莫不设计破坏,而当时之东南大学,即为此等反动势力集合之大本营。①

这不仅在政治上对郭秉文和江苏省教育会进行定性,而且申明改组东南大学等高校的合法性和必要性。二是国民政府奠都南京,有不少反对之声,国民政府亟待加强新首都建设来统一国民党乃至全国,诚如胡汉民所言:"有首都是因为要有中央,是因为要统一的民族国家;所谓统一,固重形式,尤重精神。"② 国民政府定都南京后,亟需建立一所规模宏大的大学以与之相匹配,即"首都大学当立深造之规模,为全国之楷模"③。

第四中山大学改组成立后,年仅33岁的张乃燕成为新的首都大学校长,多少有点出乎社会各界意料之外。就原东大学生而论,北伐成功后的1927年5月所推举的校长名单中,先后有吴稚晖、蔡元培、杨杏佛、李石曾、马君武、罗家伦诸位党国先进,却没有张乃燕的大名。对于今天的人们而言,张乃燕这一名字或许有点显得陌生。张乃燕何许人也?他为什么能被政府任命

---

① 《东南学阀重据最高学府》,载《民国日报》(上海版)1930年9月9日,第3张第3版。

② 胡汉民:《有首都是因为要有中央,是因为要有统一的民族国家》(十八年四月十六日中央党部建都二周年纪念演讲词),收入《胡汉民先生文集》第2册,国民党党史编纂委员会,1978年,第277页。

③ 《国立中央大学概况》,《中央大学十周年纪念册》(1937年),"国立中央大学档案"全宗号648,案卷号751,第1页。

为如此重要的职务？中央大学的档案中有关其经历有如下文字
记录：

> 张乃燕，字君谋，浙江吴兴人，年三十五岁。民国二年
> 赴欧洲留学，先后在英国伯明翰大学、伦敦皇室理工大学、
> 瑞士的日内瓦大学研习化学，于肉桂酸化合物中发明六种新
> 化合物得日内瓦大学理学博士学位，旋漫游欧美日本考察教
> 育八年，返国翌年任国立北京大学化学教授，同时兼任国立
> 北京高等师范学校及国立北京工业专门学校化学讲席凡三
> 载，著有《有机染科学》、《药用有机砒化学》、《欧战中之军
> 用化学》三书。十二年选取为浙江省教育会会长，同时并任
> 浙江工业专门学校化学教授，十三年任孙大元帅大本营参
> 议，十四年任上海光华大学科学史教授，十五年任国立广东
> 工科大学工科学长，同时国民政府特派为国民政府教育行政
> 委员会委员，十六年任江苏省政府委员兼教育厅厅长，现任
> 本校校长兼任江苏政府委员及大学委员会委员。近年致力于
> 史学，所著《世界大战全史》已出版，《希腊史》《罗马史》
> 已脱稿云。①

张乃燕（1894—1958）出身于浙江富豪之家，早年毕业于东
吴大学，在欧洲游学 6 年，并取得理学博士学位，回国后历任北
京大学、北京高师等多所大学的教授，就其学术经历而言，基本
上是一个以学术为职业的专业人士。但与一般知识分子不同的
是，他有着不短的革命经历，尤其在江浙地方教育界具有重要地

---

① 《国立中央大学一览·校长略历》，"国立中央大学档案"，全宗号 648，案卷
号 823，第 8 页。

位和影响力。如前所述,近代江苏、浙江教育会在江南教育文化
中有着举足轻重的地位,1923 年不足 30 岁的张乃燕就出任浙江
教育会会长,的确让人刮目相看。1926 年,他又成为南方广东
国民政府中主管教育的教育行政委员会成员之一,1927 年 5 月
北伐推进到长江流域后,他被任命为江苏教育厅厅长,就职演说
中发表教育行政十原则,其中有第一点和第六点尤其引人注目:
"根据国民党党义施行公民训练"、"奖进学术,鼓励研究"。① 这
反映出其政治与学术并重的施政原则。

就学术声望和政治资历而言,张乃燕似乎还不足以担当新首
都大学——国立第四中山大学校长一职,然现实如此,可谓时势
使然。张乃燕之所以能出任首都大学校长一职,与竞争者相比,
他有两大优势:一则,此时国民政府正在江苏行大学区制试验
(关于大学区试验,详后),更多是从地方教育与大学协调的角度
考虑,由大学统一管理地方教育。张乃燕作为地方教育行政的实
权人物有着极大的优势。1927 年 4 月国民政府教育行政委员会
亦随同国民革命军抵达南京,江苏教育厅厅长张乃燕"会同海内
外学者,积极筹备大学区工作,拟订条例,苦心经营"②,从始
至终参与筹备江苏大学区的工作。因此,在大学区的最早试验地
之一的江苏,要领导起全区教育(重点在中小学这一块)与学术
的统一,作为现任江苏教育厅厅长的张乃燕无疑是第四中山大学
校长一职的最佳人选了。二则,张乃燕乃国民党元老张静江的侄
子,是时蔡元培、李石曾正积极倡导大学院和大学区制,并得到
吴稚晖、张静江的大力支持,他们四人之间交往时间长,关系十

---

① 《青天白日旗下之江浙皖教育行政》,《教育杂志》第 19 卷 6 号 (1927 年 6
月 20 日),"教育界消息"第 2 页。
② 国立中央大学秘书编纂组:《国立中央大学一览·第一种·行政概况》,南京
中央大学,1930 年,"沿革",第 8 页。

分密切，（此时相互之间的矛盾并没有表现出来），在教育界的势力正处于顶峰，时有"四老"之称①。就派系复杂、人事微妙的国民党内部而言，关键职位争夺一向激烈，拥有以上两条资历和背景，张乃燕能当上首都大学的校长就不足为怪了。

　　张乃燕被任命为第四中山大学校长后，他就以东南大学为新大学本部，聘请一时学界精英为筹备员，成立大学筹备委员会，开始行使学校行政权力。委员会由 24 人组成，分别是周鲠生、俞庆棠、周仁、汤用彤、沈履、竺可桢、戴修骏、谢寿康、杨端六、刘藻彬、路季纳、孟宪承、高鲁、胡刚复、何尚平、唐钺、颜福庆、何鲁、郑宗海、杨孝述、王世杰、程时、柳诒徵、蔡无忌。其中常委：张乃燕、何尚平、蔡无忌、胡刚复、刘藻彬、周仁、戴修骏、孟宪承。② 以上人员大多是当时学界精英，其中有多人是东大易长风潮中"倒郭派"的中坚，如汤用彤、胡刚复、柳诒徵、蔡无忌等均进入新的大学权力中心，而原来"拥郭派"核心如东大理学院院长孙洪芬、农学院院长邹秉文等均被排斥在外，时代变迁与新旧权力交替至为明显。筹备委员会于 6 月16 在前江苏教育厅开会，先后议定大学本部组织大纲，完成评议会、高等教育部、普通教育部、扩充教育部的组织条例，于 7月 3 日开始迁入原东南大学内继续开会，聘定各部人员，初步完成大学改组的各项准备工作。③

---

　　①　教育文化事业的权力分配得到蒋介石的极大认可，他对 30 年代初出任教育部次长的陈布雷有所交待："教育为革命建设要计，凡事当请教于吴、李、蔡诸先生。"（《陈布雷回忆录》，台北传记文学出版社 1981 年版，第 81 页。）可见南京国民政府初期蔡、李二人对于教育界的影响力。有关四元老之间关系与大学院制的出台，可参见金以林《近代中国大学研究》，中央文献出版社 2000 年版，第 162—164 页。

　　②　《第四中山大学》，载《民国日报》（上海版）1927 年 6 月 26 日，第 2 张第 4 版。

　　③　《国立第四中山大学概况及计划》的第一部分"筹建经过"，"国立中央大学档案"，全宗号 648，案卷号 833，第 157 页。

1927年7月23日,第四中山大学在国民政府大礼堂为张乃燕举行校长就职典礼,出席就职典礼的党政要员有:中央党部代表吴稚晖、国民政府代表钮永建、国民政府教育行政委员会代表金会澄、省政府代表高鲁、社会代表陈铭枢等五百余人。各位代表纷纷致词,可谓代表当局对第四中山大学的定位和期望,其中吴稚晖和陈铭枢的致词尤其切中要害,吴强调说:"今后很希望张校长,本总理的精神,努力于党化教育。"陈的致词同出一辙,谓"今后教育方针,兄弟很希望贵校能够厉行真正国民党化的教育,对于谬误的主义思想学说,都能根本的解释清楚,辟其荒诞,使一般青年勿走入迷途,而集中于党化的智慧,发扬本党的精神。"① 由此可见,在国民党的要员之中,无一不希望将第四中山大学办成国民党党化教育的基地。

而张乃燕的就职学演说却与"党化"二字根本不相涉,整篇所谈论的只是首都大学的学术发展问题,其中着重论述两点,其一学术是有阶级的,其二学术是没有国界的。前者所言学术的阶级问题,并非指政治方面所论的社会阶级,而是指学术发展的阶段,故而强调大学教员的任职资格,严格按照大学教员资格条例办事。后者则从学术的国际性立论,强调"本大学现在要办从前没有的研究院,就是不断应目前的需要,造就建设人才,还要使国人在学术上有发明,有贡献,为国争光荣,为国际谋合作,为世界造和平。"② 比较吴、陈与张的言论,二者之间差异十分明显。从某种角度而言,昭示着今后张的办学实践与国民政府当局的党化教育期望之间越来越大的距离,这种矛盾和张力成为后来

---

① 《第四中山大学张校长就职记》,载《申报》1927年7月25日,第8版。

② 《第四中大校长张乃燕就职演辞》,载《民国日报》(上海版)1927年7月29日,第2张第4版。

张乃燕离任去职的深层原因,这在后文的易长风潮中详加论述。在留下的极少数资料中,笔者并没有发现张乃燕完整叙述其办学思想的文献,但从零星的记载中,张给人的印象是一个将发展学术视为事业的人。他多次强调的是"今日之世界,一学术竞争之世界,也愿人人知学术之重,而无如总理之知难行易一语,尤为破的。……夫一国之命脉,系乎学术,学术之振兴,在乎教育。"① 所论及的教育学术思想,则更多地从世界范围内的学术竞争角度,来努力提升大学的学术水平。

张乃燕十分注重学术,上台后不久就计划筹备研究院,颇具雄心,设计中的研究院事务共分五种:一是供大学教授和毕业生之研究;二是特聘专家研究学术上及应用上各种问题;三是接收国民政府和其他公私机关或个人委托研究之问题及计划;四是接受政府及其他公私机关或个人之资助,奖励国内外之学术家;五是刊印研究所得之报告,并与国内外研究机关交换图书刊物。研究院院长由校长兼任,各组设教授,并另外成立设计局来管理。② 但这一设想并没有得到真正的实施,其主要原因还在于人才和经费的困难。

还须一提的是,20 世纪 20 年代以来,国学研究热在中国各大学持续兴起,中国著名大学中均设立国学研究机构,如北京大学研究所国学门、东南大学国学院、清华的国学研究院和燕京大学国学研究所等,均为学校的声誉起了极好的作用,国学研究成

---

① 张乃燕:《从教育的立场上对于总理奉安日之感想》,载《教育行政周刊》第97 期,第 1—2 页。(收入"国立中央大学档案",全宗号 648,案卷号 3149,第 3—4 页。)

② 《四中大组织研究院》,载《民国日报》(上海版)1927 年 8 月 14 日,第 2 张第 4 版。

为当时知识界的关注热点。① 东南大学以国文系师生为主成立了"国学研究会",创办刊物、展开演讲、编辑丛书,进行了一系列的活动。针对北大国学门,东南大学国文系也计划组织"国学研究院",但却遭到北方学者的抨击和校内新派的挖苦,由于东南大学不久即发生风潮,东南大学国学院最后是否真正成立也值得怀疑。② 新首都大学成立后,文学院学生郑德壁鉴于国内学术界这种气氛,1928 年 12 月上书张校长,要求立即成立国学研究院,理由有四:为最高学府计、为民族精神计、为无从留学计、为东方文化计,并称"近年北方大学如清华燕京诸校,国学研究院均先后成立,本校位于首都,观瞻所系,东南文化于此集中,人才颇易访求,经费不难筹措"③ 张乃燕的答复是:"查设立研究院,使大学毕业生毕业后得资深造,自属要图。惟范围较广,当不仅以一国学一科为限。"④ 虽然张许诺学校正在积极筹设,但一直没有下文。新首都大学国学院没有办理,与当时整个学界的风气转移大有关联,如 1929 年清华国学院就正式撤销。作为一个留学欧洲、研习现代化学,尤其醉心于西方历史的专业人士,他并不完全认同于中国传统文化,这或多或少与其办学宗旨

---

① 这方面的最新研究有:陈以爱:《中国现代学术研究机构的兴起——以北京大学研究所国学们为中心的探讨 (1922—1927)》,台北政治大学历史系,1999 年;苏云峰:《从清华学堂到清华大学 1911—1929》第十章 "清华国学研究院",生活·读书·新知三联书店 2001 年版,第 281—333 页;桑兵:《晚清民国的国学研究》,上海古籍出版社 2001 年版;罗志田:《国家与学术:清季民初关于"国学"的论争》,生活·读书·新知三联书店 2003 年版。

② 参见许小青:《从"国学研究会"到"国学院"——东南大学与 20 年代早期南北学术的地缘与派分》,载《江苏社会科学》2006 年第 2 期。

③ 郑德壁:《呈请设立国学研究院》,"国立中央大学档案",全宗号 648,案卷号 1578,第 358—360 页。

④ 《校长张乃燕回函》,"国立中央大学档案",全宗号 648,案卷号 1578,第 366 页。

有关。比较一下第四中山大学的办学宗旨与其前身东南大学的办学宗旨，我们发现二者之间的差异明显，东南大学的办学目标是："研究学术、发扬文化、培养通才，以应社会需要为宗旨。"① 几年以后，政治风云突变，由国民党政权接替东南大学，改组后的第四中山大学其办学宗旨变为："根据中华民国教育宗旨，研究高深学术，以养成党国需要人才，阐扬世界文化。"② 这一变化不仅政治色彩明显加强，而且公开打出"阐扬世界文化"这一办学宗旨，这也集中反映了以校长为首的行政委员会对新大学的定位。须指出的是，主政者不过是期借助这一表述，来改变原东南大学在激进知识界中的"保守"印象而已，并不代表有多少实质性的意义。事实上，不久"阐扬世界文化"的文字表述在办学宗旨的修订中也被删除。

2. 易名风潮

1927 年 6 月 6 日，国民党中央政治会议第一○二次会议上，通过蔡元培代表教育行政委员会的提案，决定教育行政制度采用大学院制，并试行大学区制。所谓大学院和大学区制，其中心是在中央设立大学院，统一领导全国的教育和学术事业，并将全国划分为若干大学区，每一区设一所大学来管理全区的教育文化事业。大学院和大学区制就机构设置而言，包括两大部分：在中央，以大学院取代教育部，统一管理全国的教育行政和学术研究事宜。在地方，废止各省教育厅，每一省内设立一所国立大学，统一管理辖区内一切学术与教育行政事宜。大学院实行院长制与

---

① 《修正国立东南大学组织大纲》，收入《南大百年实录》上卷《中央大学史料选》，南京大学出版社 2002 年版，第 164 页。

② 《国立中央大学规程》，《国立中央大学一览·第一种·行政概况》，中央大学秘书处编纂组印，1930 年 1 月，第 23 页。

委员制并重的管理方法。《大学院组织法》第二条规定,"本院设院长一人,综理全院事务,并为国民政府委员。"第三条规定"本院设大学委员,议决全国学术上教育上一切重要问题。"① 对全国教育有重大决定权的是大学委员会,大学委员会委员分"当然委员"和"一般委员"两种:当然委员有蔡元培(大学院院长)、杨杏佛(大学院副院长)、戴季陶(第一中山大学校长)、朱家骅(第一中山大学副校长)、蒋梦麟(第三中山大学校长)、张乃燕(第四中山大学校长)、易培基(劳动大学校长)、郑洪年(暨南大学校长)、张瑾(同济大学校长)、金会澄(大学院委员)。一般委员有李煜瀛(北平大学校长)、胡适(上海公学校长)、许崇清(广东教育厅厅长)、高鲁(大学院委员)。② 从这份名单可以看出,南京国民政府成立之初,其教育统治的重心也是在江浙和广东地区。大学区则设立大学校长负责全区的教育行政大权,大学内设立行政院,下设高等教育处、普通教育处、民众教育处,分别管辖区内大学、中小学及社会教育事宜。

就历史渊源而言,大学院和大学区制是仿效近代法国的教育行政制度而来,其特点是整齐划一、注重专家、增强行政效率、严格教育立法和注重视察制度等,这是与法国推行的中央集权的政治模式相适应的教育行政制度。20世纪初,中国社会正面临教育制度的大转型时期,对各种外国教育制度均有一个介绍移植和试验的历程。其中,将法国式的大学区制引入中国的关键性人物,正是被后人称为国民党"四老"的蔡元培、李石曾、张静江、吴稚晖。蔡、李、张、吴早年追随孙中山参加辛亥革命,自清末以来就抱有教育学术救国的理想,多将目光转向欧陆的法

---

① 《大学院公报》第 1 期(1928 年 1 月)。
② 《大学生院大学委员会委员名单》,《大学院公报》第 1 期(1928 年 1 月)。

国。一方面，在实践行动上，民初四人在北京创立"留法俭学会"，后来又组织"中法联合会"，创立"中法大学"，希望以派遣留学生和培养大学生的方式将法国教育制度引入中国。另一方面，在理论上也开始将法国的经验介绍给国人。早在民国初年，蔡元培在担任第一任教育总长期间，教育部就提出《划分大学区议案》，但赞成的人很少。至 20 世纪 20 年代，中国当时的进步教育期刊如《新教育》、《教育杂志》等就登载文章对法国的大学概念和行政管理表现出一种向往之情。1922 年蔡元培就在《新教育》上连续发表《教育独立议》和《湖南自修大学的介绍与说明》两篇有关大学院和大学区的文章。前者认为大学院是法国教育体系不受政治和宗教控制的一项制度保证；后者则根据中国的实际，提出每个中国的省份设两个或三个大学区，每个大学区以一所大学作为教育体系领导的设想。[①] 蔡元培的设想得到同期留学法国的吴稚晖、李石曾、张静江等人的支持，李石曾也撰文论述法国教育和学术所具有的民治精神、学术发达和学制完善的三大特质，主张我国的教育应从法国吸收更多的东西。[②] 也正是这些人，在南京国民政府初期，以元老的资历、中央监察委员的身份，在民国党内的政治派系斗争中占有举足轻重的份量。1927年春，以蒋介石为首的国民党新右派集团实行"清共"，与国民党左派发生尖锐的对立，引发宁汉纷争对峙，双方各自召开中央政治会议，以票决的方式否定对方存在的合法性。在此关键时

---

　　① 蔡元培：《教育独立议》，《新教育》第 4 卷第 3 期，1922 年 3 月。《湖南自修大学的介绍和说明》，《新教育》第 5 卷第 1 期，1922 年 8 月。以上两文分别收入中国蔡元培研究会编《蔡元培全集》第 4 卷，浙江教育出版社 1997 年版，第 585—587、732—741 页。

　　② 李石曾：《法国教育与我国教育前途之关系》，载《新教育》第 4 卷第 3 期，1922 年 3 月，第 422—424 页。

刻,蔡元培、吴稚晖、张静江、李石曾四人联名发表"护党救国"通电,以元老派、中央监察委员的身份出席国民党中央执行委员会,支持蒋介石同武汉国民政府分裂,实行"清党",从而帮助蒋氏集团最终解决法统难题,无疑等于帮了蒋介石一个大忙,自然蒋对"四老"心存感激之情,故国民政府定都南京后,蒋对四老在教育学术方面的主张多得到其支持和放手。四老所倡导的大学院和大学区提议便很快得以实施。

南京国民政府成立伊始,对新政权而言,军务内政外交无一不亟亟而待整理,本不是急务的教育制度改革——大学院和大学区制匆匆出台,可以在某种程度上说是蒋介石为代表的新当权派与蔡、李、张、吴为代表的元老派在南京建都之际,为共同对付国民党左派把持的武汉政府而达成的某种政治默契和妥协。①

为什么要变更民国以来在中央设立教育部、省设置教育厅的教育行政制度?蔡元培之所以一再坚持实行大学院和大学区制,主要有三重考虑:教育行政权集中、教育行政独立与学术化,各级学校系统的相互衔接,其中所持的最大理由便是"教育学术化"来改变"教育官僚化"。这一思想蔡元培在 1927 年 6 月的《提议设立大学院案》中明确提出,他强调"以为近来官僚化之教育部,实有改革之必要。欲改官僚化为学术,莫若改教育部为大学院。"② 其后蔡又在《大学院公报》的发刊词中对此作了进一步的说明:"顾十余年来,教育部处北京腐败空气之中,受其

---

① 这一看法颇受陈时伟认为"中央研究院"成立是与国民党政治纠葛的产物这一论点的启发,见 Chen shiwei,"*Legitimizing the state: Politics and the Founding of Academia Sinica in 1927*",in *Paper on Chinese History*,Spring 1997,Vol. 6. Cambridge:Harvard University Press. pp. 23—41.

② 中国蔡元培研究会编:《蔡元培全集》第 6 卷,浙江教育出版社 1997 年版,第 39 页。

他各部之薰染；长部者又时有不知学术教育为何物，而专鹜营私植党之人，声应气求，积渐腐化，遂使教育部名词与腐败官僚亦为密切之联想。此国民政府所以舍教育部之名而以大学院名管理学术及教育之机关也。"① 蔡元培的意图是通过把法国的教育制度移植到中国来，以剔除中国教育制度上常见的缺点，如行政不独立、事权不统一、精神不集中等，力图使中国的教育摆脱官僚化的影响，促使教育学术化。

在蔡元培等元老的推动下，1927 年 6 月大学区制先后在江苏、浙江两地推行试验②，分别以国立第四中山大学、国立第三中山大学为两区最高教育学术机构。按照《大学区组织条例》第一条的规定，依据现有的省份及特别区，全国定为若干大学区，以所在省或特别区之名命名。这样一来，全国多个中山大学的改名势为必然。此外，除了前述的第二、第三、第四中山大学外，河南、兰州和广西等地的中山大学也在筹建中，这样一来，全国中山大学之名满天飞，普通人常常混淆，与国际交往也颇不便。基于此，蔡元培向国民政府呈文，提出各地中山大学应依照省名改名，主要理由如下：一是中山大学全国不只一处，如果只是以第一、第二、第三等来命名为别，不易辨识，往往容易将甲校的信函误投致乙校，若全国的中山大学依次递增二十几个，这一问题会更为严重；二是大学都以"中山"为名，而又冠以国立及第

---

① 《发刊词》，《大学院公报》第 1 期（1928 年 1 月）。

② 大学区因属草创，中央政治会议最初决定试行于江苏、浙江两省，广东缓行。（见《国民政府公报》宁字第 8 号，1927 年 6 月 21 日，第 25—26 页。）1928 年 8 月 16 日，大学委员会又设立"北平大学区"，但北平分会直到 11 月 10 日才正式通过北平大学教育行政院规程。（见《大学委员会北平分会会议记录（第一次）》，《北平大学区教育旬刊》第 1 期，1929 年 4 月 1 日，第 69 页。）事实上广东一直没有真正实行，故大学区试验先后有江苏、浙江和北平（包括北平、天津二特别市和河北、热河二省）三地。

几字样,国际上无此先例,对外甚难翻译,对于国际学术交往多有不便。三是保留广州的中山大学,就足以纪念孙中山先生,没有必要各个大学均称中山大学,才显示对孙先生的纪念。国际上各国纪念国父,也没有这样的先例,美国纪念华盛顿,未见美国的大学都命名为"华盛顿大学",俄国纪念列宁,未见俄国的大学都命名为"列宁大学"。四是大学院全称为"中华民国大学院",统筹全国各省现有的大学,各省大学以省命名,统辖全省的中小学,至于各地的中学,即以所在的城镇命名,这样一来,自上而下就有一贯的系统了。其后,大学院专门讨论大学校名问题,根据蔡元培的提议作出决定,将各地中山大学除广州第一中山大学保留"中山大学"之名外,要求其余全部改为所在地之名。

命令传到第四中山大学后,校长张乃燕专门向大学院呈文要求将校名变更为"江苏大学",所持理由与上述蔡元培所论几乎同出一辙[①],大学院同意其请,1928年2月大学院以一六五号训令通知第四中山大学应改称"江苏大学",不必加"国立"二字。[②] 大学院之所以要求在江苏大学之前不必冠以"国立"二字,是为了更好地协调大学区内的大学与中小学的关系,大学院也要求同时试办大学区的浙江大学不必加"国立"二字,但却遭到校长蒋梦麟的异议,以浙江大学经费系中央款项下拨付为由,要求加上"国立"二字,以示区别于其他省立大学。[③]

---

① 《国立第四中山大学校长张乃燕来呈为呈请变更大学区名称以符定制由》,载《大学院公报》第3期(1928年3月),第61—62页。

② 《"四中大"改名江苏大学》,载《民国日报》(上海版)1928年2月20日,第2张第3版。

③ 《"三中大"呈请更名浙江大学上加国立二字》,载《民国日报》(上海版)1928年3月9日,第2张第4版。

1928 年 2 月 23 日张乃燕以校长布告的形式将大学院的改名令公布后,"江苏大学"这一名称当即遭到强烈反对,学生立即召开全体大会,并组成"改定校名请愿代表团",向大学院上书,声称"全国学术,宜为中心,讲论敷施,端资学校。江苏素称富庶之区,而南京实为人文之薮。况今者党治恢宏,新都肇建,全国人才,咸集于斯,学术中心舍斯奚属?"① 以此为由要求改校名为"国立南京大学",并专门出版"改名专刊"一册陈述改名的理由。学生之所以反对"江苏大学"之名,所持理由有四:其一"江苏大学"一名,"既不足以冠全国中心之学府,又不足以树首都声教之规模。"如果仅用"江苏大学"之名,"则范围既限于一省,规模自属于一隅,全国学术失其中心";其二就学校历史而言,该校由三江师范而二江师范、而东南高等师范、而东南大学,以至南京国民政府成立后,江苏境内九校合并为第四中山大学,虽然校名屡次变更,"要皆足以代表东南各省共有之学府";其三"江苏大学"以省界来命名,乃是封建时代之名称,不足以显示"党化教育"的学校;其四江苏教育素发达,将来设两个大学区又何尝不可,不能以省名自限。由此提出要求将校名改为"国立南京大学",之所以如此,还有三点考虑:一是国际性,东西文明各国都有一所首都大学,如日本的东京大学、德国的柏林大学、法国的巴黎大学,均是用来作为国家大学的代表,现在如果想与东西各国首都大学并驾齐驱,当以"国立南京大学"为最有国际性;二是永久性,社会政治变化无常,欲使校名一成不易,与国际各国悠久大学相媲美,"国立南京大学"最有永久性;三是便利性,施行大学区制,大学区以省名来命名,大

---

① 《四中大学生对更改校名意见》,载《民国日报》(上海版) 1927 年 12 月 24 日,第 2 张第 4 版。

学以所在地之名来命名，亦属两便，并不矛盾。① 这些意见依国内现实政治来立论，并以国际通行惯例为援，提出"国立南京大学"为校名亦有相当的合理性。同时还有学生在报界撰文，认为大学区制"理论安在，迄未明示"，"若大学区已臻完备，生校急待改名，尤宜采用国立南京大学，以奠永久之础。"所持理由为：一是首都无最高学府有碍观瞻。"盖以革命成功，期要旦夕，定都南京，此总理之素志，凡我国人，理无否认。在此巍然首都，竟无一最高学府，殊有碍于观瞻。"二是改组后的首都大学无愧为全国最高学府。"生校自改组以来，冶东大工大医大商大法大于一炉，设院凡九，各院又分科系，总计不下二十余，负笈学者。有千五百之多，现因困于经济，未能充分发展，虽不可比拟欧美大学，要亦不愧为全国最高学府，绝非其他各省单科大学，所能望其项背。"三是"江苏大学"之名不妥。"今仅冠以江苏，并开国立字样，又何可谓为国立，与其他国立大学相同乎？且以地名校，欧美因为成例，即我政府议决大学区条例，亦采以所在地名，大学之规定，与大学区以省名，截然两事，故各国立南京大学校长，仍可任江苏大学区教育行政首领，此毋庸也。"②

但大学院对此却置之不理，学生们并不甘休，继续活动，前后六次请愿，并组织"改定校名委员会"，推举九名学生为委员，编印"特刊"，走出校园到社会各处散发传单，呼吁支持。更有甚者，1928 年 4 月 13 日，八百余名激进的学生抬着"江苏大学"的校牌游行至大学院作坚决的请愿，要求将"江苏大学"的校牌奉还大学院，再次向大学院呈文。当时，大学院副院长杨杏

① 《国立第四中山大学改定校名请愿代表团李铁铮等来呈为请求改该校名为国立南京大学由》，载《大学院公报》第 5 期（1928 年 5 月），第 50—52 页。
② 《江苏大学更名风潮》，载《晨报》1928 年 5 月 3 日，第 6 版。

佛以校友和官员双重身份出来接见学生，对学生进行规劝，认为
名字为代表一种事物之中，殊无重大关系不必再事更改，同时表
示吴稚晖先生已来京，决定下星期召开大学委员会临时会议再一
并讨论，并对学生抬牌游行表示不满，要求抬回去。① 事后蔡元
培闻此，对江苏大学当局和学生严加训斥，谓学生或向行政机关
有所陈请，也应当谨守秩序，作合法的请求，不容一意孤行，自
贬人格，指责抬牌游行是"儿戏举动，殊不类受高等教育者之所
为"，等等。学生见到这种训令，更加激愤，4 月 20 日上午八点
在江苏大学体育馆召开全体学生大会，作出三项决议：第一，全
体罢课三日，对大学院的无理侮辱和训斥表示反抗。（按：所谓
侮辱者，系指训令中所言"不类受高等教育"一语，认为有损人
格。）第二，全体至国府请愿，并质问大学院。第三，将江苏大
学校牌保存于校学生会，永远不许悬挂。随后至国民政府请愿，
全体沿路高呼"拥护国民政府大学区条例"、"反对江苏大学"、
"促成国立南京大学"等口号，最后国民政府代表李烈钧出来接
见，并对学生表示向国府会议提出讨论②，致使改名风潮进一步
扩大。

　　学生们在罢课游行的同时，致函吴稚晖要求改名，以寻求元
老们的支持。结果促成吴稚晖与大学院院长蔡元培、副院长杨杏
佛会谈，经磋商后吴公开表示首都学府改名江苏大学，实不适
当。吴稚晖并对大学命名一事提出三点意见：第一，广东中山大
学区为纪念总理而命名中山。第二，首都大学区应在"首都"二
字意义下定名。第三，其他各地大学区，则以所在的地名命

---

　　① 《唯名主义之"苏大"校牌问题》，载《教育杂志》第 20 卷第 5 号（1928 年
5 月），"教育界消息"，第 5 页。

　　② 《江大学生罢课》，载《申报》1928 年 4 月 22 日，第 11 版。

名。① 其后，吴稚晖在报上公开发表专文，一面说明大学院的意义与名称，一面对江苏大学的校名宜改为"首都大学"提出自己的理由：其一，"首都大学"这一名称使大学与首都相联，也为南京新首都作有力的广告，因此也没有必要因为是首都所在地就改江苏为直隶，那不过是封建时代的名称；其二，首都大学区可将上海、江宁特别市纳于一区中，名正而言顺。② 其考虑大学名称的出发点主要还是从大学院的角度，目的是为对大学区进行有效的管辖。因此对"国立南京大学"这一名称，吴则持反对态度，认为"南京"是一俗名，又有陪都之嫌，故而不妥。吴的主张在各大报纸披露后，以其在国民党中的地位和在教育界的影响力，社会各界均认为这一意见不久即将成为事实，并以"江苏大学"将改名为"国立首都大学"即时相传告，有的新闻媒体甚至在大学院讨论之前，就将江苏大学改名为"首都大学"作为新闻正式刊发出去。③

但此时又有不同的声音出现，有人在报上公开对吴老先生的高论提出不同看法，国民党江苏省省委委员马饮冰④首次提出宜改江苏大学为"中央大学"。马饮冰认为大学取名贵在简单、上口，江苏大学取名不当已为有识者所共知，如该校改名问题特刊所言，"南京"二字有陪都之嫌，"首都"二字又太空泛，且声音颇暗，读时不顺口。所以他主张将江苏大学改名为"中央大学"。

①　《江大改易校名之吴稚晖态度》，载《申报》1928年4月23日，第7版。

②　吴稚晖：《分区大学问题余议》，载《民国日报》（上海版）1928年4月26日，第2张第4版。

③　《江大改名国立首都大学》，载《中央日报》1928年4月25日，第2张第3版。

④　马饮冰，又名马元放，江苏武进人，多年从事国民党地方党务工作，为江苏省党部实力派代表。参见《苏省党部选举中之一幕》，载《时事特讯》第2卷第5期，1933年6月13日。

一则,"中央"二字,既可表示国都的所在地,更足以显明文化的中心;二则,正名为"中央大学",则南京、江苏、上海均可包括于中央大学区之内,可以免除省市教育权方面的无谓争执;三则,大学区内各大学名称,不必冠以某某大学字样,取名简单。马饮冰强调:"窃以为一国首都所在地,允宜有一名实相符之中心学府,以江苏大学现在之规模,在国中实不多见,足以形成中心之学府。中央二字,何等冠冕,何等辉煌,故吾国人不欲造成全国之中心学府而已,否则除该校正名为中央大学,也实别无相当之名称。"① 其实"中央大学"这一校名,20世纪20年代北京的一私立大学就曾使用。② 马氏言论在报上公开后,大学院大学委员最终采纳了其更名意见,于1928年4月24日召开大学委员会临时会议,决议"江苏大学改称中央大学,得冠以国立二字。"③

　　1928年5月3日将改名之正式命令送达该校时,由于"较南京、首都等名称似更冠冕"④,该校学生欣然接受,并起草宣言、举行游艺会以示庆祝。⑤ 至此中央大学的名称确立下来。在1927年7月至1928年4月的短短9个月时间内,这所大学的名称历

---

　　① 马饮冰:《读分区大学问题余议后》,载《民国日报》(上海版)1928年4月26日,第2张第4版。

　　② 《北京各大学调查表》之《第三表 立案私立大学》,载《益世报》1927年12月24日,第4张。北京私立中央大学1923年3月由孙武创立的中央政治专门学校发展而来,地址在郑王府身后,仅开设法律、经济二系,常年经费也仅二万九千八百元。

　　③ 《大学院大学委员会临时会议录》,载《大学院公报》第6期(1928年6月),第75页。

　　④ 《唯名主义之"苏大"校牌问题》,载《教育杂志》第20卷第5号(1928年5月),"教育界消息",第5页。教育界对此评论中,语气不乏嘲讽。

　　⑤ 《中大改名令到校》,载《民国日报》(上海版)1928年5月5日,第2张第4版。

经国立第四中山大学、江苏大学、国立中央大学三变,这不仅牵涉到大学区的实践,将大学卷入到中央与地方的政治之争中,而且也牵涉政府与学校不同主体对大学的定位的差异,并在新的大学开办之初因校名问题而直接引发了一场风潮,时称"易名风潮"。

学生们之所以用如此激烈的行动来争取校名,既有首都迁移后对于"全国学术中心"的定位考虑与虚荣心态,更与此时大学区试验中开始显露出的大学与地方的经费矛盾息息相关。

中央大学名称的确定,对于大学本身的定位至为关键,从校长到师生对此均有明晰的认识。张乃燕作为改制后的首任校长,他上任后对中央大学的定位有多次表述,1929 年在《国立大学联合月刊》上,他撰文提出中央大学在首都中的特殊地位,称"国立中央大学位于首都,首都机关林立,大抵皆行政机关,惟中央大学为最高学府,是知的机关,根据总理知难行易之说,则本校对于中国精神上与物质上之建设,与夫世界文化之贡献,皆负有极大之责任焉。"① 1930 年 3 月中,他谈及中央大学大礼堂的设计与计划,专门提到"中央大学为首都最高学府,精神物质,关系中国与世界文化,至重且巨。"② 其后在同年 9 月出版的《国立中央大学沿革史》一书的《序》中,他写道:"国立中央大学,承前国立东南大学之后,合并前江苏省立专门以上各校,都计九校,分设八院,综为一校,规模宏备,为国内各大学冠,且地处首都,蔚然为全国学术教育之中心"。③ 对于张乃燕

---

① 张乃燕:《最近中央大学概况》,载《国立大学联合会月刊》第 2 卷第 2 号 (1929 年 2 月),附录第 1 页。

② 张乃燕:《中央大学之大礼堂》,载《国立中央大学半月刊》第 1 卷第 9 期 (1930 年 3 月)。

③ 《国立中央大学沿革史》,秘书处编纂组编印 1930 年 9 月,"序"第 1 页。

而言,其办学思想中十分注重"宏扬世界文化",对于民族文化
而很少提及到,这不仅表现出国民党新政权刚上台后所表现的激
进文化色彩,也反映出 20 世纪 20 年代世界主义潮流对中国高等
教育的影响。但到了 20 世纪 30 年代民族主义高涨的时代,国民
党的教育文化政策发生了重大的转变,张氏的思想就显得与时代
格格不入了。更为主要的是,张乃燕虽然注意到从世界范围内来
倡导中央大学的学术发展,抓住了问题的一面,但他却相当忽视
中央大学在国民党意识形态统一中的独特地位和作用。到了继任
者朱家骅那里,他开始强化中央大学作为全国思想文化中心的领
导地位,认为中央大学对国家政党负有特殊的使命,他在就职演
说中明确指出:

> 　　我们国立中央大学,对于本党中央的嘱望,对于国家和
> 中国民族的独立、文化的复兴,尤其负有特殊的使命。本校
> 是创立在中枢所在的首都,我们知道一个国家的首都,不但
> 是全国的政治首善之区,也是全国文化的核心。一切学术的
> 昌明,文艺的进步,经济的发展,政治的改良,多从全国荟
> 萃到首都,更由首都融会贯通,而散播到全国,一个大学,
> 是为国家培植发展一切文化的储才机关,尤其是首都的大
> 学,处在全国文化中心的地位,更负有领导群伦,掌握全国
> 文化总枢纽的责任。我们试看各国,他们首都的大学,几乎
> 没有一个不显露着他们对全国的文化的发扬光大,处在居中
> 掌握的地位。本校也是首都的大学,也应该负起如何居中掌
> 握,发扬中国文化,复兴中国民族之责任。[1]

---

① 《中大校长朱家骅就职演说辞》,载《中央日报》1930 年 12 月 21 日,第
2 版。

朱家骅上台即以"中央"二字所蕴含的意义,来要求这所大学成为国民党政治上的有力助手。到了1944年作为教育部长的朱家骅在中央大学的演讲中,再一次对于中央大学的政治意义作了阐发:"中大自北伐成功后,成为首都的大学,所以我们希望能够把中央大学,变作全国高等教育重心。在任务方面要有更多的贡献,方才可以算一个名符其实的首都大学。"①

同样,身处其中的中央大学教授,对改名前后的大学地位与使命也有一个转变的心路历程,其中张其昀所论应有一定的代表性。张氏于1919年就到南京高师读书,毕业后曾赴上海作编辑,南京建都后又回母校任教,他评论说:"民国八年,我初来南京,当时是高等师范,因为远离政治中心,是一个比较清静的地方。现在南京已变为首都了,中央大学是首都最高的学府,自然我们享了许多便宜,可是我们的责任,也因此格外重大。我们今后应如何使后世国民读中国建国史的,都会自然而然的联想到我们中央大学,使中国和中大发生关系;换句话说,我们要如何养成优美的校风,来振兴民族衰弱的精神,来发扬民族固有的文化,我想这是我们全校师生所应念念不忘的事。"② 可见,在中大的师生心目中,首都大学的定位,明显使大学与国家之间的关系更为紧密了。

政治变迁对于大学自身定位产生了巨大的影响,不仅学校主体心态发生了微妙的变化,社会的期望值也随之改变。1928年5月胡适在出席全国教育会议期间,受邀至中央大学赴宴并作公开

---

① 朱家骅:《大学与大学生的使命》(在中央大学的演讲),收入王聿钧、孙斌编《朱家骅先生言论集》,中研院近代史研究所1977年版,第295页。

② 张其昀:《我所希望于本校同学者》,载《国立中央大学半月刊》第1卷第4期(1929年4月),第423页。

的演讲,他将中央大学与北京大学的历史与现实作了一番比较:
"想中央大学在九年前为南高,当时我在北大服务。南高以稳健
保守自持,北大以激烈改革为事,这两种不同之学风,即为彼时
南北两派学者之代表。然当时北大同人,仅认南高为我们对手,
不但不仇视,且引为敬慕,以为可以助北大同人更努力于革新文
化。今者北大同人,死者死、杀者杀、逃者逃,北大久不为北
大。而南高经过东大时期,而成为中央大学,经费较昔时北大多
三倍有余,人才更为济济。我希望中央大学同人担北大所负之
责,激烈地谋文化革新,为全国文化中心。"① 胡适所言两校的
历史风格,乃一家之言,中大人或许并不认同。然胡适对中央大
学的期望——成为全国的文化中心,除了应付主人的盛情而有意
客套之外,也的确道出了当时政府当局与社会知识精英对于中央
大学的文化中心定位的认同和期待。政治对于学术的这种间接的
影响,初看起来不过是一种社会心理的期望罢了,其实对于学风
的影响却是长期而激烈的。

这场名义之争,似乎印证孔夫子的说法:"名不正则言不
顺,言不顺则事不成。"大学改名之争,并非只是中央大学个
别现象。国民政府定都南京后,大学院推行大学区制,作为中
国历史上最为著名的北京大学一改为京师大学校,再改为中华
大学,三改为北平大学,以上三名均被北大的学生和校友拒绝
和抵制,同样引起了较大的改名风潮。为恢复北京大学的原

---

① 《前日正午中大欢宴详记》,载《民国日报》(上海版)1928 年 5 月 23 日,
第 2 张第 3 版。事实上胡适此论明显言不由衷,实际上他的内心还是为北大惋惜,且
在当天的日记中表露心迹,"中央大学宴会,他们又逼我作答,我实在没有话说,便
说了几句很不客气的话。"(曹伯言整理:《胡适日记全编》第 5 册,安徽教育出版社
2001 年版,第 121 页。)可见当时的演讲的真实意思,或许可从反话正说来理解了,
其实在他此时依然希望迁都后北大依然成为新文化的学术中心。

名，北大同学会专门向国民政府呈文，陈述不可改为中华大学的七条理由，其中主要为北京大学为中国新文化运动的发源地，"实为国民革命之先锋，亦不为过，今竟贸然取消，使民众失所瞻依，何异毁灭"五四"运动之精神，而遏抑民族文化之复兴，且北京大学四字，已超出北京地名关系以外，而成为中国文化史上一个固有名词，故北京之名可以更改，而北京大学则应随中国民族文化之发展，而万古长存"。此外武昌已有私立中华大学之名、北大已有国际声誉、国民党应赞助新文化等原因，北京大学应恢复原名。① 大学名称的频繁改动，一则反映中国大学创立初期的不成熟，二则更为集中地表现出政治变动中政府对大学历史和现实的再评估，尤其是大学主体对于其自身定位和心态的变化。大学名称不仅成为政治变动的一个风向标，而且成为促成政治变动的又一因素，二者的互动在中央大学名称的确立过程中表现至为明显。在南京，这所大学为争取一个更能体现其地位和期待的大学名称，不遗余力地一而再、再而三地采取激烈的方式要求政府更名，其中的心态是值得研究者细心琢磨的。大学之名不单纯地反映出字面的含义，背后更多反映出不同主体对这所大学的地位、前途的意识和定位的差异。作为校长的张乃燕，其心目中虽有首都大学之意向，成立之初以发扬世界文化相号召，但在大学区的具体实践中，由于牵涉到利益的分配和平衡，他有时不得不从一省的角度来考虑与定位，对这所大学的发展似乎一直徘徊在中央与地方之间。与张乃燕不同的是，学生们对于这所大学的定位，则主要从更为广泛的国家意义上发挥的，强调的是"树首都声教

---

① 《北大同学会呈国民政府文》，载《民国日报》(上海版) 1928 年 6 月 19 日，第 2 张第 4 版。

之规模",中心是最高学府地位的确立。这种差异显示出,政治环境的变迁,对同一事物不同群体的意识却非同步。

该校学生以国民政府定都南京,坚持将校名改为国立南京大学,与大学院的命令发生冲突之后,出现抬牌请愿及罢课等极端手段,最后经党国要人出面调解才定名为中央大学。这一过程有效地说明,大学设立之初,对于这所大学的定位,政府与学校主体(以学生为主)之间是有相当的距离。第四中山大学这一名称更多地是从纪念孙中山的角度考虑的,对于大学的首都定位也并不明显。"江苏大学"之名无疑对首都大学的地位是一个潜在的威胁,因此围绕这所大学的定位,基本上是学生推动政府来确立的,虽然学生们所要求的"国立南京大学"这一名称没有被接受,但这一名称背后所要求的首都最高学府的地位最终得以确立,因此可以说,"中央大学"也是学生们主动争取的结果。饶有意味的是,中央大学的命名,既不符国际大学以地名命名的惯例,也与学生的最初提名不一,但学生们对这一更具有"树首都声教规模"的名称却欣然接受,这说明了什么呢?虽然学生们一再声称"斤斤于名义之争者,绝非徒慕虚名"①,其中的意味倒也让人深思。更有历史吊诡的是,当年所倡导大学校名的永久性倒真的成为问题,22年后,政权的更迭,首都的迁移,这所大学的校名又回到当年学生的最初提名上,历史在这一个不大不小的问题上兜了一圈又回到起点,政治变迁与大学的命运紧紧相连,名称的变更亦显示出这一层的内涵来。

---

① 《呈为请求改该校名为国立南京大学由》,载《大学院公报》第5期(1928年5月),第50页。

3. 初期的办学成绩

从东南大学到中央大学的过程，不仅是将东南大学与其他众多的江苏高校合并改造成首都最高学府，而且经历大学区制度试验的重任，可谓头绪纷繁。成立之初，张乃燕感到最为困难的是：与军队接洽，请其迁出还给校舍，"几于瘏口哓音"；因党务学校借用校舍，以致全部不敷支配；经济困难往复筹商，经费没有把握；裁并各校，性质不同，接收管理，矛盾丛集；试办学区制，范围太广，无前例，"责难时来"；网罗人才共谋建设，供求未能适合。① 张乃燕作为首任校长，陷入各种派系斗争的漩涡，仍能苦心经营，二三年中中央大学得到长足的发展。这集中表现在以下几个方面：

第一，成为当时中国学科设置最为齐全、规模最为宏大的国立大学。

20世纪20年代末国立大学中的院（科）设置如表2：

1929年学校总共设置8大学院38个系科（其中医学院不设系科），开设559个学程，共聘有副教授（当时全校没有聘一个正教授）、讲师、助教及军事教官442人、职员228人，在校学生人数共计1838人（另外还有注册的83个旁听生）。② 从院系设置而言，中央大学成为当时中国学科最为完整、规模最为宏大的国立大学，并朝着理想中的首都最高学府发展。

---

① 《国立第四中山大学概况及计划》，"国立中央大学档案"，全宗号648，案卷号833，第158—159页。

② 《国立中央大学一年工作报告·十八年度》，秘书处编印组编印，1930年，第3—12页。

表2 国立大学院科设置表

校　名	院或科	所在地
中央大学	文、理、法、教育、农、工、商、医	南京、上海
北平大学	文、理、法、农、工、医	北平
北京大学	文、理、法	北平
北平师范大学	文、理、教育	北平
清华大学	文、理、法	北平
中山大学	文、理、法、农、医	广州
浙江大学	文、理、农、工	杭州
武汉大学	文、理、法	武汉
劳动大学	农、工（附社会科学院）	上海
暨南大学	文、理、法、教育、商	上海
同济大学	工、医	上海
青岛大学	文、理、农、工	青岛

资料来源：《第一次中国教育年鉴·丙编·教育概况上》第2册，台北：传记文学出版社1977年重印版，第17—18页。

第二，学校经费、建筑得到大的发展。

在南高、东大时期，虽然学校苦心经营，但受经费困扰，办学的基础设施远比不上清华。中央大学成立后，学校的条件还无法与理想中的首都大学相提并论，甚至连像样的食堂和浴室都没有。时任中大教育学院教授的潘菽这样描述当时的情形：

　　　　学生们和教职员几乎都是你吃你的，我吃我的，你包给包饭作某甲，我包给包饭给某乙。在一个小小的宿舍中竟有三家包饭的厨房在内。当每日中午和傍晚的时候，就有许多挑着饭笼担的人在我们的学校门和宿舍门闯出闯进。各个饭笼里所装着的大都失去了热气而仅敷衍肚皮的面子的东西。这实在是一个奇景……连一座好的公共浴室和厕所也没有。各处的宿舍都好像是鸽棚，同学们都好似鸽子，每个人都占据了他一格的窟窿而营其独立的生活。[①]

以上这种状况不久得到很大的改观。中央大学借助大学区的试验，还是获得了相当的经费支持，至 1929 年，中大的全年经费高达 192 万元，凭借经费的宽绰，中央大学在南京本部先后完成了 15 处建筑：工艺实验场、煤气室、物理仪器厂、化工科试验工场、中区院（新教室）、发电室、电气实验室、学生第六宿舍、生物研究所、牛房、牛乳消毒室、生物馆、蚕桑馆、棉作物研究铜丝园、稻作物研究铜丝园等。尚在计划中的还有工业馆、艺术馆、游泳池、新膳厅和教职员宿舍等。在上海，为谋商学院的发展，又新买地基 11 亩，正在兴建校舍。值得一提的是，规模宏伟的大礼堂正在建设之中。中央大学经过三年的经营，成立了 8 大学院，落成了多处教室、研究室等建筑，规模日臻完备，但却认为"与理想之大学，相去甚远"。"中大全体师生，都二千五百余人，平日集会，以无大礼堂故，常在体育馆举行，既不适用，又乖名义。故建筑大礼堂一事，实为目前切要之图。"这座设计为欧式风格的大礼堂，"礼堂的前面，有伊沃尼式的列柱和三角顶，礼堂的里面，有欧洲文艺复兴时代式的圆顶"，全部面积计二万五千七百平方英尺，从地面到顶尖高一百零四英尺（合

---

① 潘菽：《大学教育之我见》，载《国立中央大学半月刊》第 1 卷第 5 期（1929年 12 月）。

三十多米),楼上楼下的座位共二千七百个。建筑的经费一方面从学校的经费中节省,另一方面从社会中募捐,至 1929 年年底大礼堂的筹款达三十余万元。[①] 可以说大礼堂的兴建正是要求与中央大学作为首都最高学府的地位相匹配,校长张乃燕明确地提出大礼堂的意义,他认为中央大学为首都最高学府,"精神物质,关系中国与世界文化,至重且钜"。[②]

第三,学术研究风气的兴起。

张乃燕努力倡导学术研究之风,重视创办学术刊物,认为学术重在自由讨论,"学术之有刊物,所以探讨学术,贡献心得,求友艺林,商兑意见者。"[③] 在他的鼓励之下,中央大学的学术研究呈现出一片繁荣景象。就学校一级而言,出版有《国立中央大学半月刊》这一定期学术刊物,刊登短篇的学术文章,重点探讨大学教育的一些重要问题。对于教师们的长篇学术专著,学校专门成立"丛书委员会"进行审核,不定期出版。如 1929 年通过审核已经出版的学术著作有:杨荫溥的《上海金融组织概论》、武堉干的《中国国际贸易概论》、吴蕴瑞的《运动学》、吴梅的《曲选》;正在印刷中的有:柳诒徵的《中国文化史》、胡达睿的《庄子诠诂》、杨荫溥的《中国交易所论》、蒙文通的《古文甄微》、于能模的《国际私法大纲》、潘菽的《试验心理学》[④]。各院的出版物以定期学术刊物为主,也出现一片繁荣景象。文学院

---

① 《国立中央大学一年工作报告·十八年度》,秘书处编印组编印,1930 年,第 16—17 页。

② 以上所引均见张乃燕《中央大学之大礼堂》,载《国立中央大学半月刊》第 1 卷第 9 期 (1930 年 3 月)。

③ 张乃燕:《序》,载《国立中央大学半月刊》第 1 期 (1929 年 1 月),第 1 页。

④ 见《国立中央大学半月刊》第 2 卷第 1 期 (1930 年 1 月) 中的广告《国立中央大学丛书》。

出版有《艺林》和《地理杂志》（当时地理系隶属文学院），理学院出版有《中国植物图谱》、《中国植物名录》和《英文科学研究录》，法学院出版有《法学院季刊》和《法律系季刊》，教育学院出版有《教育季刊》、《体育杂志》和《教育心理系研究报告》，农学院出版有《农学杂志》、《农业研究报告》、《农业丛刊》、《农业浅说丛书》和《农学院旬刊》，工学院出版有《工学杂志》和《河海友声》，商学院出版有《商学院学报》和《商学院院刊》等①。可以说1929年中央大学学术研究的风气甚为浓厚，以致是年底心理系教授杜心佐这样感叹："在最近几个月以来，'研究学术'的呼声，充溢于我们中央大学全校之内。上自教职员，下至同学，都觉悟到卖买式的教书和读书，是不会有进步的，所以大家都以切实研究学术相鼓励。"②

第四，学生活动的丰富和毕业生受到重用。

中央大学成立后，在学生中推行自治传统，成立全校学生会和各院学生会（后国民党中央为加强对学生组织的控制，将其改为学生自治会），全校学生会作为最大的学生组织，其基本结构如下：设总务、学术和社会三部。总务部下设文书、交际、会计和庶务四股；学术部下设研究、编辑、体育、游艺四股；社会部下设宣传、平教、斋务、卫生、组织、贩卖六股。学生组织中除以系科设立专业的同学会外，还有全校性的社团，如：音乐会、唱歌团、樱花剧社等，开展各种活动，丰富学生的业余生活。

中央大学成立后的两年之中，因地处首都，受政治的影响日

---

① 《国立中央大学一年工作报告·十八年度》，秘书处编印组编印，1930年，第22—23页。

② 杜心佐：《研究之精神与公众之责任》，载《国立中央大学半月刊》第1卷第3期（1929年11月）。

益明显，学生们对政治参与的热情大为提高，其学生整体的择业观也体现了首都大学的一些特色，如参加国民党党务和行政机关的人数多起来，在国民政府所举办的全国文官考试中显示出整体的优势。例如 1928 年中央大学 310 名毕业生中，从事教育有141 人，从事党务、行政有 30 人，从事实业有 23 人，新闻记者有 2 人，从政比例大约 16％。[①] 毕业生参与行政的比例大大高于东南大学时期。1930 年，南高、东大毕业同学总会对二千余名毕业生的职业进行统计，得到准确信息的有九百余人，其职业分布如下：担任教员 505 人，担任官吏 225 人，从事农业 46 人，从事商业 31 人，从事工业 7 人，从军 7 人，其他 135 人。其中有 262 人在南京，在江苏其他地方有 287 人。[②] 在南京国民政府进行的各项大学毕业生的选拔考试——中央举行的党员留学考试、外交官考试、各省举行的县长考试——均有不凡的表现：先后考取党员留学 9 人，外交官 5 人，县长 31 人（其中浙江 11人，安徽 3 人，江苏 16 人，湖南 1 人）。[③] 或许在这一方面，中央大学的毕业生的确有"近水楼台先得月"之利。

中央大学初期的成功可谓得天时地利之助。1927 年国民政府定都南京之后，北方政局不稳，北京大学等著名高校长期处于动荡之中，"北大改组后，教授课程，两皆腐败"[④]，北京大学许多学生纷纷南下，请求蔡元培介绍进入中央大学学习。同时大学

---

① 《十七年度毕业生状况》，载《国立大学联合会季刊》，第 1 卷第 1 期（1930年 1 月），附录《中央大学情况表》。

② 《南高东大毕业生职业分析表》、《南高东大中大生职业分析表》，"国立中央大学档案"，全宗号 648，案卷号 4752，第 29—30 页。

③ 《国立中央大学一年工作报告·十八年度》，秘书处编印组编印，1930 年，第 21—22 页。

④ 《蔡元培致张乃燕函》，"国立中央大学档案"，全宗号 648，案卷号 1135，第5 页。

区的试行，中央大学开始掌管江苏境内所有教育行政事宜，对于教育经费更是大权在握（校长张乃燕身兼江苏教育经费委员会委员长一职），在早期的发展中得到更多的资金扶持。不过，由此却引发了地方教育界的抗议，反将大学拖入政争之中，使中央大学的早期发展深受影响。

二 经费与人事:大学区试验的冲突

在民国时期为数并不多的国立大学中，中央大学因其与政府的关系，备受研究者注目的一点就是其"近水楼台先得月"。对于政府而言，意识形态控制必须借助于最高学府的支持，这种知识与权力的共谋，使得"首都大学"获得更多的发展动力与资源。如此"公开的秘密"，可谓路人皆知。① 论者言下之意十分明了。这里我所关心的问题是中央大学是否得到的比其他国立大学更多的"发展动力和资源"？如果答案是肯定的，又是怎样实现的？如果是否定的，其原因何在？本节就试图从大学区试验中，考察中央与地方政府之间是如何划分中央大学的经费的，这一制度安排给中央大学带来的实际影响如何。

1. "国学""省学"之争

从历史渊源上讲，民初以来江苏的教育经费来源比较有保障，该省的教育支出数占当时全国教育支出总数的 10％ 左右而居各省前列。这一成就的取得，不仅因为江苏为近代中国经济最

---

① 陈平原：《首都的迁徙与大学的命运——民国年间的北京大学与中央大学》，收入陈平原《中国大学十讲》，复旦大学出版社 2000 年版，第 57 页。

为发达的省份，同时也与晚清以来江苏教育会的巨大推动息息相关，尤其是在江苏教育经费制度化、提倡职业教育方面。1916年袁世凯时代结束后，中国陷入政治分裂和军阀割据之中，地方新式精英团体组织开始承担更多的社会责任，江苏教育会虽然并没有取得政治制度上的正式合法性依据，但在社会经济、文化事业和地方公共管理中，拥有广泛的资源和人际关系网络，在教育界更是声势浩大。①

就江苏省内而言，20世纪20年代初国立东南大学成立后，江苏教育会为协调江苏境内的国立学校与省立学校的经费分配，促使江苏地方政府作出了相当的努力，以税种的划分来确定各自的经费来源。1923年江苏省议会曾作出决议，举办"卷烟特税"充作教育经费，此为江苏指定教育专款之始。其后1924年秋又指定"漕粮省附税"、"屠宰税"、"牙税"专门作为江苏教育经费。以上四款税收所得即为江苏教育经费的来源，其中又分为"国库"和"省库"两项，国库的来源为"屠宰税"和"牙税"，专门用来支付国立大学的经费；省库的来源为"卷烟特税"和"漕粮省附税"，用来支付省立各级学校及社会教育机关经费。②这样，江苏教育经费下的国税和省税互不相涉。此外还独立设置江苏教育经费管理处，独立于教育厅和财政厅，独立管理江苏的教育经费，即教育经费的征收、发放均由管理处统一负责，地方各县报解的款项一律上交管理处。因此，1920—1926年东南大学的经费虽由江苏教育经费管理处经管，但其来源主要是教育专款，即江苏省内的国税——屠、牙两税。国立大学和省属学校经

---

① 沈尹默称当时江苏教育会势力甚大，"已隐然操纵当时学界"，甚至对于蔡元培出长北大校长一职多有插手，推想蔡先生为江苏教育会所用。见《我和北大》，收入钟叔河、朱纯编：《过去的学校》（回忆录），湖南教育出版社1982年版，第43页。

② 王运来：《江苏高等教育的早期现代化》，人民出版社2001年版，第214页。

费各有其归,本无矛盾和冲突。这个原则被时人简称为"国款办国学,省款办省学"。这种经费独立的体制,对江苏教育发展的推进作用十分明显,正是由于有了这些措施,20世纪20年代江苏的教育经费筹措成绩在全国都是最好的。

但南京国民政府成立后,以整理和统一全国财政为名,将江苏大宗可靠的卷烟特税收归中央,另指定江苏田赋收入项下年拨二百八十万元,以资补充江苏地方教育经费,收入不足时,仍由财政部于卷烟特税下补足。稍后,中央颁布《预算章程办理预算收支分类标准》,将江苏教育经费的大宗田赋及屠宰税划归地方征收。从表面上看,江苏的教育经费总额没有任何变化,但问题是田赋收入受自然影响较大,加之在田赋收入中,征收机关往往首先应付中央和省财政厅的提款,而对江苏教育经费则常有任意短解的情形,这种局面所造成的后果是,从1927年到1930年,江苏教育经费田赋项下短收竟达二百万元之多,虽然江苏地方向中央申请从卷烟税下拨补,但一直并没有下文,致使江苏地方教育经费发生根本动摇,因此,这一改革一开始就遭到江苏地方教育界的强烈反对,正如江苏中等学校教职员联合会所认为:"教育基金原指定卷烟特税,自划归中央,虽以田赋抵补,实等画饼充饥,来源既虚,根本动摇。"①

另外,国民政府定都南京后,政区设置发生了重大变动,原隶属江苏的南京、上海二市改为特别市,独立于江苏省之外,但地方教育仍归首都大学统一管辖,两个特别市以大学区为省区内的教育行政机构为由,要求地方教育独立,欲将教育权收回市管。早在1927年12月京沪两特别市教育局就从行政系统、政治

---

① 《第四中山大学区中等学校教职员联合会呈》(十六年十二月五日),《大学院公报》第2期(1928年2月),第38页。

地位、教育系统和事实四个方面，列陈毋庸归四中大区管辖理由，要求独立。[①] 就其实质而言要求经费自主。1928 年 6 月，南京特别市市长何民魂和上海特别市市长张定璠第二次联合向国民政府上书，请求两市教育权从中央大学区划出，所持主要理由还是在于行政权的统一，即"南京、上海两特别市区，早经中央明定，划在江苏省以外，是与试行之中央大学区范围绝不相同，倘将两特别市区之教育权归纳于中央大学之下，是超越于中央赋予中央大学之范围与权力，反令两特别市区之教育行政不能直接集中于中央，实有背乎大学区制集中中央之根本精神，欲求统一，而适得其反，此尤不可不详加顾虑者也。"[②] 行政权力分离还只是表面的理由，就实质而论仍是地方利益之争。南京、上海是东南经济最为发达的地区，其境内所征收的屠、牙二税在中央大学区内总教育经费中所占比例极大，而对二市来说，就教育经费来源的屠、牙两税而言，其所交上的数额要远远高于大学区划拨给两市的数额，这之间的差额就成为中央大学与二市之间争夺的焦点。

　　还没有得到中央批准之前，南京、上海二市作出决议将屠、牙税收归市管，上海特别市财局拟以代收方式将屠宰税收回上海市，这些自然遭到江苏教育界的强烈反对，经多方政治会商，大学院大学委员会第六次会议讨论后，决议认为南京、上海两市区虽划出江苏省外，但市内教育事业仍在中央大学区范围以内。国民党中央政治会议最终决定两市内的屠、牙税依然由江苏教育经

---

① 《京沪市教育局毋庸归四中大管辖》，1927 年 12 月 11 日上海《民国日报》，第 2 张第 4 版。

② 《何民魂、张定璠关于南京和上海教育行权不能划入中央大学区呈》（1928 年 6 月 1 日），收入中国第二历史档案馆编《中华民国史档案资料汇编》第五辑第一编"教育"（一），江苏古籍出版社 1994 年版，第 43 页。

费管理处征收。但不久,上海市因卫生局加强对屠宰卫生的检查力度,而引发屠户罢宰罢市的风潮,上海市财政局乘机欲将屠宰税收回市局征收,江苏教育经费管理处处长钮永建立刻回复上海特别市政府,以"查屠宰税为教育专款之一项,向由敝处经管,按月发放中央大学区中等以上各学校经费,现在省市区域虽经划分,而大学区域并未变更,且此项教育专款之规定,系奉中央九十次政治会议议决"①为由,坚决拒绝,最后以行政委员会下令二市的屠、牙税仍由江苏教育经费管理处征收。到了同年10月,南京特别市又擅自征收屠、牙两税,江苏教育经费管理处为此向省政府和行政院上报,请饬令停征,结果行政院令该市政府停止征收。②中央大学区经费来源之争从未停止,纠葛不断,直接影响大学区的正常运行。

　　除了上述的税源之争外,中央大学区试验的矛盾尤其表现在大学与中小学的经费份额之争上。1927年第四中山大学区成立后,大学区内的大学与中小学等因经费分配问题矛盾一直不断,常闹出风潮,一直伴随着大学区的整个试验过程,中央大学不断地陷入中央与地方的矛盾漩涡之中。大学与中小学经费之争的矛盾焦点是为经费的分配比例而引发的。1927年第四中山大学大学区编制预算时,将大学本部的经费确定为一百七十五万元,导致江苏地方教育界的一片反对之声,认为大学严重侵占了基础教育经费。探讨此时大学区制下经费之争,必须先了解南京国民政府成立前江苏境地大学与中小学的经费来源情况,因为当时所确立的原则和经费比例,成为日后江苏省内教育经费重新划分的重

---

① 《江苏教育专款屠宰税之纠纷》,载《申报》1929年1月10日,第11版。
② 《行政院指令》(字第二九七八号)(1929年),"国立中央大学档案",全宗号648,案卷号4572,页码不清。

要依据。下面是 1926 年和 1927 年第四中山大学区成立前后大学
与中小学的教育经费变化数额及比例列表 3。

表 3　　　　　　**1926 年（大学区成立前）江苏省内**
　　　　　　　　中小学与各大学经费预算表

项目		金额（元）	总额之百分比（%）	备注
省国税总额	省税	2520000	100	省税之 252 万为可靠之税收，118 万余，据管理处职员言每年实得仅 84（85）万元。
	国税	1184410		
		3704410		
中小学经费		2028461	54	
现大学本部合并之十五年及专门学校经费	东大	510525	30	（一）东大十五年度预算未成立，虽年列 51 万余元，但每月仅可领到 3.5 万元。（二）东大之附中及中小学十六年度均归中小学经费开支。（三）一农本在中小学经费内，今并入大学本部。（四）南工专、苏工专均有高初中部，十六年度均由中小学经费内开支。（五）商科有初中部，十六年度并入上海中学亦归中小学经费内开支，故实际上总额之百分比不及 30%。
	政治大	101118		
	河海	120998		
	法大	43544		
	医大	73235		
	南工专	70757		
	苏工专	100523		
	商专	46182		
	一农	47311		
		1114193		

　　资料来源:《江苏最近两年教费状况之调查》（一），载《民国日报》（上海版）
1928 年 5 月 4 日，第 2 张第 4 版。

表 4   1927 年度（大学区成立后）第四中山大学区
大学本部与中小学经费预算比较表

项目	预算数（元）	对预算数之百分比（%）	折实数（元）	折实后之百分比（%）	备注
大学区总额	4439743	100	3500000	100	本学年因征收不足，大学照七五折、中小学照八五折发放。
大学本部经费	1750000	39	1245000	35.6	
中小学经费	1526508	34.5	1347630	38.5	

资料来源:《江苏最近两年教费状况调查表》（二），《民国日报》（上海版）1928年 5 月 5 日，第 2 张第 4 版。

对照表 3 和表 4，就可以发现，大学区成立后，大学的经费在江苏省内总教育经费比例从 30％上升到 35.6％，而同期中小学的教育经费则从 54％下降到 38.5％。这一变化的幅度是相当大的。大学区试验以大学来管辖全区教育，即大学同时行使了原教育厅的工作，使一向划分明确的大学与中小学教育之间的经费界线开始模糊，从而导致了大学与江苏地方教育界的利益之争。改组后的中央大学在经费上的确比改组之前获得更多的资源，这一发展的动力来源不是来自于中央政府，而是挤占了江苏地方教育的资金。

这自然遭到江苏地方教育界的强烈反对。江苏各地方教育团体连续集会商议对策，上书游说大学区制试验对地方教育的摧残，要求改善大学区制试验。反对大学区最为激烈的是大学区省立中等学校联合会，该会 1928 年 2 月上书国民政府中央党部，认为大学区施行无一利而有五害，即：易受政潮之牵涉；经费分配不公；行政效率之减低；学风之影响；酿成学阀把持之势力。[①] 这五点中，最为核心的是第二点关于经费的分配问题。所谓经费分配不公。一个重要的理由就是"只知重视大学教育，谒忽视中小学教育。只知为少数人谋福利，不复顾多数人之痛苦……如第四中山大学经费预算数已有一百七十余万元，以一校计算超过全省中学百分之六十……似此畸形发展，任意剥削中等教育之经费，揆诸事理，岂得谓平。"[②] 1928 年 4 月，江苏中等学校联合会再次集会于上海中学，议决重要方案"呈请大学院江苏大学区内各国立大学经费不得动用江苏教费案"、"改善大学区制案，建议于全国教育会议"、"组织委员会调查江苏教育经费之历史及最近收支状况案"等[③]，经费之争直接引起了江苏地方教育界对于大学区制的不满。江苏中等学校联合会的努力虽没有改变经费的分配现状，却得到其他地方教育团体的响应。江苏省内中小学校长联合会和中小学联合会不断上书请愿、游行示威、罢课罢教，向江苏省政府不断施加压力，要求停止支付中央大学的经费。

面对来自地方教育界的压力，江苏省政府于 1928 年 11 月 28 日召开下年度编制总预算时，作出中央大学的经费应由中央负担的决议，原支中央大学的一百七十五万元应从江苏教育经费中剔出等。这一决议公布后，中央大学一片哗然，校长、教授和学生纷纷行动，要求维护学校经费。中央大学全体教授联名致书

---

① 《中大区中校联会反对大学区制呈文》，载《申报》1928 年 6 月 16 日，第 12 版。

② 《第四中山大学区中等学校教职员联合会呈》，载《大学院公报》第 2 期（1928 年 2 月），第 38 页。

③ 《江苏大学中等学校教职员联合会开会》，载《厦大周刊》第 186 期（1928 年 4 月 28 日），第 4 页。

国民政府,称"夫以国款办国学省款办省学,骤听其言,岂不甚美。然国之兴,省本相系联,头目手足宁不相互维护?假令中央大学果能指定的款足资抵补,划分界限,本无争持,否则以省政措施之便宜,而坐视国家事业之破坏,揆诸事理已有不可,况中央大学经费应由江苏省款支出并无丝毫不合之处,请陈其说以备省览查。大学区制则凡在某区各级学校同属一学区范围之内,无国校省校之分,今中央大学徒因国府所在,冠以殊名,其实所领即江苏大学区也。"① 江苏省政府的决定是基于"国款办国学、省款办省学"这一历史传统,因中央大学是国立大学,理应由中央财政来负担,故而作出如此决定。而中央大学教授所持反对的最大理由是大学区制下中央大学"其实即领江苏大学区",故无国校省校之分。

为解决中央大学与江苏地方教育的经费之争,国民政府行政院于12月18日召开专门会议,根据教育部长蒋梦麟的提议,决议通过"在中央未筹定的款以前,中央大学经费仍由江苏省政府照旧拨付。"② 下令江苏省政府撤消原议,中央大学经费的第一场危机才告暂时中止。不过,中央政府在处理中央大学与江苏地方教育经费之争时,采取不断压制地方政府,不惜牺牲地方教育的方法来平息二者之争,故问题并没有从根本上加以解决,江苏地方教育团体的抗议之声亦从未停止,并逐步赢得江苏地方政府、地方党部的支持,中央大学区试验中的矛盾进一步积累,纠葛不断,直接影响大学区的正常运行。

---

① 《中央大学全体教授上国府书》(1928年,月份不详),"国立中央大学档案",全宗号648,案卷号1011,第108页。
② 《中大向教育部请颁教育经费》(1928年12月29日),"国立中央大学档案",全宗号648,案卷号4565,页码不清。

2. 人事纠葛

但是，大学区制试验将中央大学变成各方争斗的角力场，江苏地方教育界与中央大学之间的经费之争，牵涉到江苏省党部、政府与国民党中央党部和中央政府的权力之争，中央大学更是国民党内不同派系权力争斗的中心之一，校长一职不断遭到挑战。大学区制的试行，中央大学不仅管理大学本部，还要掌管江苏全省以及南京、上海两特别市范围内的一切教育与学术事宜，职权范围广，头绪纷繁，尤其是人事和经费矛盾纠结，中央大学校长更是矛盾的焦点。由于张乃燕向无行政经验（其上任江苏教育厅长仅两个月就改任第四中山大学校长），社会声望又不高（如学生当初提名的校长人选中就无其名），这些着实让张乃燕颇感吃力，困于应付。这种状况如同江苏地方教育界所批评："大学校长兼理全区之教育行政，而又兼省府委员及其他职务，终日簿书签署，奔走周旋，已不遑宁处，尚何暇谋教育之发展与学术之推进?"① 这既道出了大学区试验过程中，国立大学校长的不堪重负的一面，也说明大学区和旧时的教育厅并无实质上的不同，新制度所要求学术与行政合一未能实现，大学当局和管理行政仍是各自为政、貌合神离，行政效率不仅没有提高，反而不断陷入无休止的人事纠葛之中。张乃燕作为中央大学的首任校长，上任以来即不断受到各方的挑战，江苏地方教育界甚至直接称其是"学阀"把持教育。

如前所论，大学区制本学自法国，法国大学区所采用的中央集权原则，不仅在于中央的大学院权力高于一切，而且与各地大

---

① 《本会继续反对大学区制》，载《反对大学区制专号》，出版地不详，1929 年 6 月，南京图书馆古籍部藏，第 18 页。

学区内的立法机关（评议会）和督学制度配套严密，指挥自如，加之法国国民文化程度较高，人口和地域均有限，所以以大学区制施行有良好的效果。但这一制度在中国试验之初，就遇到了一个人事安排的难题，评议机构和督学制度均难以建立，或即使建立，也难以发挥有效的作用。成立之初的第四中山大学，根据最初的第四中山大学区组织法的规定，第四中山大学区的基本组织结构为校长之下设立教育行政院、秘书处和评议会三机构，评议会乃评议机构、秘书处乃办事机构，教育行政为院行政中心，其下又设高等教育部、普通教育部、扩充教育部和研究院，分别管理区内高等教育、中小学教育、民众教育事宜和学术研究事宜。按照大学区制条例，设立了行政院，其主要成员有：校长张乃燕，秘书处秘书长孟宪承、秘书刘藻彬、萧纯锦，高等教育部部长王星拱，普通教育部长程时烨，扩充教育部部长俞庆棠，[①] 均为一时社会名流。但这一人事安排却受到指责，为江苏中小学地方教育界攻击最多的两点：一是大学区的评议会的名额分配不均，二是省立中小学校长的任命不公。大学区评议会成员的来源为大学校长和各处处长、大学本部各院院长及中小学代表组成，由于大学本部人员占三分之二以上，这一点多为江苏地方教育界所病诟，认定大学有把持操纵之嫌，即"评论会之操纵，大学本部各院长及各院教授十余人，而中小学校长及教员仅五人"[②]，认为这是"把持操纵造成新学阀也"[③]。另外，中小学的校长任命

---

① 《第四中山大学行政部职员一览》，载《民国日报》（上海版）1927 年 7 月 13 日，第 3 张第 3 版。

② 《请向大学院力争废止大学区制案》，载《反对大学区制专号》，1929 年 6 月，南京图书馆古籍部藏，第 14 页。

③ 《本会呈请国民政府中央党部及教育部废除大学区制文》，载《反对大学区制专号》，1929 年 6 月，南京图书馆古籍部藏，第 23 页。

中的权力之争也导致不满者众多。张乃燕的个人资历、声望及能力也开始受到怀疑和指责,而这一切又与大学区的试验息息相关。

在某种程度上说,大学院制和大学区制的诞生,是带有"教育独立"理念的国民党元老派在特殊政局下匆忙推动的结果。1927 年 6 月,在宁汉对立纷争时期,原广东国民政府教育行政委员会成员因政见原因,尚分散在广州、武汉等地,蔡元培、李石曾等留法派通过增补方式入选教育行政委员会,并开始执掌新政权的教育行政大权。由于桂系的逼宫,国民党内强硬派蒋介石被迫于 1927 年 8 月下野,南京政权落入到桂系控制的国民党中央特别委员会手中,大学区的具体实施案即是在汉、宁、沪三方成立的特委会上通过的,也正由此,孙科提出的教育经费独立案获得通过。但到 1928 年后胡汉民、蒋介石重返中央,为强调党权与统一,胡汉民强调训政与党化教育,公开反对蔡元培的教育方针。同时,蒋介石复出后提出第二次北伐,要求统一财政,收回大学院的税权。在这种背景之下,经亨颐等留日派委员便联名提案要求取消大学院。

1928 年 2 月在国民党第四次全会第二次会议上,经亨颐、朱霁青、白云梯、丁惟汾和陈树人五委员联名提出"设立教育部案",反对大学院制,要求恢复教育部,其理由有五:第一官制不统一;第二大学院其精神为人才集中,程度提高,但与普通教育本旨不合;第三学术与教育是两件事,大学非教育,教育行政机关不是专管学术;第四大学院制本是试行,据目前事实试验之结果,可谓专注重学术忽视教育;第五小学迁就大学,国民经济能力不足,初小教育基础落空,与本党儿童本位之旨大相违背。① 这

---

① 《教育学术化之大学院制暂保留》,载《民国日报》(上海版) 1928 年 2 月 7 日,第 1 张第 2 版。

次提案开启了国民党内高层反对大学院制的先河。经亨颐等人的提案反映出当时教育系统中的派别之争。在民国教育界因留学背景不同，其教育主张与人际关系网络交织在一起，形成了不同的派别，如留日派、欧美派等，而欧美派因留学国别不同又分为英美派与法德派。这些派别在主导民国教育方面，为争夺教育资源而常发生冲突。经亨颐、朱霁青、丁惟汾等均是著名的留日学者，在民国初期教育界有相当的影响力，也是日本学制的有力支持者。这次留日派反对大学院和大学区制的提案与政局的变动也息息相关。由于会上蔡元培、李石曾称大学院制还在实验中，至少要给予相当时间才能下最后断语，并据理力争，邀宴疏解，结果在国民政府的改组案中仍保留大学院。不过迫于压力，蔡元培不得不于其后的四月、五月几次修改大学院组织条例，将大学院纳入到政府的组织系统之中，以缓和反对之声。

到了 1928 年 6 月 3 日，胡汉民、孙科在旅欧途中就曾自巴黎致电国民政府主席谭延闿等，向筹备中的国民党二届五中全会提出关于《训政大纲》的提案，明确主张三大原则："一、以党统一，以党训政，培植宪政深厚之基；二、本党重心，力求完固，党应担发动训政之全责，政府应担实行训政之全责；三、以五权制度作为训政规模，期五权宪政最后完成。"并宣布二十九条大纲，其中第十五条就规定"行政院设外交部、内政部、军事部、财政部、建设部、交通部、工商部、农矿部、司法部、教育部，各置部长一人，由国民政府任命之。"[①] 孙科一改先前对大学院的支持态度，转而赞同胡汉民取消大学院的主张。加之此时发生前述的中央大学的易长风潮案，为张乃燕的去职一事，使大

---

① 《胡汉民孙科拟订训政大纲致谭延闿等电》（中国第二历史档案馆藏档），载《历史档案》1983 年第 3 期。

学院最有力支持者元老派发生了分裂，张静江与李石曾对蔡元培表示极度不满，结果直接影响了对蔡主持大学院的支持。如果说国民党第四次全会上能抵制留日派的反对，也多归因于李石曾、张静江等元老的力争。但到是年8月的五中会上，李石曾与张静江却不再支持蔡，加之为了政治分会的存废问题，李、张态度消极并于会议期间离会去沪，这样蔡在大会中失去了有力的扶持者，孤掌难鸣，于是取消大学院的提案被通过。

1928年10月，国民政府正式下令取消大学院，改设教育部，并任命蒋梦麟为国民政府第一任教育部长。由于大学区制试验是在大学院制度的安排之下，大学院的取消无疑是对大学区制最为沉重的打击。大学院取消后，大学区制虽仍在试行，但社会舆论普遍认为皮之不存、毛将焉附，其被取消是迟早的事。事实上大学院被废止的确为反对大学区制增加了一条充足的理由，故而反对之声更为猛烈。1928年年底河北省党务指导委员会认为北平学潮扰攘不已，其根源即在于大学区制，现大学院取消，呈请中央废除大学区制，"窃大学区制之生，原于大学院制度之设；现大学院以行政系统之关系，改为教育部，大学区制度，已无设立之可能"。[1]

三 维护学校经费运动

大学院取消后，省党政机关对江苏地方教育界的支持由背后走向公开。江苏省党部于1929年7月再次至函教育部，要求立

---

[1] 《河北省指委请废除大学区制》，载《厦大周刊》第192期（1929年1月5日），第8页。

即取消苏省大学区制,矛头直指中央大学校长张乃燕,函称"该校长张乃燕凭陵弊制,措施乖张是愈,足以显呈大学区制之流毒,而自促其寿命,今者学潮既起纠纷,正未有艾,为今之计,惟有迅予取消大学区制,则其他问题自可迎刃而解。"① 江苏的行政机关刊物《江苏旬刊》对江苏的教育行政近三年进行总结时,认为大学区制的实行,中央大学与省府是"立于平等地位,来往都用公函,府对于省内的教育行政是无法过问的,有时候连晓得也不可能。比方各县教育局长如何?省立中学的校长怎样?可以说省府一点都不晓得,除非那县发生了风潮,或来要求经费,文电纷飞的时候。至于其他教育的方针,经费的分配预决算的审核等等,则更说不到了。"对此种现象,站在江苏省政府立场的机关刊物作者评论说"省府对于省内一切行政皆可通过,独于教育则不然,实在是个憾事啊!"② 这时,江苏省政府对地方教育团体的支持也更为积极了。

在这种形势下,中央大学区立中等学校教职员联合会于1929年4月召开第一次执委会决议,汇集各方反对大学区文字辑为"专刊",向社会各界宣传反对大学区制各种各样的理由,要求立即取消大学区。"专刊"首先对大学区制的理论与现实的巨大差异进行批判,从大学区的试行结果来看,"其弊约有四端:一曰大学区制以事权统一之名,而得多所牵制之实;二曰大学区制以通盘序划之名,而得偏枯偏荣之实;三曰大学区制以精神集中之名,而得散漫松弛之实;四曰大学区制以教育行政独立之名,而得卷入政潮之实……夫试行大学区制之最大目标,厥为政

---

① 《苏省党部请取消大学区制》,载《申报》1929 年 7 月 8 日,第 11 版。

② 兵舆:《三年来江苏教育行政观》,载《江苏旬刊》第 3 期,1929 年(具体日期不详),第 2 页。

治学术化之一语,而一年以来,现象之呈露,无一而非为学术之官僚化。"[1] 这些言辞比上年度更为激烈。由于社会各方的反对,1929 年 6 月,国民党三届二中全会决议限期取消大学区制,并将各大学区教育行政院恢复为各省教育厅。[2] 1929 年 6 月 18 日吴稚晖来到中央大学,出示蒋介石转饬教育部的手谕——"浙江大学区制,限本学期结束,中央大学区制延至本年底结束,北平大学区制与李先生商酌办理。"[3] 再次表明国民政府决心将用半年时间来处理中央大学区结束事宜。国民政府虽明令取消大学区制,但中央大学与地方教育之间的问题远没有解决,并没有拿出一个具体方案来解决江苏的教育经费难题,中央大学与江苏地方教育之间的经费冲突和矛盾远没有结束。

　　第二天即 6 月 19 日,中大区教育经费管理处电告中央大学,江苏省政府原先许诺下半年补助五十万元一事不可靠,已允拨的十五万元,规定分六、七、八月三次拨给,可目前六月仅领到一万五千元空头支票一张,尤其是 1929 年度的预算案,支出与收入相差五十万元之巨,致任何计划,均因预算案未定,难于着手。作为校长的张乃燕,因大学区定于半年内结束,在这半年间内各项计划均无法进行,教授亦无可延聘,张氏倍感困难重重,萌生辞意,在辞职呈文中以出洋考察学术为名,称"今二中全会议决定期停止试行大学区制,乃燕自幸得有机会,以遂素愿。用特恳辞现职,所有中央大学校长职务及江苏省政府委员兼职,拟

---

　　① 《为大学区制与当局及全国教育家商榷书》,载《反对大学区制专号》,1929 年 6 月,南京图书馆古籍部藏,第 3 页。

　　② 《国府行政院决议大学区制停止试行期限》,载《中央日报》1929 年 7 月 8 日,第 3 张第 1 版;载《教育杂志》第 21 卷第 8 号(1929 年 8 月),第 136 页。

　　③ 《张乃燕辞职后之中大》,载《中央日报》1929 年 6 月 25 日,第 3 张第 1 版。

请迅简贤能接替，不胜感荷！"① 并由宁赴沪，一走了之。

张乃燕之所以有这样的举动，因为他十分清楚，大学区取消后，经费管理处必将收归江苏省管辖，这样一来，学校基础行将动摇。为寻求解决经费办法，中央大学的师生纷纷发起维护学校经费运动。6月23日，中央大学召开临时代表大会，决议呈请国民政府及教育部指定专门款项扩充该校经费，并要求在国府指定确款以前，该校经费仍依国府原案由江苏省负担②。其后在致教育部的请愿书中，认为中央大学因"地小人多，形大实虚"，与"首都大学，名实未符"，要求政府"在未筹定的款以前，仍照钧府行政院第八次会议议决，令饬江苏省政府拨付生校经费一百七十五万元，并饬财政部速照中央决议案，按月拨付津贴生校五万元，以维现状。"③ 教育部对此作出答复，"教育经费仍照十七年度教育专款实支数支给"，同时挽留张乃燕，并决定在大学区未停止期间，江苏省内一切教育行政仍责成该大学办理④。与此同时，中大区的中校教职员联合会公开反对张乃燕在取消大学区后继任江苏教育厅厅长⑤。张乃燕虽勉强同意复职，支撑残局，但仍对媒体表示，随时准备交付重担⑥。

为了解决中央大学和江苏省之间的争执，1929年7月11日，国民党中央第二十二次常务会议又作出决议，"交国民政府

---

① 《张乃燕辞职呈文》，载《中央日报》1929年6月23日，第3张第1版。

② 《中大学生请维持大学基金》，载《中央日报》1929年6月24日，第3张第1版。

③ 《中大学生昨赴教部请愿》，载《中央日报》1929年6月26日，第3张第1版。

④ 《教育部挽留张乃燕》，载《中央日报》1929年6月27日，第3张第1版。

⑤ 《中大区中校教职员联合会》，载《中央日报》1929年6月28日，第3张第1版。

⑥ 《张乃燕到京后之谈话》，载《中央日报》1929年6月29日，第3张第1版。

于两星期内召集教育部、财政部、江苏省政府商定中央大学经费拨给方法后，即行停止试行大学区制"。这一消息第二天在各大报刊披露后，中大师生"莫不群相惶骇以为学校经费将有根本动摇之虞"，当天下午由教育学院、文学院、法学院三院代表召集各院学生会代表会第六次会议，讨论应付方针，"各代表咸以本校厄于大学区制，经费不得增加，内容简陋不堪，际此教育制度改弦更张之时，本校经费，不仅应保持固有的款，尚须根据国民党政纲与学校实情，要求增加经费为每年三百万元，指定其来源，并设立管理处以保障其独立。"① 这一讨论结果——增加经费至三百万元，成为此后两个余月中央大学师生维护学校经费运动的基本目标。

这次会后，中央大学学生会各代表分工协作，执行决议，四出请愿，面递呈文，函电各方，张贴标语，散发宣言，如第二次宣言中就称，"当此教育制度改弦更张之时，对于大学固应特别注意。而我校位居首都，名冠中央，尤特负有发扬我国固有文化与吸收世界新进文明之使命，而中外观瞻所系，尤与党国声誉攸关，非加扩充，使蔚成完备学府，将何以振国家之文化，而扬民族之光荣?"② 由此，请政府当局切实解决三百万元，并确保其来源。在学生的要求下，中央大学八大学院的院长联名上书，分别向中国国民党中央执行委员会、国民政府、行政院、教育部呈请确定中央大学经费，呈文中对中央大学所需经费，按各院所需

---

① 《维护学校经费运动之经过略述》（1929 年 9 月 10 日），"国立中央大学档案"，全宗号 648，案卷号 2657，第 9 页。此文系中大学生范云龙所作，记述当年 6 月至 9 月维护学校经费运动的经过。

② 《国立中央大学全体学生第二次宣言》，载《中央日报》1929 年 7 月 21 日，第 3 张第 1 版。又见《中大学生发表第二次宣言》，载《中央日报》1929 年 7 月 25 日，第 3 张第 1 版。

开出一明细表,共计款项三百零六万元,并对苏省中等学校教职员联合会所指责中央大学侵占中小学学款一说,根据民国十五年合并前各校经济的实际之数进行反驳,最后坚决要求单独设立经费管理处,保障中大经费独立。①

与此同时,江苏省立中等学校联合会、实验小学联合会、扩充教育机关联合会等江苏地方教育团体为自己切身利益计,亦提出自己的宣言。该宣言与中央大学师生的经费宣言针锋相对,胪列二年来江苏省的教育事业因大学当局垄断经费而受摧残的事实,强调现在江苏教育经费的税源均为省税,要求本着"国款办国学省款办省学"的原则,坚决执行两点:一现有江苏教育经费只能办理江苏教育事业;二是中央大学的经费应完全由中央负担。②

面对来自双方的压力,教育部决定于7月25日召集财政部、江苏省政府会商中央大学经费拨付办法。得知这一消息,中央大学即行召开大会,决议敦促学校当局及各院院长"速起协争"。三方协商会议的当天早晨,中大学生五十余人列队往教育部,面谒教育部长,陈述来意,"比蒙答复,准如所请",但到了下午一时,会议代表已散去,群情激愤,蒋梦麟部长和江苏省代表叶楚伧出来接见学生,对学生表示此次会商并非最后决定,所以就密不宣布。谁料第二天,京沪各大报将此次会谈内容全案披露,主要内容有三点:其一,中央大学的经费照十七年度实支数年定一百三十二万元;其二,由财政部拨付一百二十万元,由江苏省政府补助十二万元;其三,自十八年度起江苏教育经费,概归江苏

---

① 《中大各院长呈请确定大学经费》,载《中央日报》1929年7月23日,第3张第1版。

② 《江苏省教育机关为省教育费严重宣言》,载《中央日报》1929年7月25日,第3张第1版。

省教育经费管理处支配。① 并谓这是最后的决议。按这份决议内容，中央大学的经费非但没有增加，就是原有的屠、牙两税也被剔除在外。中大学生认为教育部毫无诚意，即往教育部请愿，要求蒋部长发表声明，明确表示各报所登消息不准确。教育部代表当即答复四点，主要为此不是最后结果，并保证确保中央大学经费等等，由学生记录在案，并由双方签字，以示信用。其后教育部长也证实这一点。

此次会后，中央大学各学院院长对经费问题进一步重视起来，八大院长联合呈请政府指定江苏屠、牙二税为中央大学教育专款②，并积极与各方协商，争取各界的谅解，力争促使形势发生改变。江苏地方教育团体也不示弱，认为指定屠、牙税为中央大学教育专款，"无异摧残江苏中小学教育"，纷纷向教育部请愿，以致出现"请愿团日必数起，教育部应接不暇"的局面。③

到 8 月 9 日教育部、财政部、江苏省三方第二次会商，会上"省财两方争执甚力，教部左右为难"，会议决议五项，其中中央大学经费增至一百八十万元，财政部训令江苏财政厅每年在国税收入项下拨付江苏教育经费管理处一百二十万元，并且教育部发表声明三项，以示维护中央大学经费，蒋梦麟也于会后当时即赴浙江汤山，征求吴稚晖的意见。中大各院长向蒋梦麟发去专电，明确表达"深感不满"④。同时向行政院呈请，认为部省代表会议各条"事实颇多窒碍难行之处"⑤。中大学生认为此等数额仍

---

① 《教财省三方面商定中大经费办法》，载《中央日报》1929 年 7 月 26 日，第 3 张第 1 版。

② 《中大师生为经费呼吁》，载《中央日报》1929 年 7 月 28 日，第 3 张第 4 版。

③ 《风潮汹涌之教育界》，载《中央日报》1929 年 7 月 31 日，第 3 张第 1 版。

④ 《中大经费会议详志》，载《中央日报》1929 年 8 月 11 日，第 3 张第 4 版。

⑤ 《中大八院长力争经费》，载《中央日报》1929 年 8 月 13 日，第 3 张第 4 版。

无法满足学校之用，发表维护经费第三次宣言，对三方决议表示严重抗议，同时江苏省教育界对此方案也强烈反对。

8月14日，中央政治会议议决中央大学的经费交教育部"迳自妥筹办法"。蒋梦麟部长于是在8月20日的国民政府行政院会议上，提议中央大学的经费拨付办法为二，一为中央大学经费应按十七年度实支一百三十二万元，永久由江苏教育经费管理处支给；二为该校十八年度预算通过后，其不足之数，由财政部支给，在预算通过之前，财政部每月允拨五万元。这一提案最终获得通过。这一方案中，中央大学的年经费实定为一百九十二万元。中央大学师生发表第四次宣言，表示"国家多难，勉为接受"①，维护学校经费运动至此结束。

尽管经各方周折，迭经中央政府会商，中央大学的经费来源依然脆弱，一有风吹草动就直接影响到中央大学的经费来源。1929年10月，江苏教育经费管理处传出南京特别市又将独自征收屠、牙两税。闻迅后，张乃燕致电行政院、教育部、江苏省政府、教育厅、经费委员会，指责南京市政府"何得籍口省市分治，违反中央法令，破坏江苏教育经费独立。"② 结果钮永建答复称"已饬知该市政府停止征收屠牙两税以维旧案"③ 就在这样的反复中，中央大学与江苏地方教育的经费之争一直僵持着，中央大学将其经费困难责任完全推给江苏省地方政府，也只是从其本位出发的单方推论，事实上江苏教育经费自身的确有其难处。江苏教育经费管理处1930年1月致江苏教育厅的一封公函道出

---

① 《中大学生第四次宣言》，载《中央日报》1929年8月30日，第3张第4版。
② 《张乃燕电》(1929年10月8日)，"国立中央大学档案"，全宗号648，案卷号4572，第33页。
③ 《钮永建致中大函》(1929年10月15日)，"国立中央大学档案"，全宗号648，案卷号4572，第40页。

其内在困境:"查本省教育经费收支预算田赋款一项约占全年教费总额十成之四,关系极为重要。而各县对于此项解款均多积欠,本年报解成绩更形税减,欠解总数几及十分之八,虽纡敝处文电督促并饬督催员奔走催提,而各县财政局大都诿为政费不敷,延不解报⋯⋯十六十七两年及十八年度上半年各县欠解田赋款总数查明⋯⋯以上两年半共计欠解银一百九十四万二千六百八十元三角五分八厘。"[①] 这一数字几乎占江苏省全年教育经费的一半(全年教育经费计为 400 万元)。造成这一困难局面的根源在于南京国民政府成立后国家财税体制的改革对江苏地方财力的剥夺。

1927 年 6 月至 1929 年年底,中央大学区制进行了两年半的试验,是当时大学区实验中推行日期最早、时间最长、矛盾也最为突出的一个,其取消也标志着南京国民政府初期大学院和大学区试验的最终失败[②]。大学院的设置和大学区制的推行,也是 20 世纪 20 年代"教育独立"思潮的产物,大学区设立的初衷最为重要的一点就是政治学术化,即要求教育独立于政治之外。具有讽刺意味的是其结果却走向反面,深深陷入政治纷争之中,即造成学术政治化。虽然这一结果大学区制的最初设计者始料不及,但却从一开始就注定其走向。所谓"教育独立"是民初以来在教育界影响很大的一句口号,其本身含义颇广,既有教育经费独

① 《江苏教育经费管理处致省教育厅公函》(1930 年 1 月),"国立中央大学档案",全宗号 648,案卷号 4565,第 118—125 页。

② 关于失败的原因,陶英惠先生先后有"三原因说"和"五原因说",所谓三原因即:"摹仿失当、变更太骤";"政治不稳、基础未固";"教育政策的激辩"。见《蔡元培与大学院》,载《中央研究院近代史研究所集刊》第 3 期,上册,第 202—204 页。"五原因说"除前三种外,还包括:"老友关系的破裂"和"留学的派别之争",同名论文,载《新知杂志》第 3 年第 6 期,第 52—56 页。收入《蔡元培传记资料》(二),天一出版社 1979 年版,第 268—272 页。

立、教育脱离宗教等内涵，也有教育应脱离政治的主张。就前者而言，尚不是完全不能办到；但要教育完成脱离政治，却有相当的理想成份。因为教育既是上层建筑的一部分，亦是国家行政的一部分，教育必然受国家政策所指导和支配，因此教育本身也是政治的一部分。尤其在国民党政权大力推行以党治国的时代，更是一个政治社会化的时期，"党化教育"成为政治对教育渗透控制的一个口号和目标，因此，任何试图将教育脱离政治的设想都不可能，注定是要失败的。对此，《大公报》的一篇社评可谓切中要害，评论认为："主张大学区者谓教育行政应划出普通行政之外，使成专业化、学术化，其说极有真理。然而今值党治之下，训政期中，政为党的政治，学为党的教育，举凡党的问题，随时随事无不波及于公私事业之上。而教育为'民众精神指导权'所寄托，尤不能与党脱离，即不能免于党潮政潮。是则谋教育独立者，结果岂非反有将全部教育，从大学至小学概牵于党政漩涡中之危险乎？"①

此外在大学区的具体实施中也存在一些问题：一是设计者并不能保障这一制度的实施，尤其是经费来源的保障。二是没有考虑到当时中国的实情，对中国的历史和国情有十足的隔膜。大学区制原本创始于法国拿破仑帝制自为时代，它的特点是中央集权，这一制度的思想理论基础与当前国民党的行政原则并不相符，当时就有论者提出："本党对于行政原则不取中央集权，也不取地方分权，而采取均权主义。教育行政是行政一部，不应有例外。因此对于英美派的分权主义与法德派的集权主义，只有斟酌我国情，博采众长，不应生吞活剥，削

---

① 《北平大学区制之试验》，载《大公报》1928年12月23日，第1版。

足适履。"① 而民国以来的教育行政惯例是，地方办初等教育，省办中等教育，中央办高等教育，这也是一种均权主义的表现，而大学区采用中央集权的教育行政体制，与民国以来中国的教育传统实际不合。就现实而言，大学区制的失败这一方面是由于南京国民政府初期中央权威的衰弱，无力控制地方；另一方面也是因为主事者本身的权威也不断受到国民党中央内部的挑战，并没有形成一个强有力的领导层。

由于中央大学区的试验地是南京国民政府统治的中心地区，其意义也远远超出了大学区制本身。通过中央大学区的试验过程，不仅可以探测出这一时期的中央与地方关系向度，而且也显示出国民政府重建新学术中心——首都大学过程中各方的微妙关系。

中央大学区的试验，虽然最初的设计者是从统一和整合江苏（含南京、上海二市）境内的教育资源而提出，但在实际的操作中却演变成为国立大学挤占地方教育资源的制度依托。特别是南京国民政府初期的财税改革，将江苏教育经费大宗的卷烟税被划为国税，致使江苏教育经费根本动摇。原为"国款办国学"的国立大学的经费，不得不从地方财政中寻求解决之道。这样一来，直接侵蚀了地方的既得利益集团，中央大学就处在中央与江苏地方矛盾的交接点上。在中央大学与江苏地方教育经费冲突中，中央政府总是站在中央大学一边，压制地方政府和社团的抗议，从而激起地方更为激烈的新一轮反抗。这种不断激化的冲突也成为大学区制最终失败的地方根源。大学区的试验中经费争执，表明此时国民政府财政力量的虚弱，将首都大学的建设资金来源转嫁

①　林雷：《大学区制还不应废止吗》，载《反对大学区制专号》，1929 年 6 月，南京图书馆古籍部藏，第 11 页。

给江苏地方政府，使中央大学成为中央与地方之间的一个较量场，从而使中央大学陷入地方政治的漩涡之中。

中央大学改为首都大学之初，中央政府并无力独立负担这所大学的经费，而以试办大学区的名义将其负担转移到江苏地方政府身上，从而引发了二者之间的激烈冲突，从这个意义上讲，中央大学"国立"有其名而无其实。因此，所谓的"近水楼台先得月"之说，并不真实，至少初期并未兑现，这也可从1928—1929年度各国立大学经费与学生人数的对比反映出来。

表5　　　　　　　十七年度国立大学经费、学生人数对照表

校名	学生人数（人）	全年经常费（元）	每一学生约摊之公费额（元）
国立北京大学	966	900000.00	931
国立清华大学	505	497865.00	985
国立浙江大学	343	769095.00	2242
国立武汉大学	314	600000.00	1910
国立暨南大学	540	558664.00	1034
国立劳动大学	287	645268.00	2213
国立同济大学	182	416700.00	2289
国立北洋工学院	459	216000.00	470
国立中央大学	1731	1555162.66	898

资料来源：《大学教育之"合理化"》，1930年4月21日《大公报》，第2版。

表5中没有罗列1928年度国立中山大学的经费和学生数，不过为对比起见，可参考1927年度的中山大学的相关统计数据，

是年度中山大学经费总额为1812911.2元,学生人数为1469人,人均经费1234.02元。①。从表5中可明显看出,1928年度中央大学的经费单纯从总数上看为全国之最(实际比中山大学少),但从学生人均经费上看,不到浙江、劳动、同济等大学的一半,比北大、清华亦少,恰为全国人均之数,此时的中央大学得到国民政府的经费额外照顾之说,至少在1929年前并不确切。

诸多研究东南大学校史的学者,在分析东南大学对后来继承者(第四中山大学、江苏大学和中央大学)的影响时,往往充分地肯定其学术的班底对后来的积极影响。② 的确,一些研究者注意到中国近代大学发展的继承性主流,但有一点为多数学者所忽略,即东南大学早期的历史远离政治中心,但在后期也深深卷入政治的漩涡,这种变动对后来继承者影响十分深远。从东南大学到中央大学的变迁,也是国民政府重建成新的政治文化中心的过程的一环。诸如1930年1月8日,在国民党中央执行委员会第212次政治会议上,即有人反对中央研究院上海工程,认为中央研究院既为国家文化学术最高机关,"该院所有一切建筑,自应就首都所在循序渐进,庶几首都成为文化中心。"③ 同样,从中央大学的名称确立过程中,我们不难发现,首都的迁移这一政治事件对于这所大学的全方位影响,且在不同的主体中表现的程度

① 《大学院编造国立各大学概况统计》,载《民国日报》(上海版)1928年9月21日,第3张第4版。

② 陈平原:《中国大学十讲》,复旦大学出版社2002年版,第56—61页。霍益萍:《近代中国的高等教育》,华东师范大学出版社1999年版,第148—159页。王运来:《江苏高等教育的早期近代化》,人民出版社2001年版,第159—171页。刘正伟:《督府与士绅——江苏教育近代化研究》,河北教育出版社2002年版,第293—312页。王德滋主编:《南京大学百年史》,南京大学出版社2002年版,第64—102页。

③ 《国民政府训令第9号》,载《国立中央研究院院务月报》第1卷第7期,第116—117页。

却是不一样的。从表面上看，首都最高学府这一定位似乎更多地表现为学生的推动，但就实质而言，则是国民党上台执行政治中心南移后，所要求文化学术中心南移的必然结果。不过，南京政府初期是一个包括财政在内相对衰弱的政权，对于新的学术中心的建设明显地表现出"心有余而力不足"的困境。大学区的试验中经费争执，充分表明此时国民政府财政力量的虚弱，将首都大学的建设资金来源转嫁给江苏地方政府，从而使中央大学陷入地方政治的漩涡中，其发展也受到极大的阻滞，中央大学真正成为国立化的大学尚未实现，国民政府的"首都最高学府"（在当时，首都即全国）的理想与现实还是有相当的距离。

第三章

"党化"中的派系冲突:以张乃燕去职
为中心(1927—1930)

国民党取得政权后,在全国推行"党化"教育,努力将国民党的意识形态扩展到大学中。中央大学成为国民党推行"党化"教育的重要基地。本章通过对南京国民政府成立初期"党化"教育在中央大学实施的途径和实际效果,来分析国民党势力对中央大学的实际影响力,并围绕校长张乃燕任内的职位危机和最后的下台,重点探讨国民党和中央大学内部派系对于校长职位的争夺,以分析中央大学从学术卷入政治的背景、渠道和影响。

一 "党化"教育的登台

1. "党化"教育的内容

北洋时期政治黑暗、军阀混战不断,政府对大学控制相对薄弱,因此这一阶段的大学及文化学术呈现出更多繁荣和自由的色彩。但随着政党政治的兴起,国共两党之间在知识界的影响日益扩大,二者之间的竞争日益加剧。国共合作破裂之后,国民党大力实施"清党",同时在文化上实施专制主义政策,为加强对大学的控制推行所谓的"党化教育"。南京国民政府所谓的"党化教育",本是根据国民党"以党治国"的口号而来,是国民党实行"一党专政"在教育上的体现,目的是力图将教育纳入到"一个党"、"一个主义"之下。"党化教育"的最早由来,教育专家舒新城认为:"党化教育在十四年尚是一种思潮,至十五年凡在国民政府势力下的各省,均以教育行政力实施之。"① "党化教育"一词的出现,与中央大学前身东南大学 1925 年易长风潮关系密切。1927 年上海特别市市政府教育局发刊——《党化教育》运动特刊,有署名研者撰《党化教育的由来》一文,专门指出:"可是那时东南大学,因为一部分教职员,站在养尊处优的特殊地位的缘故和党的势力不很协调,常为革命党人所不满。曹锟、吴佩孚倒败后,国民党的势力,居然发展到北方;东南大学易长的风潮,也因之而起。当时拥郭拥胡,显然分成两派。虽然不无党的作用在里面,但也非纯粹是党的作用。可是拥郭却借口于'教育应该独立党争之外'的一句话,以相抵制。因此这方面有人著论以党化教育为恶名,那方面便有人说明党化教育的必要,而'党化教育'也就成了一个流行的新名词。"② 真正使"党化教育"付诸实施则为广州国民政府教育行政委员许崇清所拟定的《教育方针草案》中,规定"党化教育"其主要目的和作用是用来动员民众支持北伐。但"宁汉合流"和国民党南京政权建立,"党化教育"已蜕变成国民党对教育界进行独裁统治和思想控制的工具。"党化教育"成为南京国民政府宣传中出现频率最高的

---

① 舒新城:《民国十五年中国教育指南》,商务印书馆 1927 年版,第 5 页。
② 转引自舒新城编:《近代中国教育思想史》,福建教育出版社 2007 年重印版,第 263—264 页。

几个关键词之一,"自国民革命军势力奄有东南之后,'党化教育'一词甚嚣尘上"。国民政府教育行政委员会在制定教育方针草案中,对"党化教育"作出系统解释,指出"党化教育""就是在国民党指导之下,把教育变成革命化和民众化。换句话说,我们的教育方针要建筑在国民党的根本政策之上。国民党的根本政策是三民主义、建国方略、建国大纲和历次全国代表大会的宣言和决议案。我们的教育方针应该根据这种材料而定,这是党化的具体意义。"① 由于此时国民党的三民主义,抛弃了孙中山先生所倡导的三大政策,随着国民党由革命党向执政党的转变,三民主义逐步沦为国民党"以党治国"、"以党义治国"的意识形态,成为国民党"一个党""一个主义"的代名词。

具体落实到教育的实践层面,"党化"教育不仅停留在思想层面,同时进入到人事安排之中。诚如任鸿隽所言,"党化"教育不外乎以下两个方面:一是把党的主义和主张融合在教课(学)中间,使它渐渐地浸灌到学生的头脑中去。二是教育的事业由党的机关或人才去主持,使它完全受党指挥。② 从实施过程和内容上看,"党化"教育完全变成党义的宣传,各个学校添设三民主义教员,增设相关课程。就出发点而言,"党化"教育的突出目的之一就是出于对教育和青年的控制,国民革命时期青年学生对于国民党持欢迎态度,但在国民政府成立后,青年学生逐步疏离国民党,国民党对于青年学生运动开始采取压制的方针。蒋介石1930年在第二次全国教育会议上演讲,强调"国民革命之工作,尚未完成。其中最大基础,实为教育。如此基础不固,

---

① 《"党化教育"之意义及其方案》,载《教育杂志》第19卷第8号(1927年8月),"教育界消息",第1页。

② 任鸿隽:《党化教育是可能的吗?》,载《独立评论》第3号(1932年5月),第13页。

危险实甚。故对于中国教育,亟宜改革完善,以期一般青年站于三民主义之下,而共同努力。"①

从东南大学到中央大学,最大的变化是大学与政治的关系发生了根本性的变化。正如前文所引胡先骕关于东南大学与政党的言论,就代表了当时一批自由主义知识分子的学术自由观念,他们对大学内外的政党活动一向不屑。但1927年后,国民党政权在全国推行"党化"教育,一批倾向于国民党的教授掌握中央大学内部实权,"党化"教育成为国民党中央控制中央大学的重要手段。国民党政权定都南京后积极在中央大学推行"党化"教育,对这所大学里思想的控制,主要通过党义课程的教学和训育主任的管理来实现。

大学里党义课程的主要内容是什么呢?1928年8月中华民国大学院训令中央大学执行中央训练部提出《各级学校增加党义课程暂行通则》,该明文规定专门学校及大学的党义课程为:"一、建国方略;二、建国大纲;三、三民主义理论与实践;四、本党政纲及重要宣言决议案;五、五权宪法之原理及运用。"同时规定:"各级学校党义课程之教授时间每周至少两小时。"② 此后还规定了"各级学校聘用党义教师训育主任规则",并对各级学校聘用党义教师及训育主任的资格作出限定,以检定党义教师委员会检定合格者为限。③ 党义教师资格的确立须先由本人提出申请,并经党义教师检定委员会考试合格后才能担任,而且规定

---

① 《党国要人整顿学风言论》,载《教育杂志》第22卷第5号(1930年5月),第137页。

② 《各级学校增加党义课程暂行规定》,"国立中央大学档案",全宗号648,案卷号2217,第56页。

③ 《各级学校聘用党义教师训育主任规则》(1930年8月29日),"国立中央大学档案",全宗号648,案卷号2217,第85—86页。

甚为严格,申请者须具备以下条件:中国国民党党员;国内外专门以上学校毕业,或曾任专门学校教员一年以上者,或现任专门学校以上教员者;同时还要求申请者出具申请书,提供相关研究党义教材和著作(如果是借用别人教材的,还须呈验学生的笔记)。① 国立大学和专门学校的党义教师检定委员会则由国民党中央训练部部长、教育部部长和其他五名资深党员组成②,级别颇高。

南京十年,中央大学"党化"教育实施的途径主要有二:

一是对学生专门设立党义课程,聘任专门的党义教授讲授。同时要求教职员研究党义,尤其是行政人员。从大学院到后来的教育部均先后训令中央大学执行国民党中央执行委员会关于《政军警各机关工作人员研究党义暂行条例》、《各级学校教职员研究党义暂行条例》③。条例规定党义研究分四期进行,即分别为"孙文学说"、"建国大纲"、"实业计划"(分二期进行),规定每天的学习时间不得少于两小时,自修的每周至少集合研究一次。④ 为此国立中央大学专门制定了《行政工作人员党义研究会章程》,对于行政人员的党义研究规定至为详细,校长副校长亲自担任研究会的正副会长,指定专门的指导员来指导全体人员进行党义研究,具体操作按照以下步骤进行:阅读、分组讨论、演讲和测验。其中规定每日上午八时半到九时为全体阅读时间,各小组每周公开讨论一次,本会会员对于讨论会和演讲会不得无故

---

① 《检定须知》,《国立大学联合会月刊》第 1 卷第 2 号,第 4 页。

② 《中央检定党义教师委员会章程》,"国立中央大学档案",全宗号 648,案卷号 2217。

③ 《国民党党部来往文件》,"国立中央大学档案",全宗号 648,案卷号 2216,第 24—26、32—42、70—71 页。

④ 《各级学校教职员研究党义暂行条例》,"国立中央大学档案",全宗号 648,案卷号 2216,第 71—72 页。

缺席。[①] 党义课是正规的课程设置，从国民党中央到教育部均严格规定了具体的教学内容、授课时数和学分，并且要进行专门考试，学生没有得到学分就拿不到毕业证书。

二是利用"总理纪念周"的活动形式，进行各种形式的补充教育。"总理纪念周"是 1926 年国民党中央委员会为纪念孙中山，规定中国国民党各级党部及国民政府所属各机关各军队，一律于每周一上午 9 时至 12 时（以时间不逾一小时为度）举行纪念周一次，其基本的程序为：全体肃立；向总理遗像行三鞠躬礼；主席宣读总理遗嘱，全体同时齐声宣读；向总理遗像俯首默念三分钟；演说政治报告；礼成。第四中山大学成立后，对"总理纪念周"的活动程序和内容作出了严格的规定，如纪念周一切事宜由训育委员会主持，其演说内容分为党务、国际政治、国内政治和校务报告，前三者主要是请本校职员、政府和党部的名人担任。学生要求全体参加，并规定凡二次未到会者，即警告一次，四次不到者即行处分，有十次不到者，即扣除已有学分两分等。[②] "总理纪念周"作为"党化"教育的补充形式，虽有总体的规定，但内容和形式均有相当大的自主性。

2. "党化"教育的困境

在具体操作中，以上两种"党化"教育形式均出现了与当初的设置严重背离的情形。

首先，党义课程从始至终就遇到三重挑战：

---

① 《国立中央大学行政人员党义研究会章程》，"国立中央大学档案"，全宗号648，案卷号 2216，第 50—54 页。

② 《第四中山大学本部校务会议等问题来往文件》，"国立中央大学档案"，全宗号 648，案卷号 695，第 76 页。

　　第一个挑战是党义教师严重不足。国民党从中央执委会到中央训练部对于各级学校的党义教育均作了严格而详细的规定，尤其对于党义教师的检定至为严格，但党义教师却严重不足，至1929年全国两次党义教师检定合格者总共才50人①，就全国高校而言每一学校还不足一人②。中央大学作为位于首都的最高学府，国民党对其党化教育甚为重视，派出国民党元老、三民主义理论权威戴季陶为该校党义教师。由于国民党中央对于党义教师资格认定十分严格，办事一向谨慎的张乃燕对于戴季陶先生的党义教师资格是否需要检定，还专门呈文请求中央党部："查职校党义教师系戴季陶先生，为党国柱石，革命先进。对于党义素极明瞭，应否照章检定，理合呈请钧部鉴核示递"，而事实上当时戴季陶本人即为中央党部七名党义检定委员之一，结果"当然勿庸受检"。③ 这事后来或多或少反映张办事古板、缺乏灵活，使自己在国民党内颇不受欢迎。（后来与地方党部之间的冲突也有如此表现）。

　　第二个挑战是党义教师的地位低下。虽然党义教授资格难以取得，但党义教师在大学里的地位并不高，以至于当时就有人提出党义教师在学校的地位值得人们同情，"这情形值得人们注意：即今日一般的党义教师，上课时受学生的轻视而发生困难情形，实在令人觉着可哀亦复可怜！"作者分析其原因时，认为一方面学生认为党义是不甚要紧的，于是出现告假、旷课、心不在焉、

---

　　① 第一批21人合格，第二批29人合格，见《大公报》1929年3月14日、4月16日分别以《审查合格之大学党义教师》、《大学专门党义教师》的报导。

　　② 《党义教师名单》，"国立中央大学档案"，全宗号648，案卷号2257，第3—8页。

　　③ 《国民政府教育部训令》（第三六七号），"国立中央大学档案"，全宗号648，案卷号2217，第131页。

睡大觉、哄闹的场面;另一方面党义教师多数是为饭碗而来的,对于学生的奇形怪状也只好忍耐了。这种情形并非一个学校的特殊情况,而是一种普遍的现象,因此作者由此得出的结论——"国民党的前途,那就令人值得注意了!"[1] 除受学生的轻视之外,党义教师在大学里的薪金也多在普通平均数之下。

第三个挑战是教学时间无法保证,经常出现一些教授用专业课挤占党义课的现象。

其次,"总理纪念周"的"党化"教育方式越来越流于形式主义和徒有虚名。由于单调纯粹的党义宣传受到学生的抵制,学校不得不作出一些调整,以 1929 年 9 月至 12 月为例,中央大学的总理纪念周活动主题如下:

表 6   1929 年 9—12 月中央大学总理纪念周活动安排

时间	演讲人	主题或题目
9.16	张乃燕	报告校务:组织变更、经费问题、出版计划、本校地位和今后希望
9.23	薛绍清	报告工学院近况
9.30	张我华	外交问题
10.7	K. Datta	印度情形
10.14	徐谟	中国法权
10.21	张其昀	我所希望于诸同学
10.28	张其昀	我所希望于诸同学(续)
11.4	何奎垣	中国学术之前途
11.11	陈长蘅	中国人口问题

---

[1]　林不拔:《党义教师与学生》,载《社会与教育》第 22 期(1931 年 4 月 11日),第 12 页。

续表

时间	演讲人	主题或题目
11.18	赵迺传	科学的进步有碍于道德吗?
11.25	顾子仁	中华民族之复兴
12.20	查啸仙	科学与想象
12.30	谢寿康	现代小说

　　注:根据1929年9月至12月中央大学的《大事记》统计而成。资料来源:《国立中央大学一览·第一种·行政概况》,南京:中央大学秘书处编纂组1930年1月印,第10—21页。上表中11月26日至12月19日总理纪念周活动,因资料缺损,只好空缺,并非没有活动安排,特作说明。

　　表6中,我们不难发现,半年里总理纪念周没有一次直接宣传党义,更多的是中央大学教授演讲学术专题,这大致反映了当时党化教育在大学里的一般境况。

　　从中央大学"党化"教育的形式与实际来看,国民党推行"党化"教育是失败的。这可从当时党义教授端木恺1930年9月致教务长的信函中略知大概,"党义课程现在各系集处人数逾百,教材不易分配,秩序亦难维持……缺课者因乏时间可以点名,亦后无法稽考补救之道"。[①] 国民党的官方党报《中央日报》在其学术专刊"学风"一篇署名编者的文中,对学校的"党化"教育有名无实现象进行披露,"自民国十六年以来,实行'党化'教育之声,遍于国内,大势所趋无有敢訾议者;然而反动之势力潜在,破坏之阴谋尚存,学校虽有党义一科,训育虽有党员专任,而事实上,因勉强而结怨毒,重形式而忽实际,以致阳奉阴违,

---

① 《端木恺致教务长函》(1930年9月29日),"国立中央大学档案",全宗号648,案卷号2217,第202—209页。

敷衍塞责,流弊多方,功效全无。"① 当时无论是赞成还是反对"党化"教育的人士对"党化"教育结果的判断基本一致,如任鸿隽发表《党化教育是可能的吗?》后,一位持不同意见的人士承认"党化教育已经完全失败了"②。为什么会出现这样一种状况? 官方文章往往都归结于反动势力的破坏,而没有从根本上寻找原因。笔者认为主要原因有二,一是从历史发展来看,国民党由革命党变成执政党后,与其先前所宣传的党义的主旨出现了严重的背离,致使"一般人皆视党义为一种官样文章,不能求得党义之真正精神。"③ 且国民党党员的蜕化严重,陈光甫1928年1月28日在日记中对此感叹:"国民党为人民指导者,而一入政治舞台,贪钱卖法不顾廉耻,大言不惭自私自利,较之前人更坏。此无他,乃穷化恶化之出产品也。"④ 二是国民党在大学中所推行的"党化"教育的失败,其根本的原因在于现代大学本身所要求的学术自由和"党化"教育是无法兼容的。胡适等自由主义知识分子即对"党化"教育提出批评,并以此作为拒绝接受大学院大学委员一职的主要理由,其称:"如所谓'党化教育',我自决不能附议。若我身在大学院而不争这种根本问题,岂非'枉寻'而求'直天'。"⑤ 学术自由是现代大学的一个最为突出的特征,它不只是社会对言论自由作出承诺的一种反映,而且也是捍卫大

---

① 《吾国教育之基本问题》,载《中央日报》1932年8月22日,第2张第4版。

② 任鸿隽:《再论党化教育》,载《独立评论》第8号(1932年),第12页。

③ 慈连昭:《推行三民主义教育宗旨的方法》,"国立中央大学档案",全宗号648,案卷号1011,第13页。

④ 上海档案馆编:《陈光甫日记》,上海书店出版社2002年版,第11页。

⑤ 《胡适致蔡元培》(1927年10月24日),收入梁锡华选注《胡适秘藏书信选》下册,台北风云时代出版公司1990年版,第586页。

学目的和教职员工利益不可缺少的一个条件。[①] 国民党在大学推行的"党化"教育,自然受到各级师生的抵制,其失败是必然的。

3. 地方党部与中央大学

更具有讽刺意味的是,"党化教育"常被假托来攻击政治对手,成为当时中央大学内外不同派别政治斗争中有力的工具。如1928年校内发生免费运动中,学生对于当时高等教育处长胡刚复攻击最为严厉的一点就是其破坏"党化"教育,学生向大学院呈文称:"本大学虽号中山,而一考其内容,而无往而不与中山主义相反。党化教育,徒托空言,追厥厉阶,咸归罪于胡刚复一人。……本大学为革命首都最高学府,对于先总理之主义应如何深致研究,以便指导国人,而党义一课,乃本校上学期仅开三小时,且非必修。此胡刚复破坏党化教育之罪。"[②] 同样,1930年10月中央大学发生整理校务运动,毕业同学会与在校学生互为声援,并给校长张乃燕信中重点建议加强党义教育,"厉行党义教育,肃清腐恶分子。母校位居首都,对于党义教育不惟自身切实厉行,且具有领导全国各学校的责任。今后关于党义课程、图书设备,以及演讲会研究会,均应特别注重,锐意进行,俾党义精神,贯彻全校。"[③] 其实,风向所及在彼而不在此。对比前文所论党义课程本身的困境,我们不难发现这里"党化"教育已失

---

① [美] 德里克·博克著,徐小洲、徐军译:《走出象牙塔——现代大学的社会责任》,浙江人民出版社 2001 年版,第 20 页。

② 《呈大学院长文》,载《教育杂志》第 20 卷第 3 号（1928 年 3 月）,"教育界消息"第 6 页。

③ 《首都中大学潮之突兴》,载《教育杂志》第 22 卷第 11 号（1930 年 10 月）,第 120 页。

去了其本来的含义,成为了不同派系之间政治斗争中的一个有力武器。

虽然"党化教育"在中央大学是失败的,但"党化"或多或少体现在国民党党籍人士对中大事务的掌控。1927年,在筹备第四中山大学时,一些委员就已经着手建立国民党党部。1927年10月24日,在第四中山大学的第三十八次筹备会议上,胡刚复提议组织党部,当时出席会议的有萧纯锦、刘藻彬、汤用彤、蔡无忌、戴修骏等,会议决定成立党务委员会,其中调查委员为张乃燕、陈剑修、吴有训、李立侯、戴修骏、刘海淖、程天放、熊雨生。[①] 但国民党在20世纪二三十年代的中央大学内部活动并不是特别多,据1931年刚获得美国伊利诺大学哲学(化学)博士学位就进入中央大学化学系任教的高济宇先生的回忆,20世纪三四十年代国民党在中央大学公开的活动并不多,它在学校不得人心,市场不大,党羽不多。[②]

然而,国民党中央大学支部的直接上级国民党南京市第八区执行委员会,却试图对中央大学进行严厉的监控。1928年第八区执委会致函中大校长张乃燕,要求整顿《国立中央大学日刊》,函称:"查国立中央大学日刊实为本区内影响最大之唯一报纸,此项刊物过去在内容及编辑方针方面皆确有未能合党义之处,如登载国家主义论文之类,已属屡见",决定其整理办法如下:在言论上,应多为国民革命之宣传及三民主义之阐发,"使学生思想得指归,而收默化潜移之效";在编辑上,"最妥洽之办法为编辑之全权付诸本会妥慎办理,以应民众及

---

① 《中大筹备会议记录》,"国立中央大学档案",全宗号648,案卷号906,第14页。

② 高济宇:《校史琐忆》,载《高教研究与探索》1988年第2期,第1页。

本党同志之要求。"① 很明显,第八区执委会试图将《国立中央大学日刊》的编辑权收归党部,以此来控制中央大学的思想和舆论。张乃燕对地方党部势力向中央大学渗透怀有警惕,对第八区党部的要求一口回绝,"对于贵会第二项办法,未便接受。至第一项办法,自当多多注意。"② 他所持的理由有二:其一、中央大学是一个学术机关(言下之意并非一政治机关),日刊也基本属于报告学校新闻和讨论学术的性质(言下之意与宣传性质是有不同)。其二、日刊既然是以国立中央大学命名的(言下之意不是地方性的大学),就应该由大学负责,编辑的权利自难交付给他人。张乃燕这次成功地抵制地方党部势力对中央的渗透,所持的理论无疑是大学自治和学术自由。

　　张乃燕作为中央大学的首任校长,不仅与国民党南京市第八党部的关系处理得比较紧张,而且与南京特别市执行委员会、国民党江苏省党部的关系也一直别扭,这主要是国民党地方组织试图控制国立中央大学,而中央大学以系属国立,直隶于教育部,地方无权管辖为由,进行各种各样的抵制。从下面几件事可以看出其中的大概来:其一、1928 年江苏省党部根据《各级学校教职员研究党义暂行条例》,要求中央大学行政院人员接受该党部的检测,所持理由当时试行大学区制,中大行政院对地方教育行使管理权,故中大应由江苏党部管理。为此中央大学行政院专门召开会议讨论此事,会上与会人员认为:"第一,须知本大学系属国立,地处南京,并且对外名义均一致以国立中央大学行之,省党部亦不得支离割裂,逾越权限前来测验。第二,大学区制原

---

　　① 《第八区执行委员会致张乃燕函》,"国立中央大学档案",全宗号 648,案卷号 2219,第 2—3 页。

　　② 《张乃燕致国民党第八区党部函》(1928 年 10 月 16 日),《南大百年实录》上卷《中央大学史料选》,南京大学出版社 2002 年版,第 339—340 页。

不限于一省，况本大学向来直属于教育部，与省政府来往公文均用公函或用咨，其不隶属于省彰明，省党部当无测验之权。"① 并据此明确回绝了省党部的要求。其二、1928 年第八区党部选举委员会筹备委员会前往中央大学要求停课，以让党员学生参加选举，但没有得到中大许可，致使该区选举因不足法定人数而流会两次。其后，国民党南京特别市执行委员会再次致函中大校长张乃燕要求停课，但张乃燕不予理会，在来函的处理意见上签署"可以不复"②。其三、1928 年国民党对全国党员重新登记考核时，"张乃燕当时因身体不适，未甚注意答案，草率交卷，党方职员颇有纷议，张以为身体力行先总理三民主义在彼不在此，党方对张颇多攻击。"③ 张乃燕对党部的形式主义做法不以为然，对各级党部的屡次抵制招致党部的不满。

国民党地方党部对中央大学的渗透受到抵制，十足表现出国民地方党部力量的虚弱，虽然国民党政权建立后，大力推行以党治国、以党建国，倡导"党外无政、政外无党"④，但国民党基层却相当的虚弱。正如有研究者最近指出：国民党只是一个"弱势独裁政党"，从来不是、也始终未能建立一个具有严密渗透性和强大内聚力的政党组织体系。地方政权的重心在政而不在党。身为中央大学校长的张乃燕消极应付国民党党化教育，从另一角度来讲，是对学校学术自治的一种维护，对政治势力侵入大学的一种抵制，日益引起国民党中央的不满，成为后来国民党中央用

---

① 《国民党政、军、警各机关各级学校工作人员研究党义暂行条例》，"国立中央大学档案"，全宗号 648，案卷号 22161，第 2—3 页。

② 《中国国民党南京特别市执行委员会致中央大学函》，"国立中央大学档案"，全宗号 648，案卷号 2231，第 39 页。

③ 《张乃燕去职原因》，载《申报》1928 年 6 月 11 日，第 11 版。

④ 胡汉民：《党外无政 政外无党》（十八年二月在国府院党义研究会演说词），载《中央周刊》第 37 期（1929 年 2 月 18 日）。

国民党色彩浓厚的人士取而代之的根本原因。

二 挑战与应对:张乃燕的信任危机

1. 免费运动

根据调查研究，中国此时的大学教育是一种典型的精英贵族教育，在校大学生每学年平均费用 426.2 元，而一个普通工人每月收入在 10.7 元至 12.6 元之间，根本无力负担一个大学生学习和生活费用。[①] 东南大学素以学风优良、学生诚朴艰苦向学闻名，从未因个人经济问题出现学潮。但随着首都南迁，大量行政机关人员涌入南京城，南京城内生活费用指数急骤上涨。从北京到南京的学者对南北两地的生活费有一直观的对比，"南京生活程度高于北京远甚"[②]。吴梅曾先后在北京与南京生活，对南京在迁都前后物价的增加有切身的体会，迁都前后不过三五年时间，房租已上涨了一倍，他在日记中感叹说:"迨政府移南，百物昂贵。"[③] 在这种背景之下，中央大学成立后不久就发生学生因缴费而与校方发生冲突，并最终演变成一个政治事件。

1928 年 2 月初，寒假后新学期开学，部分学生因经济困难要求学校减免学费与注册组职员发生冲突。其中有学生徐谷生、李达殴打威胁了注册组的职员，学校决定开除二人，致使发生风

---

① 刘榘:《大学生用款分配及其经济背景的调查》，载《国立中央大学半月刊》第 1 卷 14 期 (1930 年 5 月)，第 113 页。

② 《林尹景伊致林公铎书》 (1934 年)，收入张宪文整理《林公铎藏扎二十九通》，《文献》1992 年第 3 期，第 175 页。

③ 王卫民校注:《吴梅全集》"日记卷"上，河北教育出版社 2002 年，第 19 页。

潮。学校当局在校务会议上专门讨论此事，决议：第一，不能免除学杂费，但保证金一项，如万不得已不能全缴者，可以与会计处自行接洽，分期缴付；第二，对妨碍公务、殴打教员的学生徐谷生和举椅助威并公然撕毁校长公告的学生李达，决定立即开除学籍；第三，请校长切实保障学校行政的自由、教授教学的自由和学生个人求学的自由；第四，对学生加以恳切劝告，并公推王季梁、汤锡予、张士一为起草员①。随后校长贴出布告，教授会也发出告诫信。校长布告认为国帑支绌，大学免费绝不可能，并对带头闹事的徐、李二学生因扰乱秩序，予以开除以严校纪。布告有以下之语："贸然张贴通告、标语，迹近把持捣乱，殊为惋惜。现在党国正以整励纲纪为急务，凡群众运动之有轶范围者皆在应行禁止之列。诸生求学有年，深明党义，固不致暴行者之所为。惟形迹既有类似之嫌疑，深恐无形中为人利用，影响学校风纪，尤为悚惕……倘有少数分子坚持己见，逾越范围，协迫同学，抗不缴费，本校长奉行党义规章，整饬学校风纪起见，万不得已，惟有严重处置。"② 学校当局没有考虑到学生的具体困难，以国民党党义规章为依据，采取强硬措施对待学生抗议。

此时，教授会完全站在校方的立场，支持校务会对学生的处理，并劝告全体学生"本校原有贷金条例，只以基金尚待筹维，未克即时实现，爰由教授会一致议决，各捐束修之一部，克日集成，稍尽绵薄。"③ 教授会所言"贷金条例"系指中央大学贷金学额会所制订的贷款办法。具体内容如下：贷金会系私人组织，

---

① 《二月十二日第四次临时校务会议记录》，"国立中央大学档案"，全宗号648，案卷号908，第259—260页。

② 《波澜突起之四中大》，载《教育杂志》第20卷第3号（1928年3月20日），"教育界消息"第4页。

③ 同上。

学生成绩在中等以上，经济确实困难，有教职员同学或校外可靠的人证明者，均可以请求贷金。贷金分下列三种：（甲）临时贷金，至多不得超过一个学期的膳费。（乙）长期贷金，每生每年以五十元为度。（丙）指定贷金，其数目和手续，照原捐款人所定办法办理。凡借贷之学生，均要求提供保证人两名方能借贷。贷金概不收取利息，但还贷人还贷时应认捐若干。除贷金条例外，中央大学还规定了"免费学额办法"，每年的比例为学生总人数的十分之一。①

比较而言，校长态度比较强硬，教授会则态度恳切。但是教授会所组织的贷金学额仍只是一个纸上的文件，中央大学没有资金到位，对困难学生的贷金并没有真正运作起来。因此，在免费运动出现之时，对于教授们的良苦用心，学生们颇为怀疑。学生会对教授会的回应称，"我同学屡受经济压迫，呼吁无门，所以犹忍痛吞声辗转求学者，盖冀当局之自觉，而有以解除之也。乃当局不察，贪婪无厌，变本加厉，使吾辈茹苦含辛，颠连莫告，威迫利诱，狗且蝇营。同学中途辍学者大有人在。而贵会不加细察，且盛称当局体恤寒士，减轻负担，所谓减轻学费，既不公布明文，而免学费贷金尤无具体办法，画饼焉能充饥，望梅焉能止渴。"②言语之中多有不恭，但也反映出当时学生对教授会用心的怀疑，可以说，教授会此时的声明不仅无助于问题的解决，相反却加重了学生与校方的对立。

面对校方的高压举措，学生继续运动，事态进一步扩大，全体学生推举 15 人为免费运动委员会，并选出纠察员 30 人，阻止

---

① 《贷金与免费——四中大解除学生困难之办法》，载《民国日报》（上海版）1928 年 1 月 7 日，第 3 张第 4 版。

② 《波澜突起之四中大》，载《教育杂志》第 20 卷第 3 号（1928 年 3 月 20 日），"教育界消息"第 5 页。

其他学生向注册组缴费,并向社会各方奔走,请求援助。学生们所持理由主要为:第一,国立学校不同于私立学校,不应收费。第二,其他中山大学都免杂费。第三,一切费用都不合理,如保证金一项污蔑学生人格。第四,学生家境,概属贫寒。第五,不收学费学校也不发生影响。① 以上理由中多有不实之处,如其他中山大学不收费等。与此同时,学生开始罢课,召开全体大会作出决议,声援徐、李二学生,并向大学院请愿游行。

一时社会各界对学生似乎都持同情态度,如中国学生联合总会开始声援,派代表前往中央党部和大学院会商妥善解决办法。国民党南京特别市执行委员会致张乃燕函中称:"贵校学生此次要求免收学费,尚非过分。请求敝党部极表同情,务望贵校长详加审查,慎重处理,于相当可能范围内,尚希斟酌情形,准如所请,以免风潮扩大"② 就连官方的中央党报《中央日报》在一周的"教育述评"栏中对四中大学生的免费运动也给予相当的理解和支持,并公开表示"四中大这次的学生要求免费运动,我们是绝对同情的。"③ 其所持理由是三民主义的教育国家要负责任,国立大学尤其不应显现出商业的性质来。

面对风潮扩大的趋势,大学院院长蔡元培15日下午三时专门到第四中山大学,向学生训话,提出三点意见:第一,关于免收学费一层,他本人不能作主,乃整个问题,非一校之事,向学生保证向中央政治会议提出讨论;第二,对开除二学生他会设法

---

① 《四中大免费运动的各方面》,载《中央日报》1928 年 2 月 16 日,第 2 张第 3 版。

② 《中国国民党南京特别市执行委员会致第四中山大学函》(1928 年 2 月 14 日),"国立中央大学档案",全宗号 648,案卷号 2231,第 14 页。

③ 《一周内大学·教育》,载《中央日报》1928 年 2 月 19 日,第 3 张第 1 版。

补救；第三，无论如何希望学生以学业为重，按期上课。[1] 其当天上午，在中央执行委员会第一百二十八次会议上，蔡元培就已提出第四中山大学学生请求免费一案，会议已作出如下决议：第四中山大学学费宿费，仍照旧缴纳，其他保证金杂费，由大学院酌量减免。[2] 国民政府致大学院令中，准四中大酌减保证金杂费，并训勉学生"遵守纲纪章制，以端趋向"[3]。大学院对第四中山大学的训令更为具体，规定"除学生学费膳宿费仍应照常交纳以利学务进行外，其保证金杂费等，业经本院详加审核，认为向章规定各院学生应征之保证金、实验费、日刊费、图书费，此后均应一律免缴"，同时训戒学生要尊重纪纲，无负党国期望。[4]

面对社会各方的巨大压力，校方对于学生的学费等问题作出了巨大让步，不仅接受上级的训令，停止收取保证金、实验费、日刊费、图书费等，而且在第三十八次筹备会议上作出决议，"本校为减轻寒士求学困难起见，设免费学额（指学费一项而言），但其数不得超过全校纳费正式生十分之一。"[5] 学生的部分目标得以实现，学生的免费运动取得了初步的胜利。

就在各方谋求解决学生的免费运动时，大学内部事态却又突然出现变故。在得到中央训令大学院减免保证金及杂费后，2月19日该校学生召集全体学生大会，向全体学生说明中央旨意，

---

① 《四中大学生之免费运动》，载《申报》1928年2月17日，第11版。

② 《波澜突起之四中大》，载《教育杂志》第20卷第3号（1928年3月20日），"教育界消息"第4页。

③ 《国府致大学院训令》，载《申报》1928年2月17日，第11版。

④ 《令国立第四中山大学为减免该校学生杂费并仰尊重纪纲由》（大学院训令第一六六号，十七年二月十七日），载《大学院公报》第3期（1928年3月），第33—34页。

⑤ 《免费学额办法》，"国立中央大学档案"，全宗号648，案卷号908，第287页。

以便早日上课。但学校当局担心大会可能再次酿成事端,不允假借体育馆为会场,而学生方面认为大会至为重要,非开不可。最后学生借附近中央党务学校的大教室为大会场,召开大会并通过决议,一方面对中央决议表示服从,静候大学院制定具体办法;另一方面坚决认定大学内高等教育部(处)部长胡刚复为大学发展的障碍,并组织"驱胡大会"以办理各项事务。"驱胡大会"向大学院院长呈文称胡刚复破坏党化教育,不堪师表,要求撤换。学生给胡刚复本人信函态度甚为不恭,如"自即日起,即不承认贵部长行使职权,除呈请大学院及校长另简贤能接替外,并函知贵部长退避贤路,自动辞职,克日离校,引咎以谢党国,以谢同学"①。此后,学生连日在南京夫子庙门连桥成贤街一带,张贴大字报,散发匿名传单,鼓动风潮②。国民政府当局认定背后一定有共产党在活动,决定武力弹压,致使三名学生突然遭到首都宪兵团逮捕,事态骤然扩大。宪兵追查学生为什么要做免费运动,盘问背后有没有政治背景。③ 学生被捕之前,就有迹象显示国民党军政当局对这次学生运动是否有政治背景的敏感,大学院副院长杨杏佛于2月15日就向记者表示,"为吾人所不满者,即'军阀铁蹄下的山东已不收学费了','誓不缴费,硬要读书'之二标语……前一标语已引起军委会方面之烦言,后一标语,闻系共党学生前在广东第一中大时所常用者。"④ 此外还发现有署名为"国家主义青年团南京第四中山大学支部"的传单,虽然该校"驱胡委员会"的宣传部长在对外声明中予以否认,并公开谴

---

① 《驱胡大会致胡刚复函》,载《申报》1928年2月20日,第11版。
② 《四中大教授会议结果》,载《中央日报》1928年2月25日,第2张第3版。
③ 《四中大三学生被捕以后》,载《中央日报》1928年2月27日,第2张第3版。
④ 《四中大免费运动的各方面》,载《中央日报》1928年2月16日,第2张第3版。

责这种行为①，但当局对此却十分警惕。

三学生被捕之后，各方态度不一。学生方面罢课以示声援，向中央党部、大学院请愿，要求保释被捕学生，并加紧驱胡工作。大学院副院长杨杏佛对学生谈话，表示如果被捕学生只是因为免费运动则无其他关系，大学院可向各机关询问清楚后，才能设法保释。最为消极的是校长张乃燕，之初借口已辞职不能过问，拒绝出面保释。② 直到从上海回校后才答应出面救助学生。这一事件使张在学生中留下不良印象，其后在易长风潮中，学生对其去留也变得无所谓了。

1928 年 2 月第四中山大学发生的学生免费运动，起因从表面上看十分简单，即学生要求学校减免学杂费而引发的一场风波，但随着事态的发展却逐步演变为一个有着不同派系背景的复杂政治运动，因此透过这一起因颇小的事件，笔者认为这一运动恰好可以用来说明非政治原因的各种力量的介入，而导致了学生运动走向政治。首都大学成立后，免费运动校内政治的第一次较量，处于劣势的学生努力寻找校外政治力量的支持，尤其是争取到地方党部和国民党主流媒体的支持，从而将校内的争执转到校外，以社会的舆论压力来迫使校方作出让步，充分地体现地处政治中心的首都大学政治上的敏感性，正是首都大学的特殊性所在。

2. 免职与留任

从创建第四中山大学，历经江苏大学，张乃燕一直担任校长一职，但自学校更名为中央大学，确定为国民政府的最高学府，

---

① 《张乃燕允保释学生》，载《中央日报》1928 年 3 月 2 日，第 2 张第 3 版。

② 《四中大学生罢课请愿》，载《中央日报》1928 年 2 月 29 日，第 2 张第 3 版。

朝野不少人认为无论是张氏的资历、声望还是办学能力均不足以胜任。加之大学区制的试行,中央大学不仅管理大学本部,还要掌管江苏全省以及南京、上海两特别市范围内的一切教育与学术事宜,职权范围广,头绪纷繁,尤其是人事和经费矛盾纠结,这些着实让向无行政经验(其上任江苏教育厅长仅两个月就改任第四中山大学校长)、社会声望又不高(如学生当初提名的校长人选中就无其名)的张乃燕颇感吃力,难以应付。张乃燕作为中央大学的首任校长,上任以来不断受到各方的挑战。此时,大学院副院长杨杏佛与中央大学校长张乃燕的关系不合,直接引发了中央大学的易长风潮。

事情的导火线是所谓"现金案",1928年5月12日新任命的中央大学会计组组长兼商学院院长程振基到南京上任,与前任会计人员进行移交时,发现有六万七千八百余元现金巨款未交出,经询查发现此款是作为办理自来水之用,由中央大学高等教育处处长胡刚复保存和代办,现以胡妻子的名义存于上海某银行中,这一做法明显违背学校会计制度。为此,程振基要求胡刚复将此款交回会计组,胡以不便办理为由拒绝交出。至此,程振基于6月1日致函校长张乃燕,称"此项破坏会计系统之办法,不知是否校长所特许,究竟如何纠正,务恳迅予裁夺。"[①]因胡刚复地位重要,更是深得蔡元培赏识,故张乃燕不敢贸然处置,便将程振基的原信送给蔡元培和吴稚晖过目,以期由元老们来定夺。胡刚复当即给蔡元培和吴稚晖去函解释辩解,并迫于压力6月7日辞职而去。

胡刚复的去职引起了大学院副院长杨杏佛的反应。早在东

南大学时期,同为中国科学社成员的杨杏佛与胡刚复,是1925年东大易长潮中的坚定"倒郭派",时北京教育部任命新校长胡敦复(胡刚复的兄长)被"拥郭派"所反对,不能就职而后改派蒋维乔维持,至1927年张乃燕才接任第四中山大学校长。陶英惠先生认为张、杨的不睦与这段历史有相当的关系。① 就在胡刚复去职第二天即6月8日,杨杏佛以大学院的名义向中央大学发布第四一八号训令:"查该校长张乃燕现已调任本院参事,并经由院呈请国民政府任命吴敬恒为该校校长。"② 并令吴未到任之前由该校普通教育处处长程时煃暂行代理,又因该校高等教育处处长兼自然科学院院长胡刚复辞职,大学院事先为中大代聘徐善祥为自然科学院院长、傅斯年为高等教育处处长,并令傅未到任前由汤用彤代理其职。这一任命颇为突然,国民政府任命国民党元老吴稚晖为国立中央大学校长,不过是借重吴在国民党和民众中的地位、名望以协调各方面的关系,振兴首都最高学府。在任命吴为校长的同时,下令在吴稚晖就职之前,由该校普通教育处处长程时煃暂时代理校务,言下之意是张乃燕必须立刻停止校长职权,这与一般的职务交替手续颇不同寻常。

消息一传出,中央大学区省立中等学校教职员联合会即刻电

---

① 陶英惠先生还认为其中可能也有南北学派的门户之见,氏著《蔡元培与大学院》(下),载《新知杂志》第3年第6期,第59页,注91,载台湾天一出版社1979年影印出版的资料集《蔡元培传记资料》(二),第275页。(陶文这一内容在《中研院近代史研究所集刊》第3期(上)删除了。)陶文给人感觉是杨去张旨在袒护胡刚复,其实内幕更为复杂。胡适在1928年6月15日的日记眉批中有这样一段话:"杏佛近几个月与刚复不睦,故早想去他,为稚晖挡住了,外人不察,以为杏佛袒刚复,其实杏佛是借去张而并去胡也。"见曹伯言整理《胡适日记全编》第5卷,安徽教育出版社2001年版,第153页。

② 《中央大学教职员任免》(1928年6月8日),"国立中央大学档案",全宗号648,案卷号1578,第42页。

贺吴稚晖就任,电文除对吴氏颂扬之外,值得注意的是以下各句:"惟中央学府举国共瞻,执事于就任之日,窃以用人及经费二事,不能不特加顾虑。用人在专才之是尚,经费在谋所以独立,而中小学教育尤邦国之初基,请执事于经营擘画之余,更有以察及之也。"[①] 文中所提人事及经费二事,也是变相地表达对张乃燕不满。面对这样一个颇为突然的任命,吴稚晖却拒绝出任,当即致函大学院院长蔡元培,函中称"敬恒支离浪迹,方贻世笑,勿又以中央大学校长清衔与贱名连结,如何滑稽,务求即行取销,虽一日空名,万不敢渎担,良以事大离奇,故敬恒敢极端否认,免重罪戾也。"[②] 同时傅斯年当即给蔡元培去电,称:"东大职务万不胜任,无补于事,坚决恳辞。"[③] 同样徐善祥、汤用彤等亦谦辞不就。

大学院呈请国府调张乃燕任大学院参事,这是典型的"明升暗降,实变相之去职"[④],张乃燕自然心里十分清楚,随即呈书国府拒绝接受大学院参事一职,一方面以退为进,呈请国民政府要求"大学院新赐遴委新校长正式接替以专责成"[⑤],并表示在新校长到任之前他仍负全责,拒绝立刻交出校政大权。另一方面转守为攻,张乃燕呈请国民政府,要求对大学院的任命行为的合法性进行审查。张乃燕对大学院的任命提出两点质疑,要求政府训令大学院作出解释,其一,按大学委员会组织

---

① 《中大区中校教联电贺中大新校长》,载《民国日报》(上海版) 1928 年 6 月 10 日,第 4 张第 4 版。

② 《吴稚晖辞中大校长》,载《申报》1928 年 6 月 10 日,第 8 版。

③ 《傅斯年决不担任中央大学高等教育处长》,载《中央日报》1928 年 6 月 22 日,第 2 张第 2 版。

④ 《中大易长暗潮重重》,《申报》1928 年 6 月 12 日,第 11 版。

⑤ 《呈国民政府文》(1928 年 6 月),"国立中央大学档案",全宗号 648,案卷号 1578,第 37 页。

条例，大学校长的人选为该委员会职权之一，此次校长人选未经大学委员会之手续，"突然调任，紧急处分，抑若属校忽发生何种事故，有何重大情节者，在乃燕固惶惑莫解，而在社会尤疑窦溢生，此不敢不呈明钧府，请求训令大学院宣示解释者一也。"其二，大学院发表前项命令之日，"同时即有正式函件致属校普通教育处处长，谓某也继任高等教育处长，某也代理高等教育处长，一一指定姓名，命其查照办理，此等内部职司，依法应由校长选聘，今新校长绝无表示，而大学院已事先预谋，越权指派，夫更代既若此张皇，而分配又如是详密，学阀把持操纵，民众早已痛心，在大学院似为敏赴事机，而在社会或妄多揣测。上不敢不陈明钧府，请求训令大学院宣示解释者二也。"① 从制度安排以及程序上而言，大学院的任免的确不合法律手续，张乃燕的质疑合理合法。因此，一经提出反而将大学院置于不利地位，这也是杨杏佛等事先没有想到的，蔡元培自知理屈，只好向国民政府自请处分。

张乃燕的突然免职表面上是因督察失职，而真正的原因是不同派系人事斗争的结果。大学院成立之后，杨杏佛与中央大学校长张乃燕之间关系一直不洽，深知其中曲折的柳诒徵后来在日记中称："张与蔡、杨复不协。政府中人多忌杏佛，设计使蔡易张，张不屈。"② 作为大学委员会成员之一的胡适，十分清楚去张过程的内幕，其在日记中虽张乃燕依靠张静江而当上中央大学校长一职多有不满，对张的能力也多表怀疑，但亦认为大学院此举明显不合法，是杨杏佛处事不当陷蔡元培于不义之中，而蔡元培自

---

① 《张乃燕呈国府文》，载《申报》1928 年 6 月 12 日，第 11 版。
② 柳曾符、柳佳编：《劬堂学记》，上海书店出版社 2002 年版，第 55 页。

请处分只是为杨背了黑锅。[①] 对张乃燕免职原因的披露,社会舆论对于政治参与大学校园深为不满,批评"教育非政客,何必若是之多故","综观民十四之东大易郭潮,抽象言之,为饭碗之问题。今之中大易张潮,似又为金钱之问题,如此各种问题,似不应发生于最高尚之教育方面",呼吁化除权利封建思想。[②]

致使张乃燕突然革职除了前面提及的个人资历、声望等远因之外,还有一些具体的近因。当时舆论对张的免职分析认为原因有以下几种传说和揣测:

其一,也是最主要一点,在于张乃燕将会计组为经费事请查账之函和盘托出,使人难堪,得罪与高等教育处处长胡刚复有密切关系之某当局(指蔡元培),因此以迅雷不及掩耳之势,将张调缺,此一说也。

其二,或谓一月之前,国民党中央党部进行党员登记,张乃燕当时身体不适,未甚注意答案,草率交卷,党方职员颇有不满。而张以为身体力行先总理三民主义,在彼不在此,党方对张颇多攻击,此又一说也。当时中央大学校内解释张去职原因也持此观点。

其三,校内不满者,"向最高教育行政当局昌言汪精卫将长校,行政方面恐成事实,教育行政方面不能贯通一气,因择比较

---

① 1928 年 6 月 15 日中有这样一些眉批"稚晖对我说,张乃燕是阔少爷,若聘他作大学委员,他一定高兴;今调他作参事,则是叫他在杨杏佛手下作属员也,他所以跳起来了。""果夫是张乃燕的同乡好友,故设法维护他。"见《胡适日记全编》第 5 卷,安徽教育出版社 2001 年版,第 153、155 页。

② 名山:《中央大学易长之感言》,载《民国日报》(上海版)1928 年 6 月 13 日,第 2 张第 4 版。文中所提"民十四东大的倒郭风潮"指的是 1925 年时北京政府突然下令解除东南大学郭秉文校长一职而引发的大风潮,其背景复杂,外部党派势力与校内派系纠缠在一起,且影响深远,待另文详论。

资隆望重之吴稚晖出山，以资抵制"。此又一说也。[①]

　　但以上第二、三条原因很快被证明是一传说而已，关于党部登记一事，其后中央大学专门派职员前往中央党部调查，中央党部有秘书接见，查常务会议、政治会议记录均无此事。[②]

　　上述三点原因中至为关键的是第一点，即会计组查账案所引起的人事纠葛。报称张乃燕此举"引起许多问题，张平时为人过于忠厚，于此一点，更可想见全省教育界人事常有尾大不掉及因人成事之讥。"[③] 这与学生对校长的观察相印证，学生也认为张平时"虽不娴教育，而中怀笃实，绝无城府。"[④] 这引起了大学院当局的不满，于是胡刚复去职第二天便突然出现调张为大学院参事和任命吴稚晖为中大校长的变动。

　　此事表面有其突然性，实则不然。根据胡适的好友时任大学院高等教育处处长张奚若的报告，中大易长之事的发端在于国民党中央党部的陈果夫、叶楚伧听了许多流言，以为中大即将有大的政治风潮。而陈果夫是张乃燕的同乡好友，所以想法维护他。就要求蔡元培先生早日解决此事。而蔡元培事先又未与张静江、张乃燕商量，引起诸多的误会。而具体处理中大内部的纷争时，杨杏佛处置失当，没有事先征求其他人的意见，就下达了调任张乃燕为大学院参事和任命吴敬恒为中央大学校长的命令。胡适分析此乃杨杏佛近期来与胡刚复关系不睦，早就想去他，但因为胡背后有吴稚晖在护着他，也无法下手。这次中央大学的会计组查

[①] 以上三点原因均见《张乃燕去职原因》，载《申报》1928 年 6 月 11 日，第 11 版。

[②] 《中大易长风潮（三）》，载《民国日报》（上海版）1928 年 6 月 14 日。

[③] 《张乃燕去职原因》，载《申报》1928 年 6 月 11 日，第 11 版。

[④] 《中大易长问题（五）》，载《民国日报》（上海版）1928 年 6 月 16 日，第 4 张第 2 版。

账案正好给杨杏佛一个"借去张而并去胡"的机会。①

面对中央政府的突然任免校长社会疑窦丛生的局面,一时之间中央大学内出现了教授、学生和行政人员三种不同势力,对新旧校长的迎拒意见纷呈,充分地显示出当时首都大学的复杂局面。

首先看看教授方面的态度。由于被免校长职的张乃燕表示继续维持校务,不愿交权给大学院任命的代理校长,并突然将大学本部的事务主任和日刊编辑部主任等免职,重新任命科员,加强内部权力控制。张这一突然举措,在学校内引起波动,教授中多人觉得不能坐视不问,于是由中国语言文学系主任汪东②等十余人发起谈话会,于十二日上午在科学馆三楼的地学系教室举行,商讨学校事态发展及对策。当时到会的教员有一百余人,公推汪东为主席。汪在报告中称学校纠纷日甚,长此以往,校务既不能进行,风潮必愈扩大,本校素主教授治校之精神,不能不表示意见。其后,徐善祥提议,到会人数甚多,应将谈话会改为正式教员全体大会,经通过后,徐善祥、缪凤林、段调元、郑宗海、秦大钧相继提案,大多数人对于校长不甚满意,认为再无能力维持校务,最后决议"本教授治校之精神,由正式教授会议产生临时委员会,维持本部校务进行,并呈文大学院从速解决校长问题。"③ 其后选举出临时校务会议代表15人,各院院长9人为当

---

① 曹伯言整理:《胡适日记全编》第5册,安徽教育出版社2001年版,第153页。

② 汪东(1890—1963),字旭初,江苏吴县(今苏州)人,早年留学日本,毕业于早稻田大学,师从章太炎先生,精音韵、训诂、文字之学。早年参加辛亥革命,1927—1938年,历任国立中央大学中文系教授、主任、文学院院长。有《汪旭初先生遗集》(沈云龙辑)行世。

③ 《中大易长问题之纠纷》,载《教育杂志》第20卷第7号(1928年8月),"教育界消息"第6页。

然委员，其余6人由教授会公推，结果汪东、段调元、吴正之、陈剑修、王季梁、叶元龙六教授当选，并指定汪东为召集人。

其次看行政人员的态度，这次风潮由主要行政人员的矛盾引起，一般行政人员对张并无恶感。中央大学内的教育行政人员是由校长聘任，校长是最大的行政长官，行政人员的利益与校长的去留相连在一起，因此行政人员在学校内的斗争中，更多时候是与校长站在一起。中大易长风潮出现后，中央大学区教育行政院全体职员六十多人联名上书国民政府、中央党部、大学院、江苏省政府，详呈张乃燕一年来的行政方针的大端，如严格用人、经费公开和严格考试等，"凡此种种，均属艰难"①，要求对其慎重处理。

与行政人员的态度大为不同的是，中央大学的学生对张的去留态度经历了一个变化的过程，当易长风潮出现之初，学生对张的去职倒更多的是无所谓的态度，如中大全体学生于6月9日开会，对张校长的去职多少有些同情，认为此次风潮是由于杨孝述、胡刚复等阴谋败露后的结果，因而对于校长问题，"希望有比张更好之党国要人长校，对张毫无恶感，并主张如无资隆望重之人长校，乃请张乃燕维持。"② 但经过几天时间的各派较量之后，学生们的态度发生了一个明显的变化，其对外宣言中，对张乃燕不无攻击之词，如"夫张乃燕办事颟顸，不厌人望，其辞职让贤固亦其宜，吾人惟恐其去之不速，更无眷惜之足言。"③ 6月11日，中大学生提议校长人选汪精卫、谭延闿、周鲠生、戴季

---

① 《呈国民政府、中央党部、中华民国大学院、江苏省政府文》，"国立中央大学档案"，全宗号648，案卷号1011，第124页。

② 《中大易长暗潮重重》，载《申报》1928年6月12日，第11版。

③ 《中大易长问题（五）》，载《民国日报》（上海版）1928年6月16日，第4张第2版。

陶、胡汉民、陈公博七人,并投票决定汪精卫、胡汉民、于右任三人,同时,对高等教育处处长人选共提出王星拱、孟宪承和周鲠生三人,决定孟宪承一人①。

在这种形式下,张乃燕决定向大学院辞职,请"速委新校长正式接事,以重校务。"② 但就政府方面而言,吴稚晖力辞不就后,一时却寻不出各方各派均满意的合适人选,加之大学院在委任吴稚晖的同时,决定由中央大学普通教育处处长程某暂时兼代校长一职,程坚决不允,中大校务一时竟成难题。吴稚晖和傅斯年的力辞不就,和张乃燕拒绝出任大学院参事,使得大学院对中央大学的校长人事更动一事成为僵局,结果于6月15日开大学委员会,蔡元培报告中央大学易长的情形,吴稚晖作了补充说明,二人称校长是不能不换的,但现在找不着适当的人,只好请张乃燕先生维持下去,等到选着人时再交代。就是这样的说法,张乃燕居然也忍了。③ 大学院最后也只好指令张乃燕"在新校长未到校接事以前,应暂由该校长继续维持,以专责成而重校务。"④

中大易长风潮从6月8日突然发生到15日暂告一段落。只有短短一周时间,此事本身虽小,牵动也许很大,充分地显示出了中央大学内部与外部复杂的背景,"校中所有之组织、派别纷

---

① 《学生之愿望》,载《申报》1928年6月13日,第12版。又见《中大问题告一段落》,载《民国日报》(上海版)1928年6月18日,第2张第3版。

② 《呈大学院文》,"国立中央大学档案",全宗号648,案卷号1587,第40页。

③ 曹伯言整理:《胡适日记全编》第5册,安徽教育出版社2001年版,第154—155页。以大学委员身份参加会议的胡适感叹"此人肚里真可撑船也"。并在当天日记中作了眉注:"稚晖对我说,张乃燕是阔少爷,若聘他作大学委员,他一定高兴;今调他作参事,则是叫他在杨杏佛手下作属员也,他所以跳起来了。"

④ 《中央大学教职员任免》,"国立中央大学档案",全宗号648,案卷号1578,第46页。

纭,对于校长人选,亦各持异见,标准既不相符,所拥戴人物亦多不同,其内容实非局外人可以窥测"①,这的确多少道出了当时中央大学的内部实况。教授会所组织的临时校务会议,12 日才诞生,故随后就宣布解散。这一短期变故,《申报》和《民国日报》所载的《临时校务维持会宣言》,就出现了真假莫辩的悬案。《民国日报》于 15 日刊载了中央大学临时校务维持会宣言,其文如下:

> 民国日报转全国各团体公鉴,敝校不幸,因校长问题发生纠纷。数日以来,校务几于停顿,学生张皇失措,无心读书,长此以往,不知伊于胡底。同人等负党国之重命,受社会之委托,视此情形,难安缄默。为爱惜青年光阴计,以维持教育计,爰于十二日上午召集全体教职员会议,一致决议,即日呈请大学院从速依法解决,以教授治校之精神,即组织临时委员会维持一切,共策进行。惟兹事体大,特将同人一致态度为全国人士述之。窃教育为国家根本大计,敝校属全国教育中枢,校长人选,不得不慎重将事。年来革命军兴,社会秩序未复,一切用人类皆用非所学。现在训政开始,建设方殷,一切事业,自非学有专政,不能收事半功倍之效。故校长人选,必须教育专家,此标准一。大学校长为青年之表率,中外所观瞻,故必道德高尚,学问渊博,方可收复众望,领袖群伦,此标准二。现在实行三民主义教育,自为校长,自非深明党义且为忠实同志,而无共党嫌疑者,此标准三。同人本不偏不倚之态度,为此公布平直之主张,必此方可不负国家办教育之至意。乃近有少数学生,挟私人

---

① 《中大风潮内容复杂》,载《申报》1928 年 6 月 17 日,第 12 版。

之党见，盗全体之名义，提出汪某、陈某、于某为继任人选，同人以为汪某既明目袒护武汉政府在前，又阴谋操纵广州事迹于后，背违中央，目无党纪，早为政府所不齿。而陈某则广州惨案之祸首，创痕未复，罪何可逃。至于于某，长上海大学数年，成绩毫无，社会早有公论。之三人者，虽为党国要人，实则有违乎标准。是以就过去大历史言，就目前事实论，同人实难承认。总之合乎上列三标准者，同人惟有竭诚欢迎，否则非独同人所不愿，亦为党国所不许。谨此宣言，尚希公鉴。①

就这份宣言内容自身而言，提出中央大学地位重要，校长人选尤其慎重的理由（教育专家、学问渊博和本党忠实同志），重点不在讨论张乃燕的去留，而是抨击社会上所传的三校长候选人（实际上与学生所选亦不一致）。从其猛烈批评汪精卫、陈济棠、于右任来看，明显反映出当时国民党内部派系斗争痕迹，从这些言论显然属于拥护南京中央这一点来看，是拥蒋一派所为。另外，从中央大学教授会一向对政治慎重一点而言，如此明目张胆地对国民党政治派系品头论足，不太可能是他们的意见。可以推论的是，这是国民党内部亲蒋派借中大易长之机，对其他派系进行攻击而已。

故而，以上宣言刊出不久，中央大学教授联名致书《申报》馆，专为此更正，以正视听。原函如下：

　　敝校校务临时委员会，始终未就职，更无刊刻图记及向

---

① 《校务临时委员会之宣言》，载《民国日报》（上海版）1928 年 6 月 15 日，第 2 张第 4 版。

外发表宣言等事,所有经过事实,已详载敝校十四日、十五日两日日刊。昨读贵报教育栏登载校务临时维持会宣言,不胜怪异,显系奸人捏造,别有用意,兹特函更正,恳登入贵报教育栏,实深感荷。此致申报馆主笔先生鉴。中央大学教授汪东、楼光来、汤用彤、蔡无忌、戴修骏、郑宗海、周仁、王琎、段子燮、吴有训、陈修骏、叶元龙启。六月十六日。①

这里宣言的真假倒并不是最重要的了,重要的是这份文本反映出了当时复杂的历史场景。这正如罗志田教授所言,真史料与伪史料各有其用,诸如造伪的需求、造伪者的动机,伪史料的产生和造伪的过程都能说明很多问题。② 简而言之,这份伪宣言的出现不仅为中央大学风潮内幕复杂的一面提供了又一有力证据,也集中地反映出国民党内部派系斗争对中央大学的影响。

为避免中央大学校务陷入停顿,大学院只好对张乃燕进行"慰留",称"该校长任事以来,成绩昭著,倚奇正胜所请辞职,业奉政府指令慰留,仰即遵照。"③ 张接受"慰留",至此,张任上第一次易长风潮才告平息。

---

① 《中大易长问题之纠纷》,载《教育杂志》第 20 卷第 7 号(1928 年 8 月),"教育界消息"第 6 页。

② 罗志田:《见之于行事:中国近代史研究的可能走向——兼及史料、理论与表述》,原刊《历史研究》2002 年第 1 期,收入氏著《近代中国史学十论》,复旦大学出版社 2003 年版,第 245 页。

③ 《中央大学教职员调派任免》(行政院指令第一七三二号),"国立中央大学档案",全宗号 648,案卷号 1581,第 3 页。这一消息《申报》1929 年 7 月 8 日第 11 版也以《行政院慰留张乃燕》为题进行了报导。

三　派系与政治风波

1. 整理校务运动

中央大学成立之初就面临着如何治校的问题，突出表现为校长治校和教授治校之间的冲突与整合，同时，学校行政人员和学生也卷入其中，前二者之间矛盾往往以后两者之间矛盾的形式出现。张乃燕主政其间，就校务管理而出现的矛盾主要集中于两点：校内经费分配不公和各院系负责人变动频繁。前者主要指学校行政机构庞大，人员众多，占用经费过大，引起师生不满。1929 年 9 月中旬，中大学生会以该校经费增加了六十万元，特向学校建议：提高专任教授待遇、减轻学生负担、裁汰冗员、缩减行政费。① 1930 年 7 月，中大学生再次呈请校长，称教部规定大学行政经费占总经费的百分之五至百分之十，而中央大学行政经费却占百分之三十，因此要求减少行政经费，裁汰冗员，确定各院经费独立。② 矛头直指学校行政机构，但占用过多经费只是表面现象，问题的结根在于校长治校与教授治校的冲突。

1929 年 6 月，中央大学内部发生人事变动纠葛，理学院院长孙洪芬突然辞职，社会猜测不断，称中央大学"新旧两派明争暗斗"③。这里所言新旧两派，指的就是东大时期的倒郭派与拥郭派，孙洪芬是东大时期拥郭的主力，此时辞职也正是受到新派的排挤。一时中央大学理学院院长无人就任。事实上，作为国民

---

① 《中大学生建议改良校政》，载《中央日报》1929 年 9 月 11 日，第 3 张第 4 版。

② 《中大学生呈请校长减少中大行政经费》，载《中央日报》1930 年 7 月 14 日，第 3 张第 4 版。

③ 《中央大学之暗潮》，载《中央日报》1929 年 6 月 4 日，第 3 版第 4 版。

党江苏省委员的张乃燕在主持中大校务时，对于学校重要院系负责人的任免和教授的聘任，很少以党派的政治背景为依据，因此，原东大时期与郭秉文关系密切、被称为拥郭派中坚人物如农学院院长邹秉文、理学院院长孙洪芬、图书馆主任洪范九等，重新被张委任要职。这一做法却遭到国民党中央的极力反对，中央社在报道中称这种现象是东南学阀重新把持最高学府，反动派遗患党国。①

1930 年 9 月新的学期开始不久，记者就将中大校务甚为散漫等情形披露于报端：新学期开学已数日，校长尚滞留外地莫干山，以致校内事务多不能进行；理学院自上学期期终到现在，均无人负责，所属的数学系不仅没有主持人，就连教授几乎全部离校，化学系也处于无人负责的状况；法学院院长辞职后，继任者也未确定，内部其他科系也极为散漫；农学院院长邹树文是齐燮元时代郭秉文最出力之人，农学院多数学生对其不满。② 在这一背景下，中央大学校就开始出现内外联合的所谓"整理校务运动"。

1930 年 9 月底，中大植物系全体教授因学校行政不善而全体辞职，具体而言：一是校外的中华文化教育基金和洛氏基金补助该系的研究费被学校挪用；二是该校生物馆虽已建成，但教授们认为该馆既不美观又不牢固，认为学校当局对此负有责任，拒绝验收；三是学校行政人员腐化，理学院一直无正式院长。植物系教授全体辞职后，该系学生课业停顿，为此理学院学生向教育部及市党部请愿，"认为学校行政不良，教授因而辞职，学校当

---

① 《东南学阀将重据最高学府》，载《民国日报》（上海）1930 年 9 月 9 日，第 3 张第 3 版。

② 《中大校务近况》，载《中央日报》1930 年 9 月 6 日，第 3 张第 4 版。

局理应负责"①,要求解决此等问题。这一事件成为整理校务运动的导火线。

校方一时无力解决,拖延半月却最终酿成全校规模的"改进校务运动"。1930年10月16日,中央大学学生涂钜尧等290多名学生联名致宣言书给全校教职员和同学,以学校"近来内容腐败,校务涣散",要求改进校务。宣言中认为校务涣散主要表现为:第一,教职员方面,现有文、理、法、教四院长均已辞职,农、工两院院长虽已聘定,但未正式到院办公。理学系全体教员不满学校措施,议决全体怠工。植物系全体教职员向学校辞职。第二,学校行政方面,秘书处权力过大,秘书长张衡把持学校行政大权,蒙蔽校长,侮辱教授,营私舞弊。此外,行政权力过大,校务会议中行政人员占三分之二,教授代表仅占三分之一,有背教授治校的原则,等等。要求:立即将秘书长张衡撤职;减少行政费用,增加图书设备经费;学校经济切实公开;各院经费独立;免除学生宿费与讲义费。② 面对如此压力,中大秘书长张衡在中大校刊公开发表声明,对学生所指责的"独揽学校行政经济大权"、"营私舞弊"等五项指控进行反驳③。学生的目标没有实现,并不满足。10月20日,学生联名改进校务的人数达六百余人,并提出十八项要求,除重复第一次内容外,又增加了诸如确定办学计划、整顿出版事业、清查校内国家主义派与改组派、设立研究院等内容。学生除向校长呈请外,"尚有一部分学生,乘此机会,到处张贴匿名标语及传单,对于该校一切不当之措

---

① 《中大理学院植物系教授全体辞职》,载《中央日报》1930年10月1日,第3张第4版。又见同名报道,载《申报》1930年10月2日,第13版。

② 《中大学生改进校务运动》,载《中央日报》1930年10月16日,第3张第4版。又见同名报道,载《申报》1930年10月16日。

③ 《中大校务运动之影响》,载《申报》1930年10月18日,第12版。

施，肆意攻击，五花八门，应有尽有。"① 整理校务运动因此扩展到校外。

在校学生的行动得到了毕业同学会的支持，该会于 10 月 20 日在校内开会，对于在校同学改进校务运动一致赞助，并起草意见书，向张校长贡献四点意见：厉行党义教育肃清腐恶分子，认为母校范围广大，人数既多，难免混杂，凡属教职员思想错误、不学无术，以及行为卑污，迹近反动之流，均应随时考查，彻底肃清，以固校本；实行教授治校；减少行政费、裁汰冗员，增加设备费；请准张衡秘书长辞去各职②。

在这种压力下，秘书长张衡被迫离校，张乃燕面对风潮扩大的趋势，一方面贴出布告，严厉禁止张贴各种匿名标语及传单；另一方面接受学生意见，并提出改进新方案：自本年十二月二十二日起，裁撤教务、事务、秘书三处，改设总务处，设总务长一人，聘请黄曝寰为总务长。致函经济稽核委员会主任胡铁岩，要求该委员会即日开会，切实查核会计、事务两组账目。但张乃燕的改革措施遭到教授们的反对，教授们认为改变学校组织等重大事情，不能不交校务会议讨论而由校长一人决定，张的做法与大学组织法不合。中央大学教授蔡堡、胡善恒、段调元、赵连芳等 24 人提出改进校务意见六项：①提高院长与科系主任职权；②校长会议增加教授代表名额；③学校重要事务须经校务会议通过；④总务、事务、秘书三处与大学组织法不合，应予以撤并，不必再设类似机构；⑤全校经费支配应按教育会议议决之标准；⑥各院经费独立。③ 学生也致函

---

① 《中大学生纷起改进校务》，载《中央日报》1930 年 10 月 21 日，第 3 张第 4 版。
② 《同学会致张乃燕函》，载《申报》1930 年 10 月 24 日，第 8 版。
③ 《中大教授对校务之建议》，载《中央日报》1930 年 10 月 28 日，第 3 张第 4 版。

校长,对其改革措施表示不满。① 这样中大的校务改革因各方方案不一,陷入困顿之中。

2. 张乃燕去职

在这次改进校务运动中,矛头指向学校行政当局,校长首当其冲,由于在校内遭到学生和教授的共同反对,张乃燕只好挂职而去,同时函呈蒋介石,请求"准许乃燕暂去中央大学校长职务,另简贤能接替,则于校而有觉新之机,于私可别尽相宜之力。"② 张乃燕辞职去上海后,校内事务暂时由新总务长负责。10月27日校内又发生学生驱逐新总务长黄曝寰事件,风潮进一步扩大。黄氏无疑成为风潮的牺牲品,为此他去函向张乃燕叫屈,这次改革行政组织并不是他的主意,但"不意校内外人士不察,反谓曝寰为此次变更行政组织主动人物,怨尤丛集一身,而一二同学趁钧座离京赴沪之际,遂兴波作浪,致演成目前总理纪念周时骚动,甚至对曝寰无理加之侮辱,曷胜痛心。"③ 对此,教育部长蒋梦麟对媒体公开发表谈话,对中大风潮发表意见,一则表示"中大学生始用和平态度促进校务,故本人以中大学生处处能循正轨,堪为该校之福",二则认为张乃燕以私函向蒋主席辞职不合向例,并表示"张校长如真有辞意,政府方面当详加考虑多方协商"。④ 教育部长蒋梦麟此番话语,对于中大改进校务运动中的学生与校长两方态度迥然不同,个中向背昭然于世。

---

① 《中央大学行政组织之改革问题》,载《中央日报》1930年10月22日,第3张第4版。

② 《张校长辞职》,载《申报》1930年10月24日,第8版。

③ 《黄曝寰之剖白》,载《教育杂志》第22卷第11号(1930年11月),第121页。

④ 《蒋梦麟重要谈话》,载《申报》1930年10月27日,第8版。

　　蒋梦麟发表谈话后,张乃燕认定蒋氏是此次学潮真正的幕后指挥者,随即向媒体发表谈话,对外解释其辞职原因——"因闻愿作中大校长者颇多,鄙人唯近研学,既不为名又不为利,不愿与人争地位,故乘此摆脱"。① 话中明显暗示有人逼其下台,但用词相当含糊。但随后张乃燕在给中大师学生的回函中,明确认定蒋梦麟是逼其下台之人,信中说:"自蒋梦麟部长到任以后,对于本校措施有莫知其所以然者,约有数事。……迩来学校不幸,屡次发生风潮,背景何人,多有能道之者。最近蒋部长更言于蒋主席曰,中大为国家主义与共产主义之角力场,劳大为共产主义之托庇所,与晓庄相等。劳大之情形如何,非乃燕之所知,中大既为两派角力之场,则乃燕首当其冲,诚恐贻误党国,贻误本校,有辜蒋主席,并闻外间愿作校长者颇多,故即毅然辞职,以让贤路。"② 不料这一回函被《中央日报》、《申报》等新闻媒体披露,蒋梦麟随再次公开发表谈话,对张氏的指责一一辩解,并否认向蒋介石报告中大事。③ 而张乃燕却咬定是蒋梦麟背后指使,从上海专门致函质问蒋梦麟:"既认为小小学潮,何以电奉化报告,意果何居,谓小事大报,动劳主席,教部此非虚设。"④ 国立最高学府的校长和其上司教育部长公开互相猜疑和指责,实非正常,一时各大报刊纷纷报道,社会各界议论纷纷。

　　中央大学内部也是派系纷呈,对于校务就有护校派与改进派之分。护校派站在张乃燕一边,认定"或谓某派欲乘机活动,攫

---

　　① 《张乃燕发表谈话》,载《申报》1930 年 10 月 28 日,第 8 版。

　　② 《张乃燕声明辞职真相》,载《申报》1930 年 10 月 29 日,第 10 版。又载《中央日报》1930 年 10 月 30 日,第张 3 第 4 版。

　　③ 《蒋梦麟对张函之谈话》,载《中央日报》1930 年 10 月 30 日,第 3 张第 4 版。《蒋梦麟对张函之声明》,载《中央日报》1930 年 10 月 31 日,第 3 张第 4 版。

　　④ 《中大学潮与蒋张》,载《大公报》1930 年 11 月 1 日,第 1 张第 3 版。

取利权。或谓某系欲对于校务,力图捣乱。"① 护校运动委员会更发表宣言,指名道姓地分析中大的风潮,"原来是历年处心积虑,一手要实现大北大主义,供个人御用之学阀蒋梦麟派其爪牙罗家伦辈为先锋,要求夺取中大地盘,把持全国教育,以达其未来政治野心,其入手方法,得由罗家伦授意北大同学现任某政治学校编辑杨某,以欺诈手段,诱惑本校与彼等素有瓜葛之同学,首先以改进校务为名,大做拥罗倒张运动。"② 文中所称"大北大主义",指的是蒋梦麟大量取用北大出身人士扩充其势力。

中大学生组织也因所处立场不同,如新声社和极光社互相攻击,学校内部分裂严重。新声社发表宣言,揭破极光社黑幕,称"在校内多方捣乱,欲将艰难缔造得有今日之中大拍卖他人。什么清校运动,什么改进校务运动,什么驱黄运动,都是极光社拍卖本校的鬼把戏。"③ 这一点也得到其他方面的证实,据《新闻报》的报导,一位服务于该校多年的职员对记者谈到风潮内幕,谓"中央大学此次改进校务运动,内幕种种情形,实极复杂之至。综其大者,实缘于该校某社积极活动之反响。盖中大内之学术团体颇多,其中较有势力者,首推某社。该社之主旨,名为交换知识、研究学术,而实以打倒张校长,拥护某某把持垄断校务。"④ 显然,外部派系势力已渗透到中大内部,并利用学生为先锋来鼓动风潮,意在改进校务的校内事件已演变成了一场争夺中央大学权力的争斗。国民党政府将大学学风的败坏归咎于"共

---

① 《中大学生告同学书》,载《申报》1930年10月27日,第8版。
② 《张乃燕去职真相》所载《中大护校运动委员会宣言》,载《教育杂志》第22卷第11号(1930年11月),第121页。
③ 《改进派与护校派之争》,载《教育杂志》第22卷第12号(1930年12月),第117页。
④ 《该校某职员之谈话》,载《教育杂志》第22卷第11号(1930年11月),第123页。

产党人及一切反动派之诱惑",但这一说法遭到当时媒体的质疑,《时事新报》在评论中称:"然事实上学生之罢课,不尽含反政府之色彩。故以党派论,诱惑学生者不尽出之反政府之共产党及一切反动派,此为整饬学风中甚可注意之点。"① 以上评论,对中央大学的学生运动给予相当的理解。虽然今天已不大可能完全弄清学生社团立场背后的党派背景,但可以肯定是,这次风潮与学生社团背后的派系政治运作关系密切。

中央大学学生会鉴于事态骤然扩大,并恐为"野心者乘机捣乱",决定于 10 月 31 日召开临时紧急会议,并于当日发表宣言,对此次风潮原因进行说明,以澄清外界之猜测,宣言称:"此次校务纠纷,实由于学校行政不善所致,我同学凭天良驱使,本爱校之热忱敢贡刍荛,以备校长之采纳,本会亦即按照斯旨,进促其成,主期上下同心,力谋改善,而校长匆匆离校赴沪,且向蒋主席辞职消息披露于京沪各报。同时同学又以总务处之设立,暨处长人选问题,引进热烈之反对而校长仍寓连沪上,莫测究竟,致使校务无人主持。"② 此时,学生对校长张乃燕的态度也发生了微妙的变化,由其初拥护变为开始指责,甚至由先前的去电请其回校主持校务,改为重新确定新校长人选。

中大学生会派代表分别向教育部和行政院请愿,得到的答复均为等蒋介石回京后处理,因此,中央大学风潮的收场只有待于最高当局蒋介石本人的态度了。蒋介石 11 月 2 日在浙江溪口对记者发表公开谈话,对张乃燕提出严厉批评,认为"中央大学管训废弛,国家主义派改组派共产党混迹其间,余两年来调查所得,早有所闻,并非出于蒋部长之报告。该大学学风如此败坏,

① 《整饬学风之铁律》,载《时事新报》1930 年 12 月 9 日。
② 《中大学生会最近表示》,载《中央日报》1930 年 11 月 1 日,第 3 张第 4 版。

张校长应负其责。唯张向余个人提出之辞职书,余无批答之必要。大学校长系政府任命,则辞职呈文自应尊重机关系统,正式向政府呈递。总之,大学为培育专门人才之地,应善导学生思想。中大为首都所在地之最高学校,关系尤重,政府不能坐视其校风废弛、学风嚣张,以贻害青年。教育为青年表率,其尤应有责任的自觉云。"① 蒋的谈话明显暗示张的去职成为定局,蒋的公开表态促使张乃燕下决心辞职,张从上海向中央大学的行政、教师和学生发出三封专电中均强调其"辞意坚决,不愿返校"。②

蒋介石站在蒋梦麟一边,并为其开脱。但一时南北舆论对蒋梦麟颇多指责,南方上海的《时事新报》的社评中认为:"此次该校发生风潮,说者皆以为有背景存在。兹据张乃燕校长致全体员生书愈益可信。其述及蒋梦麟部长在教育学院之演说与津贴教育学院学生之东北参观团,并语蒋主席,谓中大系国家主义与共产主义之角力场,率皆带挑拨色彩。大学总长为全国教育行政之首领,对于国内学校,本有监督觉察之责任。若中大果有国家主义与共产主义者,应责成校长设法消弭,化有事为无事,不宜扬汤止沸,酿成党祸。且居教育总长之地位,出言举动,尤宜审慎,不应存丝毫轻率与偏颇之行为,以期离间对方之反感。倘张校长所言不虚,则该校风潮之责任者,蒋部长亦不无若干之嫌疑也。"③ 同样一时报界对于所谓的蒋梦麟与"大北大主义"进行揭露:

---

① 《中大学潮中蒋主席语记者之表示》,载《中央日报》1930年11月3日,第3张第4版。又见《蒋主席对中大风潮态度》,载《申报》1930年11月3日,第9版。复见《蒋谈中大问题》,载《大公报》1930年11月3日,第1张第3版。各报之间对蒋的谈话文字上有少量的出入,并无内容含义的任何差别。

② 《张乃燕不返校》,载《申报》1930年11月2日,第10版。

③ 《社评》,载《时事新报》1930年10月31日。

　　自中大发生风潮以来，教育部长蒋梦麟颇受个中嫌疑，攻蒋者咸谓此次张校长辞职，系蒋唆使其在校之爪牙，从中捣乱，欲排去张乃燕，而以同派之罗家伦代之，以树立大北大主义也。目前中大护校运动会之宣言曰'原来历年处心积虑，一手要想实现大北大主义，供个人御用之学阀蒋梦麟，派其爪牙罗家伦为先锋，要求夺取中大地盘！'昨日复有吕冕南其人投书蒋教长曰'自先生入政界后，即以大北大主义为号召，自教育厅长，而大学区校长，而教育部长，始终以此政策为唯一手段。现在国立省立之大学为教育部权力之所能及者，已有十九入先生之掌握。先生在浙时，全省之省立中小学校长，几尽为北大之人'（见昨日本报）由此观之，蒋梦麟之大北大主义，已为不可掩之事实。夫一校有一校之学风，造成一校之学风，必涵有一种主义，其主义如健全完美，自可由一省而推诸全国，由全国而推诸天下；惟此种主义，为宏扬学术之主义，而非扩张党派之主义。蒋氏与北大之关系，对于该校出身之学生，提携延引，亦人情所不能免。第未闻其发扬北大学术，而斤斤扩张北大党派。宜乎海内外智识阶级，对于蒋氏责有烦言，吾人亦深以此为教育界之不幸也。……比年学校风潮，曾出垒见，如昨岁之北大，今日之中大，其纠纷背景，歹不能掩其门户之见，宣言通电，事实昭然。此次中大问题，蒋氏受学生等之攻击，已体无完肤，稍知自受，当引咎辞职，若再藉教育总长之地位，提倡大北大主义，以学阀自豪，则终有失败之一日。①

---

　　①　《所谓大北大主义》，载《时事新报》1930 年 11 月 8 日。这篇文章又被《社会与教育》创刊号（1930 年 11 月 15 日）全文转载，流传甚广。

上文所言高校的"门户之见"问题,也引起国民党高层的重视,身为国民党中央执行委员会宣传部长的叶楚伧,专门著文提出批评:"有的因读书地点不同,居然成门户,大一点有甚么欧的美的日本的,小一点有甚么北大的东大的,再从出身的地点说,又濡染了地方色彩,甚至于一省里边也分几个地方的系统。"① 在 20 世纪 30 年代大学里的门派之争中,北大与中央大之争无疑是典型代表,这与首都变迁后这两所大学在国家地位的升降不无关系。

有的舆论将其他大学如劳动大学的风潮也归咎于教育部长的处置不力,"我十分相信教育部长蒋氏的声辩,中大风潮的发生,非如其校长张氏所言,蒋有发动的嫌疑,但我觉得国立劳大,自停止招生而本校长易培基免职,迄今瞬将半年,因新校长之迟未任命,致启野心家的觊觎,纠纷遂甚,学生无心读书……这个责任是应由他来担负的。"②

除了社会舆论的压力之外,国民党的元老们对蒋梦麟更是不依不饶,对中央大学具有实际影响力的吴稚晖公开表示:政治未上轨道学校是无法办理的。学生干预校政,自"五四"以来已成普遍风气。中央大学与教育部近在咫尺,且每月有报告书呈部,主要就是行政组织费超过定额、学校行政组织不当等,教育部有直接纠正之责。今因教育部失职,故学生起而求校务之改进。③ 吴稚晖显然将主要责任归咎于教育部长蒋梦麟。吴稚晖并当面向教育部长蒋梦麟兴师问罪。蒋梦麟后在其《西潮》一书对其有生

---

① 叶楚伧:《向学界报告几点》,载《中央周报》1931 年新年增刊,第 16 页。

② 樊仲云:《学校风潮平议》,载《社会与教育》创刊号(1930 年 11 月 15 日),第 2—3 页。

③ 吴稚晖:《谈中大风潮》,收入《吴稚晖全集》卷二"文教",国民党党史编纂委员会,1969 年,第 230 页。

动的描述:

> 在我辞职的前夜,吴稚晖先生突然来到教育部,双目炯炯有光,在南京当时电灯朦胧的深夜,看来似乎更加明显。他老先生问我中央、劳动两校所犯何罪,并为两校讼冤。据吴老先生的看法,部长是当朝大臣,应该多管国家大事,少管学校小事。最后用手指向我一点,厉声说道:'你真是无大臣之风。'我恭恭敬敬的站起来说:'先生坐,何至于此,我知罪矣。'①

次日,蒋梦麟就挂职而去。

对于此次风潮,明了国民党高层内幕的陈布雷道出了问题的真相:

> 教部之改组,由于李(石曾)蔡(孑民)两系之龃龉,石曾先生方面常视蒋梦麟为蔡可提挈之人,(不但对蔡不满,且对于现代评论派之人物亦不满,而讥之曰吉祥系),与石曾先生所汲引之人,如易培基(劳动大学)、诸民谊(中法大学工学院)、郑毓秀(上海法政学院)及萧蘧(中法大学)谭熙鸿等平沪各处办学成绩极不佳,且常蔑视教部法令,教部屡顾裁抑之,石曾先生以为难堪,主张去蒋梦麟甚力。吴稚老于李蔡均友善,而尤同情于李,乃提议高鲁(天文学者)代蒋梦麟为部长,将通过矣,而胡展堂先生反对甚力,即席声言'高鲁何许人? 乃可托以教育行政之重任,岂不羞天下之士!'蒋公不得已,乃请于高鲁未到任之前,由蒋公

---

①　蒋梦麟:《西潮·新潮》,岳麓书社2000年版,第152页。

以行政院长名义自兼教育部长,而以李书华(润章)为政务次长,润章则石曾先生提挈之人物,而在李氏系统中为最纯谨公正之人物也。[①]

中央大学校长去职同时把教育部长一同拖下,这一事件本身成一大新闻。因此,中央大学新校长的人选更成为社会各界各方关注的焦点。报纸对此猜测不断,有从教育部传出的消息称:"中大地位重要,各方对继任人选十分注意,推荐之人达十人以上,教部为慎重计,须经多方协商,俟蒋主席回京后,始发表。"[②] 不久,有从国民党中央执行委员会传出消息称"中大校长内定陈布雷,惟陈坚辞,尚在劝就中。"[③] 蒋介石欲请陈布雷出掌中央大学,教育部也的确拟定陈布雷继长该校,一时各方均较满意,但陈氏坚持辞谢。还有的记者从内部消息探明中大校长定为褚民谊[④]。由此可见,选谁来接任首都最高学府的掌门人,对国民政府而言,显然不是一件轻松的事情。

事实上,中央大学的易长风波也不是单纯的个案,与此前后国立大学校长纷纷辞职,引发了一场国立大学人事大变动。国立大学一直是国民政府控制的重点,对于国立大学校长的任命一直比较慎重,大学校长原规定不能兼职,但因特殊关系常有兼职。到1930年,在"党化"教育的旗帜下,国立大学校长的职位往往成为一党一派争夺势力范围的焦点。当局为平衡起见,国立大学校长一职多由政府要员兼任,国民党党国要人兼任国立大学校

---

① 陈布雷:《陈布雷回忆录》,上海书店影印廿世纪出版社1949年版,第20—21页。

② 《中大校长逐鹿者十余人》,载《申报》1930年11月4日,第9版。

③ 《中大校长内定陈布雷》,载《申报》1930年11月10日,第8版。

④ 《三大学之校长》,载《申报》1930年11月19日,第10版。

长已成为一种"恶例"。兼职的大员或身处要津,却无暇顾及大学校务,更谈不上有效的管理,往往造成大学发展的滞碍。时任广州中山大学副校长兼浙江民政厅厅长的朱家骅用这样的语句来描述:"戴校长负中央重任,事畔较家骅更繁……均责成家骅奉行处理,即在浙之日,大学校务亦无日不函电纷驰,遇有请示裁决,间须往返京杭,每逢开课及休业之时,更须代表校长,身亲赴粤,而一度往返,动则累月,全年统计,在粤几三分之一,在浙仅三分之二,兼顾既虞两误,留浙又属难能。"① 这种情况几成常例,如教育部长蒋梦麟兼任浙江大学校长、考试院院长戴季陶兼长广州中山大学、中央研究院院长蔡元培兼长北京大学、考试院副院长兼铁道部部长孙科兼长交通大学校长。到了9月,上述要人纷纷辞去国立大学校长一职,职位由原副职升任,或牺牲官职专心办学,如政府任命朱家骅为中山大学校长、陈大齐为北京大学代理校长、黎照寰为交通大学校长,郑洪年辞工商部次长专门办理暨南大学。

1930年对于中国近代高等教育而言是一个多事之秋,时任教育部高等教育司司长兼中央大学教授的孙本文这样形容这一年:"过去的一年,大学风潮几遍全国,南至广州,北至北平,而长江流域尤为蔓延。就时间论,短者数星期,久者阅数月而未得解决,旷时废学,莫此为甚。"他总结全年比较严重的学潮共有十三次,其中八次就是因为校长问题而引发的。② 国立大学更是如此,除中央大学外,劳动大学、清华大学、中山大学、北平大学、青岛大学等国立大学均发生校长风潮,足以说明政治对于

---

① 《国立大学校长纷纷辞职》,载《教育杂志》第 22 卷第 10 号(1930 年 10 月),第 124 页。

② 孙本文:《最近一年之高等教育》(1930 年),载《时事年刊》(1930—1931 年),第 539—540 页。

大学校园的影响了。对此,学者董任坚公开批评,认为这是"大学教育破产"。他认为近代中国大学破产的原因为:一是一般社会对于大学教育之沉闷;二是大学教育不随社会需求而改进;三是竞争之剧烈;四是人才之缺乏。这种状况导致职员官僚化、教授营业化、学生政治化、教授不专业化。其结果造成教学目的不明、课程庞杂和训练无序。为此他提出四点改进方案,促进专业;学者治校;改善待遇;保障人权。①

中央大学的易风潮在其中显得格外引人注目,一个重要原因是引起了当时教坛一场不小的地震。由此可见,作为地处首都的最高学府,并不是一所远离政治的单纯象牙塔,相反却深深地卷入了政治争斗之中。"党化"教育的扩张是张乃燕时期中央大学学潮不断的根源,也正如20世纪30年代有人对整个学潮的原因总结时所言,"不是学校当局太腐败,不足以厌莘莘学子之望;就是另有政治阴谋,内幕有人故意鼓动风潮。"② 中央大学的这次校长风潮,其实质是国民党内部派系对于最高学府权力的争夺的结果,因此时人批评整个教育界也像官场一样派系竞争激烈,这种竞争大体表现在三个方面:一是夺取教育行政机关;二是包办学校,把持学术机关;三是利用学生。因此应付党派的纠纷几乎成了办学的正务。③ 中央大学的几次校内风潮,从校内到校外多是二者的结合,其起因或许简单,而其结果往往因地处首都,影响力也无形中被放大,使校内情形进一步复杂化。这既反映出以校长张乃燕为首的校方处理无力,也体现出作为首都最高学府的中央大学的政治复杂性。对张乃燕的去职,当年中央大学的学

① 董任坚:《大学教育的破产》,载《时事新报》1930年11月17日。
② 《山东学潮的内幕》,载《时代青年》第4期(1932年12月16日)。
③ 周谷城:《官场似的教育界》,载《社会与教育》第5期(1930年12月13日)。

生说，张刚留学回国不久，缺乏办学经验，在国内学术界毫无声望，膺此重任，力不从心，加之蒋介石感到张能力薄弱，任校长后无所建树①。正如社会上有人对其观察，认为"张乃燕为研究学问之人"，② 言下之意并非从政经验丰富的官僚政客，因此在国民党内争夺激烈的中央大学校长这一关键职位上，张的政治能力不足就显现出来了。笔者认为张乃燕的能力只是问题的一个方面，事实上张乃燕的去职更主要是国民党内部派系争夺中央大学校长职位的结果。国民政府当定都南京之时，蒋介石嫡系还无力控制高等教育，因此也只是由国民党的元老派吴稚晖、李石曾、张静江等人来把持，江浙地方实力派在其中有着举足轻重的地位，因而作为元老派的嫡亲和地方实力派的代表张乃燕能成为改组合并后首都大学的首任校长。但随着蒋介石在国民党新军阀派系斗争中节节胜利和在南京政权中领袖地位的日益巩固，也开始将权力之手伸向高等教育这一领域，因此出现张乃燕去职的结果。从另一个意义上看，张乃燕之后蒋氏集团的政治骨干朱家骅的上任，也标志着蒋介石一系对中央大学控制的加强。

---

① 张祖还：《三十年代初期中央大学学生爱国民主斗争回忆》，载《高校研究与探索》1988 年第 2 期，第 11 页。张祖还是中央大学 1933 年毕业学生，曾在张乃燕任职内读书二年，学生对校长的情况并不十分清楚，所回忆的内容中认为张乃燕是刚留法回国，是其误记了。

② 上海档案馆编：《陈光甫日记》（1928 年 11 月 11 日），上海书店出版社 2002 年版，第 187 页。

第四章

困厄中的校长人选难题(1930—1932)

中央大学成为"首都最高学府"后，非但没有成为全国大学的楷模，反而风潮不断，令国民政府十分不满，乃决定借全国范围内的整顿学风之机，开始整顿中央大学。张乃燕去职后，国民政府急调朱家骅为中央大学校长，朱家骅上台后采取多种措施来整顿中央大学，但因经费困扰和学生运动的兴起，上任不及一年就辞职而去。此后中央大学校长一直处于频繁变动之中，桂崇基、任鸿隽、段锡朋先后被政府任命为新的校长，他们或犹豫徘徊或被学生拒绝……造成中大历史上校长人选的难题，中央大学"中央化"的进程受到极大阻滞，最终导致国民政府以武力来解散中央大学。本章通过这一时期校长人选难题的分析，来揭示中央大学政治与学术双重使命之间的内在张力。

一 朱家骅治校

1. 朱家骅上任

1930 年 11 月张乃燕被迫辞职后，中央大学学生会于 11 月 5 日召开全校学生大会，赞成张乃燕辞去校长职务，决议新校长人选标准四条：其一，学问道德素孚众望而无官僚习气者；其二，能专心任事而有发展中大之决心及能力者；其三，办理高等教育著有成绩者；其四，在党国有相当历史者。[①] 会中有五六十学生联名提议五名校长候选人——于右任、蔡元培、翁文灏、胡汉民和戴季陶[②]，但却遭到其他同学反对，理由无非是不能自限范围。会后中央大学学生向教育部、行政院请愿，向社会各界发表宣言，将学生方面的校长标准向社会公开[③]，对外宣言称"吾校全体同学认定上述各条实为大学校长应备之最低标准，吾人当以十分决心促其实现。凡合此项标准之继任校长，吾人誓竭全力拥护之，凡不合此等标准之校长，吾人誓竭全力反对之。"[④] 学生以迎拒新校长的姿态向政府施加压力，迫使政府任命新校长时充分考虑其意见。实质上学生的校长标准充满着矛盾，既要无官僚习气，又要在党国有相当的历史。同时，更为主要的是要求校长同时兼有学术和政治双重背景，还要办学有相当的成绩，这些既体现了学生对于中央大学校长的高度期待，也体现了他们对于中央大学自身的定位。如果按照学生们这些条件来判断上述五位候选人，或许只有蔡元培一人尚是合标准的，这表明中央大学校长人选标准上充满着在学术与政治之间的紧张。

但不管如何，国民党中央对于办事不力、党派观念不强的张乃燕甚为不满，决定选派一名强力人物出任首都中央大学校长一职，此人在政治上要有相当的党国背景，且同时俱备办理高等学校的经历和成绩。在当时言，最为可行的方案乃是从其他有相当

---

　　① 《中大学生昨日举行全体大会》，载《中央日报》1930 年 11 月 6 日，第 3 张第 4 版。

　　② 《中大学生大会详记》，载《申报》1930 年 11 月 7 日，第 9 版。

　　③ 《中大学生向国府请愿》，载《中央日报》1930 年 11 月 7 日，第 3 张第 4 版。

　　④ 《第一次学生全体大会宣言》，载《申报》1930 年 11 月 8 日，第 11 版。

地位的国立大学校长中选派一位来接替张乃燕的职位，1930 年
11 月 29 日教育部转发行政院秘书处函：

> 贵部长所陈国立中央大学校长吴敬恒自奉任命后坚辞不
> 就，请调国立中山大学校长朱家骅为国立中央大学校长，并
> 准由部令通知国立中央大学前任校长张乃燕毋庸再行继续维
> 持校务等情提案一件。[①]

最终国民政府调派九月刚刚上任广州中山大学校长的朱家骅
为中央大学校长，改派金会澄为广州中山大学校长。朱家骅系原
中山大学的老校长戴季陶一手提拔，无论是从中山大学角度考
虑，还是从朱家骅本人而言，戴季陶对中央突调朱家骅为中央大
学校长一职困惑不解，亲自面询中枢蒋介石，蒋介石的答复是
"我就是要朱家骅到南京来。"不容置疑的语气之下，是有两点考
虑的：第一，在他看来，朱家骅整顿中山大学有成绩，办学有经
验；第二，此时蒋介石刚刚经历国民党的新军阀混战和广东事
件，在国民党内的统治地位稳固，他认为出身浙江的朱家骅年轻
有学养有政治才干，所以急调他到中央来。[②]

　　真正让当局看中朱家骅的是他整顿中山大学雷厉风行的作风
和成效。1925 年广东大学（中山大学前身）校长邹鲁被排挤离
校后，各种政治势力纷纷进入中山大学，各派之间争斗异常激
烈，校务几乎陷入停顿状态，有学生打出"读书就是反革命"、
"打倒知识阶级"等口号，大学操场几乎变成为天天游行的集会

---

①　《中央大学教职员任免》（教育部训令第一二四四号），"国立中央大学档案"，
全宗号 648，案卷号 1581，第 199 页。
②　参见杨仲揆《中国现代化先驱——朱家骅传》，台北近代中国出版社 1984 年
版，第 59 页。

地，礼堂变成开会演剧的大会场。这种情况下，国民革命政府下令对其改组，设校务委员会，国民革命政府任命戴季陶为整理委员会主任，任命丁惟芬、顾孟余、徐谦、朱家骅为委员，着手整顿中山大学。这五人中除朱家骅外，分别因兼任中央要职而随军北上，实际上真正在校负责的只有朱家骅一人。朱家骅采用铁腕手段，要求全体学生一律复试，全校教职员全部解职重聘。整顿期间的工作重点是积极配合国民党的"清党"，朱家骅在中山大学发布《处置共产党分子》的布告，规定如果是共产分子，是学生者即一律开除学籍，是教工者即解除职务；如是嫌疑者，则停止晋业留校查看。结果整个学校开除者多达 464 人，留校查看者有 17 人，二者占当时全校总人数的四分之一。经过这样的铁腕整顿，中山大学在短短四个月中完全安定下来，是年他年仅 34 岁。其后，他努力在中山大学充实设备，网罗人才，像傅斯年、顾颉刚等一批著名学者此时进入中大，大力提高学术风气。在国民党要人眼中，朱家骅在前后四年多的任期内，的确将华南这所最高学府办得有声有色。[①] 他因而也得到其同乡张静江、戴季陶的赏识奖掖，经他们推荐，朱家骅跻身于"广州政治分会"委员，从此，开始从学术教育界跨入政坛。不久他又兼任广东省民政厅长、浙江省民政厅长等要职，成为国民党内部正在升起的政治新星。

正是基于朱家骅上述的背景，才有中央突然将其从广州中山大学调到南京的一幕。广州中山大学由孙中山先生亲手创办的广东大学发展而来，经由邹鲁、戴季陶、朱家骅几任校长的经营，成为国民党政党色彩最为明显的国立大学，在国民党中地位十分

---

① 参见黄福庆《近代中国高等教育研究：国立中山大学（1924—1937）》，中研院近代史所专刊（56），1988 年，第 87—93 页。

重要。这可以从南京政府成立初期，有所谓全国重点办理三
"中"大学一说看出一斑。在广州、南京和北京建立所谓的三
"中"大学，即中山大学、中央大学和中华大学。[①] 三"中"大
学无非是特意表明此三所大学为中国有特殊地位，并以此来统一
中国学术思想文化，其与当时国民党建设三个学术文化中心的构
想是一致的，正如国民党中央党部稍后所宣传的，"中国版图广
大，依自然的演进，形成三个文化重心，北平是中国北部的并黄
河流域的文化重心，南京是中国中部的并长江流域的文化重心；
广州是中国南部的并珠江流域的文化重心。"[②]

　　不过，"这三个文化重心中北平与广州都觉偏于一偶，不易
统驭全国政治，促成中华统一文化之建设，唯南京独能领导南北
两个文化创造力量，对内建设的，只有南京。"[③] 显然在三"中"
大学的安排下，中央大学的地位也更显得重要和突出。此时，中
央将刚升任正校长才两个月的朱家骅改调到中央大学，自然引起
了中山大学学生的不满。政府的任命下达后，广州中山大学学生
代表千里迢迢前往南京请愿，指责政府为何有厚此薄彼之做法。
而对国民政府任命大学委员会委员兼秘书的金会澄为广州中山大
学校长，中山大学学生态度不一，校内学生分裂成迎金拒金两
派，互相争斗，从而导致中山大学也发生校长风潮。其中，浙江
籍学生拥护朱家骅，并以医科为主干；广东籍学生则拥护金会
澄，以文法科为主干。中山大学校内两派之间势成水火，导致学

---

　　① 李书华：《七年北大》，载台北《传记文学》第 6 卷第 3 期，1965 年 3 月。
收入陈平原、夏晓虹编《北大旧事》，北京大学出版社 1998 年版，第 105 页。
　　② 《建都南京二周年纪念宣传大纲》，载《中央周报》1929 年 4 月 15 日，第 23
页。
　　③ 同上。

校陷入停顿。① 由一校风潮而牵制到千里之外的另一校发生风潮，这是国民政府所始料不及的。在中山大学极力挽留朱家骅留任的同时，他是否能得到中央大学学生的拥护呢？换言之，他是否合乎中央大学学生刚刚提出的新校长人选的标准呢？

回答这一问题之前，不妨先了解一下朱家骅的个人历史，中央大学档案中是如此介绍的：

> 中央执行委员朱家骅，字骝先，浙江吴兴人。辛亥春，在沪发起敢死团，秋参加武汉革命。民国二年，赴德入柏林大学，得哲学博士学位。民国六年归国，任北京大学教授。民国七年，北京教育部选派大学教授游学，氏再赴瑞士。九年又转赴德国，研究地质。十三年春归国，任北大地质系教授，兼德文系主任。十四年冬，主持首都革命。十五年秋南下，任广东大学地质系教授，兼地质系主任，嗣任中山大学委员会委员。十六年兼任广东省政府常务委员会主席，兼民政厅长。是年六月，大学委员会改校长制，改任中山大学副校长，广州政治分会委员，广东省党部改组委员、指导委员、执行委员等职。旋又任浙江省府委员，兼民政厅长、浙江省党部执行委员，旋任本党第三届中央执行委员、中央政治会议委员。十九年九月任国立中山大学校长。同年十一月任本校校长。现年三十九岁。②

---

① 《中山大学风潮》，载《教育杂志》第 22 卷第 12 号（1930 年 12 月），第 124 页。

② 《朱家骅事略》，"国立中央大学档案"，全宗号 648，案卷号 1581，第 146 页。上文又以《朱校长事略》载《国立中央大学半月刊》第 2 卷第 6 期（1930 年 12 月 15 日）卷首相片的背面。

对照中央大学学生所拟的校长标准来分析这份简历，朱家骅学者出身这不成问题，身为国民党中央执行委员会委员、中央政治会议委员，其浓厚的政治色彩更不待言。因此，虽然他并非是中央大学学生所期望的五位人选之一，但其上任之初并没有受到学生的非难。

朱家骅于 1930 年 12 月 21 日正式就职，是日国民政府、中央党部、行政院、教育部纷纷派大员胡汉民、戴季陶、何应钦、孙本文、邵元冲、王仲武、陈大年出席就职典礼，胡汉民致词中对目前大学教育现状、尤其是中央大学十分不满，称："民国办教育数十年来，教育进步迟缓，学校内部常发生多少不安定之现象，有者以为政府不良之影响、反动叛逆之到处扰乱所致；有者归咎于主持教育者之不得人，办教育无正确的方针。"面对纷扰中的中央大学，胡汉民对于朱家骅的整顿充满期望，"朱校长前在德国柏林大学，对于自然科学有深切的研究，整理中山大学及主持浙省民政，均著有成绩，调长中央大学以后，定能于学校行政上及学术上均有相当的贡献。同时朱校长又为"三民主义"信徒，嗣后依照"三民主义"教育，造就真正为党国建设之人才，使中央大学为全国大学冠，当可预祝者也。"[①] 胡汉民演讲中努力强调朱家骅身上政治与学术的双重背景，无疑再次表明国民党中央对中央大学政治与学术的双重期待。

与胡汉民等期待相比较，朱家骅在就职演说中相当低调：

此后当诚意接受各位的训词及政府交给我责任切实做去，校长的责任重大，本人能力有限，而政府所希望于中央大学者甚大，所以兄弟觉得十分的惶恐。中大对于中华民族

---

① 《胡汉民训词》，载《申报》1930 年 12 月 22 日，第 8 版。

的独立、文化的复兴，均负有绝大的责任。中央欲造就高深学问的领袖人才所以办大学，所以一国大学常为一国政治文化之中心，总理根据科学及世界各种学问，发明三民主义的光明大道，所以本校应遵信总理遗教，造成真正的和平及世界大同。就个人经验来看，国内各大学均有不经济的地方，以致求学工具之缺乏。欧美各大学虽数十年的历史，但仍是很经济地使用经费，而积极扩充设备与图书。欧美大学常有一学系，仅有一个讲座，助教亦甚少，在中国则以为奇，而在外国则成绩惊人，我国百货商店式之大学，其于国家学术前途，殊觉危险堪虑。此后办理本校，当本理想的标准，与事实上之可能，极力节省经费、扩充设备，造成安定充实，便于研究学术的环境，此固非一朝一夕及一人之力所能及，希望大家一心一德以赴之。中大自南高、东大改革而成，迄今已有二十年之历史，所有办理成绩及毕业生在社会上服务之精神，亦略有所闻。不幸近来校内发生不安之现象，殊属可惜。诸位不久就要离学校而到社会上服务，求学的宝贵光阴十分短促，希望诸位宾贵在校之时间不再分心骛外，致发生校内派别的纷争。学校的进步，就是供给安定之环境，使诸位安心读书。本人对于教育方针及学校行政既负有责任，如何使诸位求得高深学问，俾将来为社会努力，或者还要比诸位的家长看得格外清楚与切实，以后当益尽所能协助诸位，以达到大学最后之目的。本人接事之初，学校内情尚未明晰，改进校务之具体计划，一时尚不能谈，以上所言不过一时之感想所及耳。①

---

① 《中大校长朱家骅就职纪》，载《申报》1930年12月22日，第8版。

朱家骅在演讲中重申中央大学的特殊地位和使命，并未过多地言明其治校方略，其中心是如何使中央大学从派系纷争中平静下来。在私下的场合里，他设想把中央大学建成一个领导全国思想的中心，与北京大学争夺知识界的领导权。据当时中央大学教授陶希圣回忆，朱家骅从中山大学来到中央大学，是想有一番作为的，其目标就是想把中央大学在思想界的地位建立起来。如何建立呢？朱家骅的理念是尤其要充实文学院中的哲学系和史学系，当得知陶氏欲离开中大以就北大教席时，朱家骅对其说："一个大学的哲学和历史系往往决定它的思想方向。"五四"运动是北京大学发起的，但是新文化运动的发源地不是北大的法学院，而是文学院的哲学和史学系。自"五四"以后，北大在思想界居于领导地位，哲学和史学部门之重要由此可见。现在首都是南京，中央大学应在全国思想界发生重大影响。所以我决心把这两系充实起来。"[①] 朱家骅此一办学方针不难看出深受"五四"时期北大办学的影响，朱家骅的目标就是要将中央大学办成在全国思想界居领导作用的大学，即与"五四"时期的北京大学一样，以实现真正全国大学之冠的目标，更有与当时北大争夺在全国思想界领袖地位的宏旨。[②]

[①]　陶希圣：《敬悼朱骝先（家骅）先生》，沈云龙主编近代中国史料丛刊第三编110号《朱家骅先生纪念册》第2册，台北文海出版社1996年版，第262页。不过，陶氏在其回忆录中也记述此事，不过表示却有相当的差异，"朱校长冒雨来到我宿舍，表示他挽留的意思。他说：一个大学的学风，以中国文学及史学两系为枢纽。他的计划是一步一步对中央大学的文史两系，力求充实。他已约顾颉刚到史学系来，他要留我在史学系讲课，劝我不要走。"见《潮流与点滴——陶希圣随笔》，台北传记文学出版社1979年版，第124页。

[②]　不过，胡适等30年代初重返北大，也极力主张办北大文学院重点在历史系，但对于哲学系则多主张"废哲学"。见钱穆《八十忆双亲·师友杂忆》，生活·读书·新知三联书店1998年版，第169页。

2. 治校方略

作为接替"党化"不力的张乃燕的继任者,朱家骅办学思想的中心就是极力强化"党化教育"。在出任中央大学之前一个月,他在中央纪念周上发表演讲,重申:"'三民主义教育',不但是本党对于教育一种既定的政策,而且是保障完成本党所领导的国民革命一个必要的方法。"即"我们必须把我们的党义,溶化在教育的核心里",他在演讲中,对于三民主义的党化教育现状极为不满,认为目前三民主义的教育成绩,"只得到一些虚应故事!不但没有做到党义和教育融合成一片,并且是各立一边,甚至有些所谓教育者,还敢于至今对本党主义抱一种怀疑态度,妄肆批评,这是何等可骇怪痛心的事。"① 为此,提出加紧教育的工作,其中心就是要将三民主义为中心的党化教育推行落实。对于各地学校风潮不断的现象,他主张用强力手段加以解决,"现在既有若干学校现象不良,我们万不能像从前那些人一样,因循漠视,应当大家平心静气,合力趁早来纠正解决一切。"② 这一思想,也成为其办理中央大学的方针。上任之后,朱家骅依照其整顿中山大学的成功经验,采取三大举措——整顿学风、加聘教授和改善办学条件,来整顿中央大学。

朱家骅接任中央大学校长之初,正值该校风潮之后,政府对于该校学生成分复杂,疑虑丛生。朱家骅接事后,为整饬学风,采取强硬措施对待学生:第一,力主校长治校,反对学生干涉校务。朱家骅十分反感学生对校务过分热心,在其上任后全校的第

---

① 朱家骅:《今后要加紧教育工作》(十九年十一月十日在中央纪念周演讲),载《中央周报》第 128 期(1930 年 11 月 17 日),第 10 页。

② 同上书,第 12 页。

一次总理纪念周上，他就训诫学生不要干涉校务。"我希望和各位同学，多在学术上做工夫，对于校务，兄弟自当负责，谋本校的发展。"① 上任不久，他见总理纪念周秩序不佳，特发出布告，严厉训斥学生的嚣张行为。② 平时对于学生请求，每多驳斥。此外几次开除多名带头闹事学生，以示警告。第二，严格校纪、整顿学风。朱家骅在中央大学成立纪念日（6 月 9 日）的演讲中，认为中国大学里最普通的毛病就是学生没有个个念书，"学生一进了大学，便莫名其妙地带了三分大爷气，挂名读书的也有，不上课的也有，本校同学，自然完全不能例外，不但如此，而且发现的很不少。"③ 为纠正这种不良学风，朱家骅提议通过以下两项措施：从下学期开始由注册组派员检查课堂；学生应将学费、住宿费缴清，才准注册上课。④ 这一系列措施目的就是要革除校内学生不缴费，学生可以随便不上课，宿舍寄住外人等种种积弊。⑤ 第三，他完全使用亲信控制学生会，在学校当中组织国民党的外围组织，如革命青年同志会、三民主义青年团，甚至出钱收买部分学生（当时称为"职业学生"），暗地里监视师生的思想与行动，引起学生们很大的反感。⑥ 这也埋下了日后学生反对朱家骅的因子。1931 年秋学生会请求政府批准朱氏辞职时，召开记者招待会，一位学生代表说："我们以为请朱校长到政治舞台

---

① 《朱家骅报告校务》，载《申报》1931 年 1 月 14 日，第 11 版。

② 《朱家骅严诫中大学生嚣张》，载《申报》1931 年 2 月 25 日，第 8 版。

③ 《朱家骅主席报告纪念意义》，载《中央日报》1931 年 6 月 10 日，第 2 张第 1 版。

④ 《中大校务会议》，载《中央日报》1931 年 1 月 29 日，第 3 张第 2 版。

⑤ 胡颂平：《朱家骅先生年谱》，台北传记文学出版社 1969 年版，第 23 页。

⑥ 张祖还：《三十年代初期中央大学学生爱国民主斗争回忆》，载《高教研究与探索》1988 年第 2 期。叶文心的 *The Alienated Academy: Culture and Politics in Republican China 1919—1937*，哈佛大学出版社 1990 年版，第 169—179 页。

去发展,其成绩一定比办中大好得多。"① 言外之意,十分明了。

与对学生的严厉相比,朱家骅表面上对教授则尽力拉拢。由于教授是直接由校长聘任的,因此,易长风潮也影响了教授群体的相对稳定,1930 年 12 月张乃燕的去职,中文系的系主任汪东,教授黄季刚、胡小石、王小湘等均相继辞职,致使中文系事务陷入停顿,除学生直接挽留外,并请新校长到校后代为恳切挽留。② 文学院宗白华等联名挽留汪东等教授:

> 旭初先生左右,昨阅校刊,知先生将辞职离校,同人等无任惶骇。伏念先生自任中国文学系主任以来,成绩久著,及兼代院长劳瘁从公,本院同人咸所钦仰。况复延聘闳硕如黄季刚、王伯沅、吴瞿安、胡小石、王晓湘、汪辟疆诸先生等讲授专门,陶铸所施,蔚为风气,使本校国学环耀,当今忽拟联袂远引,在诸公意倦于讲授,而国校将息长久之光荣,加以大道多歧,后生靡所就正疑义,与析同人失其瞻依,一再思维,未见其可。谨本至诚,愿留高躅,言不尽意,惟垂察焉。敬颂教安。宗白华、胡焕镛、雷海宗、王际昌、楼光来同启。十二月十五日。③

汪东作为国学大师章太炎的弟子,长期在东南大学和中央大学任教,并一直担任中文系主任和文学院院长二职,在中大的人文学者中有相当的影响力,加之"五四"以后太炎一系在北大的影响逐步被胡适等新派取代,一批太炎门生及其同道汇集到东南

---

① 《中大风潮原因》,载《申报》1932 年 7 月 1 日,第 12 版。
② 《学生挽留国文系主任》,载《申报》1930 年 12 月 16 日,第 9 版。
③ 《中大文学系宗白华等挽留汪旭初》,载《中央日报》1930 年 12 月 21 日,第 3 张第 2 版。

大学、中央大学。此时汪东辞职带动一大批教授离去，中文系几乎要陷入停顿的境地。朱家骅上任后，学生代表蔡名堂等20余人请求校长代为恳切挽留，朱家骅表示，当尽力为同学谋研究学术之便利，决不使同学读书方面发生任何影响，并说外间传闻教授辞职纯属误传。^① 时在中大文学院求学的常任侠回忆说："最后一次，我来到量守庐，那时朱家骅来接任中大校长。黄师有言，朱来我即辞职，绝不与之合作。中国文学系同学会当即推我前去挽留。师说不应留我，你应随我同去，我到哪里，你跟我到哪里。我解释说：'中国国文系集中了许多著名的国学大师，有优良的传统，学生各有专攻，也希望兼采众长，因此同学们不愿诸师分散。我是代表学生会来的，恳求老师不要离去。'我的话未说完，忽传新校长朱家骅已经拜候，黄师要我到内书室稍候。我听到朱校长诚意挽留，黄师表示可以继续任教，这才放了心，即回去告慰同学。"^② 经过朱家骅的挽留，汪东、黄侃等教授留任。上任后不久，朱家骅为处理好与教授会之间的关系作了诸多努力。他为了联络教职员感情，在南京世界大饭店宴请全校教职员，赴宴的有一百四十余人。在宴会上，朱家骅许诺今后将遵照大学组织法，取用教授治校精神，改组校务会议等。教职员代表刘树杞致答辞，称教授治校为同仁最为迫切希望的。^③ 但是朱家骅仍然将中央大学视为国民党的大学，极力压制大学的自治要求，所谓的教授治校根本只是口头谈谈而已。朱家骅治校所依靠的主要是行政职员，作为国民党内深受蒋介石器重的亲信，朱家骅利用国民党势力加强对中央大学师生的思想控制，任命了一些

---

① 《中大新校长朱家骅昨接事》，载《申报》1930年12月21日，第12版。

② 常任侠：《忆黄侃师》，收入张晖编《量守庐学记续编》，生活·读书·新知三联书店2006年版，第41页。

③ 《中大将由教授治校》，载《申报》1930年12月28日，第10版。

国民党的干部进入中大，极力提拔一批忠于国民党的人进入权力结构中①。

朱家骅接手后不久，即 1931 年暑假，北京大学与中华文化教育基金会签订"合作研究特款办法"，以大力提高研究教授的待遇为条件，将中央大学的教授曾昭抡（化学）、汤用彤（哲学）等名教授聘过去了。朱家骅接手后也到处罗致教授，逐渐聘到顾毓琇、郭任远、沈刚伯、徐佩琨、颜德庆、萧一山等一批名教授。②

但就整体而言，朱家骅与中央大学的师生关系并不融洽。直到今天，还有学者谈起这样一件有关朱家骅的佚事，说当年蒋介石任命朱家骅为中央大学校长，朱家骅提出中央大学应该给他一个教授的资格，但中央大学教授会经过讨论却作出决议，拒绝他的要求。③ 这种事情的真实性是值得怀疑的，甚至说不可能是真实的，因为当时国立大学的体制规定，大学严格实行校长负责制，大学教授资格的认定及聘任并不是教授会的职责，相反，教授的资格和聘用完全由校长一人决定，因此也就谈不上教授给校长教授资格了。但这则经过几代学人传下来的"故事"，倒也为后人理解朱家骅与中央大学师生的关系提供了一个特殊的素材和背景。

朱家骅作为一个办学有经验的校长，对于大学经费和人事的安排的基本原则，就是充分发挥经费的最大效益，他批评有些大

---

① 参见叶文心的 The Alienated Academy ：Culture and Politics in Republican China 1919—1937, 哈佛大学出版社 1990 年版，第 169—179 页。

② 胡颂平：《朱家骅先生年谱》，台北传记文学出版社 1969 年版，第 24 页。

③ 参见李良玉《思想启蒙与文化重建》，吉林人民出版社 2001 年版，第 50 页。中央大学教授拒绝给朱家骅一个教授头衔之事，是一老前辈学者亲自对李教授谈及的事情。

学"专做一种有名无实的铺张,多开系科,多设课程,多聘请教职员,扩大各种开支,徒然驳得规模宏大的虚荣,至于最先要注意的图书仪器的设备,反不大注意,十之八九的经费,都拿来发薪水了。"[1] 这种批评多是针对其前任张乃燕时期的中大,因而他上任,对于行政机构的设置多以简单为原则,尽量少设行政人员。

与前任张乃燕相比,身为国民党中央政治会议委员和中央执行委员的朱家骅,无疑拥有在国民党内更优越的政治地位,这种地位为其办理和发展中央大学提供了诸多便利。朱家骅接事后,利用其政治上的特殊身份,向上争取临时经费相继完成生物馆、新教学楼、文昌桥学生宿舍,首都大学的建设也在向前发展。朱家骅为中央大学带来的最大实惠,是完成由张乃燕发起而半途停工的大礼堂。朱家骅接手之日,大礼堂因资金匮乏早已停工,朱家骅以将举办国民会议所需礼堂的名义,说服中央财政部拨款51万银元,继续建筑大礼堂。并专门委派建筑系教授卢毓骏负责主持,于1931年4月份完工。1931年5月5日南京国民政府所筹备的国民会议就是在中央大学的新礼堂召开的。[2] 此后,国民党和国民政府许多重要的会议均在"首都最高学府"内召开,政治中心与学术中心是如此地接近,中外政治史与学术史上恐怕也不多见。具有讽刺意味的是,"九·一八"以后,学生抗日爱国运动也充分地利用这一有利条件,一次蒋介石就被学生围困在这个礼堂中不得出门。国民政府将大礼堂建在中央大学,原为学术中心的平静校园,经常因政治活动而出现车水马龙的热闹局

---

[1]　朱家骅:《中国大学教育的现状及应行注意各点》(二十年八月三十一日在中央纪念周演讲),载《中央周报》第170期(1932年),第6页。

[2]　胡颂平:《朱家骅先生年谱》,台北传记文学出版社1969年版,第23页。

面，对此一些教授和学生颇为反感，中文系教授吴梅在 1932 年
12 月 14 日的日记中就记下蒋介石等国民党要人开会的情形：
"早到校，军警森列，大门前高扎彩牌，知蒋介石剿共匪凯旋。
大礼堂前车水马龙，凡国府要人必至。因念山海关、热河一带，
被日兵蹂躏，岌岌可危，此间则妆缀承平，又何逸也。"[①] 就这
一意义上讲，大礼堂可以说是朱家骅时代的中央大学与国民党和
政府的关系的一个象征和缩影。

3. 两大困境

朱家骅以三大举措发展中央大学，学风渐见好转，人才多能
罗致，学校办学条件日见改善……一切似乎朝着朱家骅当年整顿
中山大学的轨迹前行。但不久朱家骅却面临经费危机和学生运动
两大难题。

难题之一：经费危机再次困扰中大。

正如前面所论，张乃燕去职时中央大学的经费依然没有很好
解决，到朱家骅接事后，即遇到 1931 年春末夏初长江流域大水
灾，教育经费中的大宗田赋征收自然无着，中央大学再次陷入了
经费困境之中。朱家骅上任不久就面临经常费拖欠日益严重的难
题，他只得向财政部长宋子文求援："子文部长勋鉴，中央大学
经费积欠甚巨，前任移交现款仅七百余元，各处款项悬欠既
久……现年关已逼，用款日切，务恳即日将十月份应发二万元、
十一月份十二月份十二万元拨发。"[②]

由于大学区取消后，江苏省强烈要求中央大学的经费改为中

---

① 王卫民编校：《吴梅全集》日记卷（上），河北教育出版社 2002 年版，第
249 页。

② 《朱家骅致宋子文函》（1930 年 12 月），"国立中央大学档案"，全宗号 648，
案卷号 4565，第 110 页。

央负担，但国民政府一直强令江苏省政府继续负担，为此，江苏
省与中央政府积怨颇深，对中央大学的经费也采取拖延敷衍的态
度，江苏教育经费管理处秉承其上级的意志，不再直接拨款给中
央大学，相反却将收款通知交给中央大学，要他们直接到下面各
县去提解，这就造成了中央大学一年到头派员到江苏各县去催款
的奇特现象。由于中央大学并非江苏各县的直接上级，对下县市
无奖惩大权，加之当时中央大学与省政府的矛盾已家喻户晓，各
县财政官员对中央大学的催款员多百般刁难，致使分配给中央大
学的经费难以按时足额收上。个中情形，从保存的中央大学档案
来看，仅 1931 年 1 月 6 日一天之内，朱家骅就致函三封向地方
各县催款：

其一，致江苏溧阳县财政局：

"贵局函以地方经费窘绌异常，划拨敝校经费壹万元，拟再
展缓一个月等由，敝校开学在即，各项费用急待开支，相应再行
函达，务希在十日内筹齐，以便函领取应用。"[①]

其二，致江苏东台、南汇县财政局：

"敝校上年九月份经费，前准江苏教育经费管理处划拨过校，
内闻贵县应付经费壹万元，业经敝校派员领取二三千元在案。现
届开学时期，各项开支需费孔亟，滋再派敝校职员项燕北君赴县
催领。"[②]

其三，致江苏教育经费管理处函：

"查敝校上年九月份经费，前准贵处划拨各县通知书八纸返
校，当派员赴县催领。亦查盐城县应拨经费壹万五千元，迭经催

---

①　《中大关于催提江苏各县教育经费拨款等往来函件》，"国立中央大学档案"，
全宗号 648，案卷号 4564，第 2 页。

②　同上书，第 12 页。

付多次，迄未领到分文。拟请贵处查照改拨现款，以应急需。又无锡县应拨经费二万元，敝校只领到六千元，所欠一万四千元，拟请贵处转饬该县财政局迅予筹拨。"①

　　上述三封信内容大致相同，无一不为江苏地方拖欠教育经费而催款。虽然这种状况多少也因水灾等自然因素所造成，但其根本却是江苏省政府对中央大学经费的由省库支付的不满，直接影响了下属各县对中大经费的态度，甚至可以说是省政府有意纵容的结果。中央大学虽然多次状告地方的故意拖欠，但江苏省政府却并没有拿出一项措施惩办违令，无形中也助长了这种风气的蔓延，造成中央大学的经费陷入更为困难的境地。这种局面也反映出江苏省政府借中大的经费危机来向中央施加压力，来改变中央大学的经费支付方法，从而实现省款办省学的目标。

　　1931年春季开学后，情况变得更糟。是年3月，江苏教育经费委员会决议省立学校及机关经常费较国立大学经常费提前一月发放，这实际上是省当局公开允许各地拖延中央大学经费。为争经费，中央大学与江苏地方教育界之间已成水火之势。1931年5月担任江苏教育经费稽核员的中央大学教授孟宪承向校长朱家骅的报告，称其出席江苏教育经费稽核员会议，当时前往出席的省立各中学校长以发清四月份经费，否则六月一日提前放假为要挟，争论激烈。会议进行中，上海、苏州等校校长也临时赶到，要求列席旁听会议，"嚣争特甚，均主将本校（指中大——引者注）经费暂缓发放以救中校之急"，虽然孟宪承据理力争，终无效果，为此孟宪承深感愧疚，提出辞去江苏教育经费稽核员

---

　　① 《中大关于催提江苏各县教育经费拨款等往来函件》，"国立中央大学档案"，全宗号648，案卷号4564，第18页。

之职，请校长另选贤能。^①为此，朱家骅在江苏教育经费委员会上，以不符稽核员简则规定为由，提出纠正案^②，但因其他委员反对，并没有通过，中大经费问题依然。

1931 年春夏之际江苏发生大水灾，江苏经费支绌，江苏教育经费管理处决议从二十年度（1931 年）起，每月停发中央大学经费五万元。虽然中央大学一再呈请教育部设法维持，但均没有切实的答复。1931 年 7 月，江苏省党政联席会议上，将中央大学经费问题提出讨论，决议认为本年水灾严重，因各县歉收，田赋的收入恐不到半数，这样维持中小学及社会教育机关的经费，已经是千疮百孔，中央大学的经费再难以负担。江苏省政府根据以上决议呈请行政院，请于二十年度（1931—1932）起，将中央大学的经费一百三十二万元改由中央担负。于是，暑期江苏教育经费委员会在编制二十年度经费预算时，二次决议停止拨付中央大学经费。虽然朱家骅出席了 7 月 25 日的会议，并据理力争，但无任何结果。到 10 月又传出消息称，江苏教育经费稽核委员会，接受江苏中学教职员联合会之请，再决议于二十年度起，在中央大学经费尚未正当解决以前，绝对不予签字。这一消息 10 月 19 日在上海的《民国日报》上首先发布。至此，中央大学又一次陷入经费的大危机之中。

朱家骅闻讯后呈文教育部，一方面称"本校为首都之最高学府，规模宏大，关系党国前途，殊为重要。其经费不容一时濡缓，中央既有规定，校长惟有遵照办理。"另一方面诉苦，"现苏省积欠十九年度之经费，经无法收清，二十年度之七八九十各月

---

①　孟宪承 1931 年 5 月 26 致校长朱家骅函原件，"国立中央大学档案"，全宗号 648，案卷号 4568，第 31—33 页。

②　《本会稽核员擅行缓拨中央大学经常费应请纠正案》，"国立中央大学档案"，全宗号 648，案卷号 4568，第 28 页。

苏省应发经费,又复将被扣发,如钧部不予急谋确实救济,则本校无法维持,势非停顿不可。校长到任以来,无日不困于经费之筹措奔走呼号,心力已穷。"[①] 在经费问题上,共同的利益使中央大学校长、教授和学生三方空前团结一致,中央大学学生自治会党务干事窦荣生等同时称:"数月以来,校中惊惶万分,不但教职员的生活无法维持,而一切事业皆无形停顿"[②],呈请教育部请设法维持经费,所持理由与校长同出一辙。面对首都最高学府的经费难题,行政院接到江苏省的呈文后,训令财教两部会商解决,但一直拿不出切实解决办法。从六月起,中央大学的经费仅靠财政部的每月五万元维持,教职员薪水一直拖欠,以致该校教职员有停课索薪的动议,只是考虑到天灾的原因,仍忍痛继续上课。但财政部的答复是,此国难期间,财政奇绌,对于中央大学的经费负担最高限度也只能维持今年的六十万元,至于二十年度能否照拨还须根据国库情形而定。[③]

1932 年年初,江苏教育经费管理处每月仅拨付中央大学经费六万元,其余五万元拟由财政部补助。江苏教育经费管理处共欠中央大学经费增至六十五万元,[④] 占中大经费总数三分之一以上,中央大学面临着经费难以为继的局面。1932 年 1 月教育部向行政院会议的提案称:"据中央大学报告,该校经费截至去年 12 月止积欠至五十八万五千元,勉力维持,已至山穷水尽,日下即零星日用之款,亦无法筹措,全校教职员及工警,枵腹从

① 《朱家骅呈请教部设法维持》,载《中央日报》1931 年 10 月 27 日,第 2 张第 1 版。

② 《中大学生会呈请教部维持经费》,载《中央日报》1931 年 10 月 28 日,第 2 张第 1 版。

③ 《中央大学经费》,载《中央日报》1931 年 11 月 1 日,第 2 张第 1 版。

④ 《经费维持办法》,载《中央日报》1932 年 1 月 30 日,第 2 张第 4 版。

公，商号索欠，急于星火，应付已穷，实有岌岌不可终日之势，最近教授会且有即将全体总罢教之决议。"① 中央大学召开第六次教授会，出席会议教授有 63 人，方光圻、顾毓琇、刘运筹为主席，会议决议向行政院、教育部、江苏教育经费管理处严正交涉，限期发清欠款，否则全体总辞教②。面对来自教授会的压力，行政院决定召开财政部、教育部、江苏教育厅、江苏教育经费管理处四方会谈，商讨维持中央大学经费办法。但江苏教育厅和江苏教育经费管理处借口未接通知，均未派人参加，致使会商落空。③ 而新任江苏教育厅厅长周佛海在会后致电行政院秘书长郑洪年，称"如蔑视苏全省教育界之要求，中大经费仍由苏省负担，恐酿成严重形势。"④ 对中央进一步施加压力。中央大学的经费仍然没有解决，中央大学全体教职员于是自 1932 年 1 月 25 日起开始罢教，并计划赴江苏省政府所在地镇江坐索欠薪，但"一·二八"事变发生后，时局发生重大变化，中央大学于 1 月 29 日召开第十次教授会，决定第二次忍痛复课⑤。

事实上，1932 年年初，周佛海上任江苏省教育厅厅长之后，根据中央最新的税种划分，江苏教育经费项下没有一项为国税来源。他为稳定江苏全省的教育经费，决定将江苏教育经费管理处所收全数拨充江苏地方教育事业，认为中央大学的经费应在指定卷烟税项下拨付，不应再在江苏教育经费项下安排，他向江苏省政府提议："本省教育经费窘迫，已至山穷水尽之境……请转咨

① 《提案原文》，载《中央日报》1932 年 1 月 28 日，第 2 张第 4 版。
② 《中大教授会》，载《中央日报》1932 年 1 月 21 日，第 2 张第 4 版。
③ 《中大经费财部即发五万维持》，载《中央日报》1931 年 1 月 25 日，第 2 张第 4 版。
④ 《电一以充中央大学经费》，载《中央日报》1932 年 1 月 27 日，第 2 张第 4 版。
⑤ 《中央大学今日复课》，载《中央日报》1932 年 1 月 30 日，第 2 张第 4 版。

财教两部，援照武汉大学于湖北境内国税收项下拨付经费成例……所有中央大学经费，应请指定江苏境内卷烟税收项下如数拨付，以后江苏教育经费管理处各项收入，全数拨充省教育事业之用。"① 朱家骅对于江苏教费困难也十分清楚，就此议向教育部呈文中也称："江苏省去年水灾奇重，收入锐减，据江苏教育经费管理处报告，本年度收支不敷，为数甚巨，非速谋救济，实难维持。"② 请教育部将周佛海等提议的方案交行政院讨论，以彻底解决中大经费问题。但此时整个国家财政异常吃紧，朱的请求并无下文。在这种情况之下，1932年2月5日，江苏教育经费委员会在第二十八次会议上，对中央大学经费问题，借以报告谘请财教两部于江苏境内卷烟项下拨付，对江苏教育经费管理处转来的教育部次长段锡朋的"请迅发中大一个半月经费"的批文，也置之不理，以"缓议"二字交差③。

为什么中央大学与江苏地方经费矛盾一直不断？是江苏省教育厅纯粹从本位主义出发的结果吗？还是如同当时江苏地方教育界所言，中央大学侵占了地方的教育经费？据笔者的研究，问题的根源并不在此，而在于中央与地方在教育经费划拨上体制不明、责权不清所致。此时，除中央与江苏地方之间的税源之争外，还有江苏省1931年大水灾，各县的田赋收入不及常年的一半，江苏教育经费危机全面爆发，于是出现了前面所提到的对中央大学的经费停止拨付的局面。江苏和中央大学的情况并非个

---

① 《周佛海提请苏政府稳定全省教育经费》，载《中央日报》1932年1月9日，第2张第3版。

② 朱家骅致教育部函，"国立中央大学档案"，全宗号648，案卷号4562，第124页。

③ 《江苏教育经费委员会第二十八次会议纪录》，"国立中央大学档案"，全宗号648，案卷号3238，第77—78页。

别，当时全国教育经费均出现了严重的危机，因中央财政紧缩后，自 1932 年 2 月起，财政部对教育的经费以三成发放，而中央大学因江苏协款停止，而教育部原每月拨付的五万元，现在也只发三分之一，每月只有一万六千元，这样中央大学的经费实际所领甚至连平时的一成也达不到，这种局面，最高教育当局也是清楚的，当时教育部的代部长段锡朋也公开表示中央大学这样下去难以为继。① 当时整个情况是，"国立各学校经费，积欠甚多，平津中央各大学，均岌岌濒危，各校教授，亦相继表示罢教，国立高等教育将完全停顿"，于是行政院专门召开会议，并饬令江苏教育经费管理处迅速先行拨给积欠中央大学一个半月经费共计十六万五千元。② 但江苏教育经费管理处对于行政院的决议置若罔闻，为此中央大学教授召开第九次教授会议，督促教育部负责向江苏教育经费管理处索发本校积欠经费，设法从根本上解决中央大学的困难。

难题之二："九·一八"之后中大成了全国的学生运动中心。

除经费问题之外，朱家骅上任后另一挑战是如何处理"九·一八"之后日益高涨的学生抗日爱国运动。"九·一八"事变激起了全国性的反日怒潮，学生运动成为这一潮流的前锋，罢课、游行、示威，国民政府最初采取默许的态度，学生对政府也表示支持。然而国民政府所推行的"不抵抗"政策与学生的激进主张有很大的分歧，不久学生运动的矛头就指向国民政府了。地处首都的中央大学更是这一时期学生运动的领导者。"九·一八"事变消息传来，中央大学学生群情激愤，由全体教职员和学生组织

---

① 《全国教费勉发三成》，载《中央日报》1932 年 2 月 11 日，第 2 张第 4 版。

② 《昨日行政院决定维持教育经费办法》，载《中央日报》1932 年 1 月 27 日，第 2 张第 4 版。

抗日救国会，积极倡导抗日救亡运动。9 月 28 日中央大学抗日救国会决定由何浩若教授领头向中央党部、国民政府、外交部请愿，并提出八点请求：①请政府即刻促成和平统一；②请政府对日下最后通牒，积极备战；③请政府撤办王正廷；④政府明令恢复民众运动；⑤请政府切实实行全国军事训练；⑥请政府速委任外交官充任各国缺额公使，以利外交；⑦请政府责成边疆长官切实负守土之责；⑧请政府励行国民外交。游行队伍行至中央党部时，受到丁惟芬的接见和答复。当队伍至外交部时，外交部长王正廷拒不见面，学生激愤，冲入外交部，怒打王正廷。随后千余学生赴国民政府请愿，蒋介石被迫出来接见。① 中央当初改调朱家骅来执掌中大，本意是借其办理中山大学的经验来解决中央大学的内部纷争问题，对朱的期望甚高，没想不及一年，中央大学又发生大的学潮，对此朱家骅备感压力。学生怒打外长事件发生后，朱家骅当即向教育部自请处分，称"窃家骅身为校长，处理无方，致酿此不幸事件，应负一切责任，理合呈请钧部准予撤职，从严惩办。"② 但当局对其一再挽留。

　　"九·一八"之后，日军的暴行和蒋介石的"不抵抗政策"，激起了全国学生爱国运动的新一轮高潮。全国各地学生纷纷涌向首都，南京成为学生运动的中心地。中央大学地处政治中心的首都，作为最高学府，自然而然地取代了北京大学而成为学生运动的中心和大本营。"九·一八"事变之后，全国学生抗日救国联合会在中央大学正式成立，着手健全组织，加强联络，领导全国的学生爱国运动③。朱家骅面对这种形势，所采用的策略就是利

　　① 《中大师生向外交部请愿》，载《申报》1931 年 9 月 30 日，第 10 版。

　　② 《朱家骅自请处分呈文》，载《申报》1931 年 9 月 30 日，第 10 版。

　　③ 《全国学生抗日救国联合会》，载《中央日报》1931 年 11 月 3 日，第 2 张第 1 版。

用总理纪念周和布告等其他途径，借"学术救国"之名劝阻学生游行示威活动。1931年12月1日，朱家骅发出布告："查日前本校同学，因暴日侵略，激于义愤，奔走废学……运筹决胜，则政府自负其全责；至青年本在求学时期，正应致力于知识之准备，以启学术救国之至效。"[①] 随后在总理纪念周上朱家骅继续鼓吹"'国家兴亡，匹夫有责'，你们不是用来作标语的吗？你们的责任便是学术救国……中大同学是全国最高学府的学生，应该见到这一层，明了自身对国家负的责任，以为全国学生的倡导。"[②] 朱充分利用校长职权压制学生的活动，但长期压抑下的学生爱国热情，遇到一点机会就会爆发出来。

就在朱发表"学术救国"演讲的第二天，1931年12月5日清晨中央大学十余名学生联名要求召开全体大会，改组中央大学抗日救国会，向校长要求停课，朱家骅未许。上午十二时，北大示威团出外在中央大学附近游行示威，并与军警发生冲突，警察将一部分学生扭送孝陵卫，刚好该校学生下课，中央大学学生纷纷卷入其中，与警察发生冲突。学生回校鸣钟，召集大会并决议三项：其一，援助北大；其二，反对政府压迫民众运动；其三，总罢课。会后该校学生集会游行，有学生前往校长室领取校旗，适遇秘书长郭心崧，未语几句即行痛殴，郭氏头部受伤，当即送往医院。学生一路游行，最终到达卫戍司令部，要求释放在孝陵卫之北大示威团学生和道歉等。[③] 事发后，朱家骅以校长名义向全校发出布告，对学生行为进行严厉谴责，并要求学生立刻复课，布告内有"本校为最高学府，观瞻所系，至于蔑弃礼法，凌

---

① 《中大校长告诫学生》，载《中央日报》1931年12月2日，第2张第1版。

② 朱家骅：《学术救国是青年学生对于国家应负的责任》，载《中央周报》第190期（1931年1月25日），第4页。

③ 《中大学生昨日行动》，载《中央日报》1931年12月6日，第2张第1版。

辱师长,大学生积学洽闻,浴德沐义,岂宜出此。本校长爱护诸
生如家人,决无坐视诸生犯礼违法而不予以匡正之理。"① 朱家
骅当即再次引咎辞职,致教育部的辞职函中称"校纪破坏至此,
实已无可维持,皆由校长平时管理无方所致……恳请钧部转呈国
民政府先行准予辞职,听候惩办。"② 教育部并未接受。

　　对学生的爱国运动,社会舆论给予了很多的同情,《申报》
评论中就称:"惟自吾人观之,究以为目前学生之奔走追呼,疾
声呼吁,虽以事实之刺激与反映,而偶有逸出正轨外之错误,而
其情则可原,其行则可敬,其艰苦卓绝之泣血呼吁,则可歌可
泣,吾人应予绝对之同情,绝对之谅解,厌恶固不可,视为洪水
猛兽更非所宜。"③ 但国民党当局对此十分厌恶,视为洪水猛兽,
认为学生的举动为国法党纪所不容。面对汹涌的学生运动,朱家
骅一时无法控制局面,决定提前放假,向社会发出公告,一再要
求家长把学生领回家,来平息事态,朱家骅所担心的是学生"四
出连动各校罢课,力图张大","惟希贵家长暂时召回,改换环
境,裨益滋多。"④ 但这一招并不凑效,12 月 8 日,北大示威团
80 余人、武汉大学赴京请愿团 250 人和中央大学 700 余人联合
从中央大学出发游行示威,沿途高呼抗日口号。⑤ 事态进一步扩
大,首都卫戍司令部派军队进驻该校,以维持秩序。朱家骅再次
向教育部提辞呈,称"校长因校务无力维持,业经迭向钧部坚请

---

① 《国立中央大学布告》,"国立中央大学档案",全宗号 648,案卷号 1587,第
275—276 页。

② 《辞职听候惩办由》,"国立中央大学档案",全宗号 648,案卷号 1587,第
273—274 页。

③ 《学生爱国运动平议》,载《申报》1931 年 12 月 8 日,第 2 版。

④ 《朱家骅电中大学生家长》,载《中央日报》1931 年 12 月 8 日,第 2 张第 1
版。

⑤ 《各大学学生昨游行》,载《中央日报》1931 年 12 月 9 日,第 2 张第 1 版。

准予辞职。"① 而且"意甚坚决，自六日起，已不到校办公。"②
12月13日，朱家骅再次致电学生家长，通知学校因学生自动罢
课已经放假，请学生家长召回子弟，并同时向教育部三请
辞职。③

　　国民党中央要员不愿看到中央大学长期动荡下去，应吴稚晖
及张治中之约，中央大学学生会全体干事于21日晚，赴中央党
部商谈，当时吴稚晖对学生的表态，主要涉及复课、经费、校长
和撤兵问题。关于复课问题，吴稚晖对学生表示政府愿意早日复
课，但由于中大教授当中一派主张马上复课，一派主张下学期提
前上课，请学生会直接与教授会协商。关于经费问题，吴答应向
财政部和江苏教育经费管理处交涉拨发。关于校长问题，吴说朱
家骅既不好，他自然就不捧他的台。关于撤兵问题，许诺一部分
驻军立即撤走，其他部分三五日之内全部撤走。④ 12月28日，
中央政治会议决议，批准朱家骅辞职，并同时任命其为教育部
长，但朱当晚离京而去，并力辞教育部长职位。直到"一·二
八"事变后，中央召开紧急会议，行政院改组，准院长孙科辞
职，以汪精卫继任，朱家骅才正式上任教育部长。

---

　　① 《朱家骅辞职信》，"国立中央大学档案"，全宗号648，案卷号1587，第296
页。

　　② 《中央大学校长再提辞呈》，载《中央日报》1931年12月9日，第2张第1
版。

　　③ 《朱家骅再电中大学生家长》，载《中央日报》1931年12月13日，第2张
第1版。

　　④ 《与中大学生谈话》，载《民生报》，1931年12月23日。但对于上述报道中
有关校长问题的"吴谓朱不好，我自然不捧他的台"一句，吴稚晖专门去函更正，
强调他只说了以下的话："教育特令没有教我们说到校长问题，所以校长问题，听凭
大家自己去讨论。我个人则始终忠告不要换校长。没有好的寻得出来。你们以为赶
了校长，就算胜利，这种争面子的方法，是中国人的恶习。"以上更正内容以《声明
与中大学生谈话真相》为题刊于《民生报》1931年12月24日。

二　迎拒校长风波

1. 任鸿隽力辞不就

朱家骅之后中央大学校长由何人担任,为各界所瞩目。对于校长的标准和人选,中大学生再次表达自己主张,学生自治会首先提出请中央在顾孟余、翁文灏、周鲠生三学者中择一任命①。1932 年 1 月中央大学学生自治会在蒋炯、骆继常、李孟平三人领导下,召开在校同学非常大会,确定校长人选标准为:一是纯粹学者;二是办理高等教育有成绩者;三是毫无政治色彩。学生提出校长候选人九人,然后票选三人,呈请政府择一任命。候选九人为:马君武、任鸿隽、秉志、刘树杞、胡庶华、陆志韦、翁文灏、周鲠生、竺可桢。最终三位当选者如下:竺可桢 172 票、翁文灏 152 票、任鸿隽 106 票。② 值得注意的是,在一年之中,中大学生们所期望的校长标准发生了 180 度的转变,由原来要求党国要人变为纯粹的学者,既反映出学生对于国民党派系势力引入校园的极度反感,也反映出近代大学自治和学术自由的内在要求。中大学生自己票选校长的举动,得到了北大出身、中央研究院史语所所长傅斯年的肯定,他在《独立评论》上撰文,“真不能不佩服”中央大学的学生选举校长,批评教育界破产的原因即在于:“直弄到有政治野心者,非办大学不可,欲登门投靠者,非进大学不可,所以大学生选举校长,每举些权要与政客。”③

---

①　《中大学生选求校长》,载《申报》1931 年 12 月 28 日,第 13 版。

②　《中大学生票选校长》,载《民国日报》(上海版)1932 年 1 月 19 日,第 1 张第 4 版。

③　傅斯年:《教育崩溃之原因》,载《独立评论》第 9 号,1932 年 7 月 17 日。

朱家骅于 1931 年年底辞职后，校务由法学院院长刘光华代理。1932 年 1 月 8 日，教育部即以部令发表国民党中央委员桂崇基继任中央大学校长。桂崇基，时为国民党中央委员，兼任法学院的教授。早在 1929 年 5 月，中央大学成立三民主义研究社，会员有 50 多人，请桂氏为指导员，决议每月开大会一次，届时由各社员将平时研究之问题提出讨论，由导师详加指导。[①] 在中大学生眼中，桂氏乃以党务出身的政客式人物，与学生所期望中的校长理想——纯粹学者、办学有成就、毫无政治色彩——相距太远，虽桂氏本人满怀信心，但遭到该校学生的强烈反对。桂氏自知无法控制和扭转局面，只好决计引退，但在致行政院院长孙科的辞职函中，对中央大学的排拒耿耿于怀，称"委长中大，何敢固辞。顾念近来学风浇败，狡黠之士，视教育为筌蹄，致青年外骛之心，诱学子进身之路，互为堑垒，以事争持，便个人一己之私，败国家百年之计，是以新命甫颁，纠纷立见。"[②] 认定其不能上任是由于中央大学有人在背后操纵学生。

桂氏去职后，中央大学校长人选又成难题。为此日日社记者专门采访一位中央大学教授，讨论中央大学的校长标准。该教授（报道中并未提及姓名）认为当下中央大学的校长并非恃学问渊博即可胜任，在目前国家财政如此困难，教育经费如此竭蹶的情况之下，中央大学的校长人选必须满足三点：经济手腕灵活，一遇到青黄不接时，得有相当调度；对于学界交游广阔，并具有相当的历史，能在聘任教授时洞悉人才之优劣；须学术渊博，方可负担如此重任。[③] 这的确道明了 20 世纪 30 年代初作为一个国立

① 《中大学生研究党义》，载《中央日报》1929 年 5 月 28 日，第 3 张第 1 版。《中大成立三民主义研究社》，载《中央日报》1929 年 5 月 29 日，第 3 张第 1 版。

② 《桂崇基辞中大校长》，载《申报》1932 年 1 月 22 日，第 13 版。

③ 《中央大学经费》，载《中央日报》1932 年 1 月 24 日，第 2 张第 4 版。

大学校长的关键所在，经费和用人以及深孚众望，三者缺一不可。作为首都最高学府的国立中央大学，对此要求就更高。

桂氏辞职后不久，1932年1月26日国民政府任命任鸿隽为中央大学校长，国民政府之所以选中任氏，是出于以下几点考虑：其一，鉴于桂氏因只是一个政治色彩明显的政客受到学生的驱逐，政府在重新任命新校长时，尤其注重选择学者色彩浓厚的人选，任鸿隽是学生票选三校长之一，完全满足学生方面所提的条件。其二，任氏与中央大学有历史渊源关系，任氏曾任中央大学前身东南大学的教授、董事，并曾担任过东南大学校行政委员会副主任一职，即是副校长，熟悉这所大学的历史。其三，此时任鸿隽正出任由美国庚子赔款所退款组成的中华教育文化基金董事会（简称中基会）的董事兼干事长，实际主持在北平的中基会的日常工作，掌有中基会的财政大权。就这一点而言，任鸿隽对于陷入经费困顿中的中央大学无疑是个大救星。无论是政府方面还是中央大学师生方面，对于任氏能出任中央大学校长一职期望甚高。政府的任命下达后，中央大学"阖校莫不欣欣然有喜色，盖任在学术界素负时望，若肯莅临，则一切问题可以迎刃而解。于是教授会欢迎之，刘代校长光华欢迎之，学生会欢迎之，外界更是派代表亲到北平去劝驾，卒未南来。政府方面则行政院教育部均有电前往敦促。教育部长朱家骅、次长段锡朋、钱昌照亦曾先后亲莅北平，延其出山，然卒未将任氏请到。"①

对于中央大学校长这一职位，任鸿隽一开始就坚辞不就，但教育部则却一再坚持成命，多次催促任鸿隽南下就任，双方前后僵持近半年之久。教育当局似乎认定只有任氏才能拯救中大，朱

---

① 《谁尸中央大学"停摆"之咎？》，载《时代公论》第22号（1932年8月26日），第6页。

家骅于 5 月 27 日致任氏电报中有"前曾迭经函电劝驾后，又在平面罄力恳南来，未蒙允诺"之语①，可见朱家骅的多次力争和任氏的多次力辞。6 月 4 日，任鸿隽致朱家骅的电文中仍称"中大事实限于才力，非故谦逊，枉驾万不敢当。病体稍健，即当南下承教。"② 教部认为任氏就职一事有希望，随即指派教育部次长钱昌照亲赴北平，敦促任鸿隽来京就职，教育部的另一位次长段锡朋同时对记者表示任氏就职应无问题。③ 中央大学学生会鉴于任氏长期未允就职，曾派代表余纪忠等三人携带行政院院长汪精卫的劝说函，亲往北平，敦请任氏南下就职。任鸿隽当即表示不久即南下，在致中央大学全体学生的信函中也表示"惟当日内赴京，努力赞助，藉促中大问题之解决。"④ 于是，中央大学的学生会也着手筹备召开全体大会，准备热烈欢迎任校长上任。"中大急待主持，蒙允南下，无任欣感，务恳克日首途，以利校务，而慰群情，此间各方均愿为先生尽力，经费亦可有办法，鹄候迅驾，中大幸甚。"⑤ 此时中央大学的代理校长刘光华正式向教育部辞职。万事俱备，只等任氏南下走马上任。但任氏心中并未真正打算出任中央大学校长一职，在表面上答应出任中大校长的同时，一直滞留北平，私下却委托好友胡适向中央婉辞。⑥ 从 1932 年 1 月 31 日到 6 月 28 日，虽然任氏名义上为中央大学的

---

①　《朱家骅电平促任鸿隽来京》，载《中央日报》1932 年 5 月 28，第 2 张第 3 版。

②　《任鸿隽病痊即南下》，载《中央日报》1932 年 6 月 5 日，第 2 张第 3 版。

③　《教次长谈任鸿隽可就校长职》，载《中央日报》1932 年 6 月 8 日，第 2 张第 3 版。

④　任氏原函载于《中大校长任鸿隽月内即来京就职》，载《中央日报》1932 年 6 月 13 日，第 2 张第 3 版。

⑤　朱家骅的电文载《中大校长任鸿隽日内来京》，载《中央日报》1932 年 6 月 15 日，第 2 张第 3 版。

⑥　《任鸿隽仍力辞中大校长》，载《中央日报》1932 年 6 月 20 日，第 2 张第 3 版。

校长,但他却一天也没有到职。

任鸿隽之所以任凭各方劝驾,不肯南下就职,迁延有时,社会上各种猜测不断。任氏的挚友胡适当时就认为任氏之所以拒绝出任中央大学校长一职,主要原因在于经费问题。胡适评论道:"经费最困难的学校,如北平的师大,如南京的中大,校长一席几乎无人敢就。师大与中大近来的校长问题,其实背后都是一个经费问题(师大徐炳旭先生辞职由于经费领不到;中大任鸿隽先生不就,由于经费无办法;青大杨振声先生目前辞职,也由于经费问题。)"① 胡适所言道出了"九·一八"之后当时中国大学普遍经济困难的状况,据报载,至 1932 年年初,国立大学积欠的教费均达半年之久,平津两地国立大学积欠之数就达 240 余万。② 1932 年中央大学的经费困扰依然如故,状况的确让人不安,"中大经费自十七年度以还,由财政部及江苏教育经费管理委员会分别拨付,去岁因苏省经费一再核减稽延,学校几陷绝境。今年三月十七日,行政院会议议决,中大经费每月十六万元,自二月份起,一并由财政部拨发。计二、三两月各领三成,四、五两月各领五成,未领之款,与去年十二月今年一月旧欠合计几达五十万元。而苏省去年七月至今年一月积欠经费,复达五十万余元。现在年度行将结束,而年内所领经费并计不足五个月,学校积欠教授薪水已逾四月,图书、仪器、讲义、文具下及煤、电、报纸等到零星商欠不下十数万元。"③ 到 1932 年 6 月为止,中央大学教授的薪水积欠更为严重,1931 年 12 月份至 1932 年 2 月份三个月薪水完全未发分文,1932 年的 3 月份至 4 月份

① 胡适:《论学潮》,载《独立评论》第 9 号(1932 年 7 月 17 日),第 7 页。

② 《教育破产与政府之责任》,载《申报》1932 年 1 月 21 日,第 3 版。

③ 缪凤林:《中央大学经费独立运动》,载《时代公论》第 13 号(1932 年 6 月)。

仅领三成，5月份的薪水也只领到五成，对中央大学教授工资共积欠达十余万元。面对如此困难的局面，而国民政府几乎拿不出任何解决问题的方案，无论中央大学还是社会各界对任氏有何等期待，任氏仍不敢贸然上任。

有意思的是，任鸿隽自己将其不就中大校长一职的原因归于"生性淡泊、不慕荣名"的性格[①]。五年后任氏回忆"九·一八"后这段经历时称："不意'九·一八'事件发生，民族命运顿陷入惊涛骇浪之中。小子何人，敢遑日暇逸。故民国十七年政府以四川省政府及教育厅长见委，二十一年复以中央大学校长见征，吾皆谦让未遑者，至二十四年再被任命四川大学之命，乃不得已尽力为之。"[②]

淡泊的性格和中大经费困扰的确是任鸿隽对于就任中央大学校长一职持观望态度的原因。但以上两点还不是问题的全部，甚至可以说不是问题的实质。更为重要的是中央大学的特殊政治地位、政治文化氛围和复杂人脉关系，直接影响了任氏出任中大校长一职。自东南大学改组以来，中央大学风潮不断，背景复杂，国民党内部派系对于国立大学校长职位的争夺一向十分激烈，加之国民党中央对于这所大学作为首都大学和最高学府两个方面的定位，尤其是朱家骅任内不断强化"党化"教育，这一切与任鸿隽的自由主义理念格格不入。自从国民党的党化教育方针确立之后，一批自由主义学者表示怀疑，并公开批评，其中任鸿隽的言

---

①　任鸿隽：《五十自述》，收入《任以都先生访问纪录》附录，台北：中研院近代史研究所，1993年，第185页。

②　任鸿隽：《五十自述》，收入《任以都先生访问纪录》，台北：中研院近代史研究所，1993年，第185页。这一段引文与樊江业、张春久编：《科学救国之梦——任鸿隽文存》第687页中（上海教育出版社　上海科技出版社2002年版）收入同名文有较大出入。

论具有相当的代表性，他认为教育的目的与党的目的完全不同，教育的目的在于一个全人的发展，而党的目的在于信徒的造成。教育的目的以人为本位，党是以组织为本位，二者根本矛盾。因此他大胆地提出：第一，党化与教育不能并立，有了党化，便没有教育，反过来说，要有教育，先取消党化。第二，国民政府应该对全国教育负责，所以它的义务应该先发展教育，再说党化。① 正是基于自由主义的教育立场，任鸿隽始终不愿到中央大学来实践国民党的"党化"教育理念。

　　虽然从表面上看，各方对于任氏出任中央大学校长一职均表示极大的欢迎，但中央大学内部的教授群体却不尽然。此时南北学术界风气大为不同，北方是自由主义思想的大本营，南方（以南京为中心）则正处于与官方政治言论最密切的时期，尤其以中央大学法学院为中心的一批教授如杨公达、梅思平、杭立武等正鼓吹法西斯主义，主张在中国推行独裁统治，与北方以《独立评论》为中心的胡适、任鸿隽、丁文江等展开激烈的论战（具体内容见下一章的相关讨论）。在这样的氛围之下，任是不愿意南下就任中央大学校长一职的。加之中华文化教育基金是一个备受人关注拥有经济权力半官方半民间组织，其人事及运作并不受国民政府所左右，主要成员胡适、傅斯年基本上是一批北方自由主义知识分子。中基会与政治保持着一定距离，对北京大学给予特别资助②。以中央大学为首的国内高校，对中基金会对于国内学术界的资助方案颇有批评，如中央大学教育学院教授程其保就批评中基会为少数人所把持，其所提倡的协助教育与学术事宜均是零

---

① 叔永（任鸿隽）：《党化教育是可能的吗?》，载《独立评论》第 3 号（1932年 6 月 5 日），第 15 页。

② 参见杨萃华：《中基会对科学的赞助》，台北《中研院近代史研究所专刊》(65)，1991 年，第 141—145 页。

星的，而没有通盘考虑，大都因人设岗，尤其对于北京大学每年得到二十万元的特殊照顾提出质疑：

> 北京大学，每年获得二十万元之补助费，而中央大学之教育心理系希望一万元之补助费，申请两年，卒未能如愿以偿，内幕如何，未得可知，但就表面观之，不平之例，未有甚于此者。夫以北大过去之历史，以及将来之发展，二十万元之补助费，并不为多。然中央大学，亦有相当之成绩，区区数万元之数，犹不可得，此种不平之事实，或不为主持诸公所虑及，然影响所及，徒引起将来莫多之纠纷耳。①

对此，作为总干事的任鸿隽不得不公开在北方的《独立评论》上逐一辩护，尤其对于程所认为中大教育系没有得到补助的不平之议进行反驳，"实则中大理学院农学院皆曾受相当的补助，教育学院亦有中基会设立的教授席"②，言外之意对程其保的质疑颇为不满。事实上任鸿隽所言不虚，从东南大学到中央大学，这所高校一直得到中基会基金的补助，就单设讲座教授一项而言，还是相对最多的。1926年中基会开始在全国高校中设立科学讲座教授，最初全国共议设三十五座，每校至多五座，东南大学即议设五座，后因经费困难，全国改设二十三座，东南大学共得到四座，分别是艾伟（教育心理学）、查谦（物理学）、张准（化学）、陈桢（动物学），为当时全国得到最多的两校之一。1927年中央大学成立之后，中基会又在中大设立了五个讲座教

---

① 程其保：《庚款与教育》，载《时代公论》第2号（1932年4月8日）。
② 具体内容见《庚款与教育》，载《独立评论》第2号（1935年5月29日），第22页。

授，分别是吴有训（物理学）、曾昭抡（化学）、陈焕镛（植物学）、蔡堡（动物学）、艾伟（教育心理学），其中每位教授每年得到资助金2000元。[①] 尽管如此，除设立讲座教授之外，中基会在其他用款的分配上，如设备补助等项确实存在一些"政策倾斜"或"照顾"之嫌，尤其是对北大，包括团体与个人的因素在内。[②] 中大教授公开质疑中基会分配不公，或多或少影响了任鸿隽南下就任中央大学校长的决心。

2. 段锡朋遭殴

经费无着，管理无人，中央大学环境进一步恶化。中央大学教授于6月6日决定总罢教[③]。中央大学的学生于6月27日召开全体学生大会，教授代表张其昀、缪凤林也向同学报告向行政院请愿经过，大会决议：第一，对于校长人选仍坚持政府从翁文灏、竺可桢、任鸿隽三人中择一任命；第二，请政府彻底调查中大水灾捐款舞弊案，要求前校长朱家骅将挪用的水灾捐款三日内送还会计组，用大会名义警告朱家骅，并通电全国反对朱家骅为教育部长；第三，请行政院批准刘光华辞职，并要求查谦教务长代理校务，等等。会后学生全体到教育部行政院游行，高呼"打倒朱家骅"、"拥护中大经费独立"等口号，汪精卫、段锡朋答复月底之前校长问题定有办法解决。[④] 由于学期行将结束，下学期教授的聘请、学期考试的进行，以及招考新生的手续等均需有人

---

① 《国立中央大学沿革史》之"中华教育文化基金董事会设立科学讲座之经过"部分，载《国立大学联合会季刊》第1卷2期（1930年），第18—19页。

② 参见谢长法：《借鉴与融合：留美学生抗战前教育活动研究》，河北教育出版社2002年版，第209—215页。

③ 《中大教授昨总罢教》，载《中央日报》1932年6月7日，第2张第3版。

④ 《中大学生请愿》，载《申报》1932年6月29日，第9版。

主持，行政院于 6 月 28 日专门开会讨论，会上有主张教育部长朱家骅代理，朱氏坚辞不就，其后，起立推辞者达七八人之多，最后，汪精卫提名教育部次长段锡朋氏暂行代理，段氏亦力辞，但众人极力敦促，段氏勉为其难，声明为暂时代理，且以一星期为限，并请行政院迅速物色人选。[①] 会后当日（6 月 28 日）行政院正式任命教育部的政务次长段锡朋为中央大学的代理校长。这一经过的确具有十足的讽刺意味，堂堂国立最高学府的校长职位竟成一烫手山芋。

段锡朋，江西永新人，1916 年考入北京大学，1919 年"五四"运动期间曾任"北京中等以上学校学生联合会"会长和"全国学联"会长。1920 年被蔡元培选派与罗家伦等五人赴美留学，获哥伦比亚大学文学硕士，后又肄业于英国伦敦大学和德国柏林大学。回国后曾任武昌大学、中山大学教授。1931 年被选举为国民党中央执行委员会候补委员，翌年继陈布雷之后任教育部政务次长。[②] 这位参加"五四"运动的中坚份子，北京大学的毕业生，在 1930 年中央大学的"五四"纪念会上，还专门被邀请到校演讲"'五四'运动的意义"[③]。段氏无疑是以学生运动起家，政府当局无非期待他学生领袖出身的身份能得到学生拥护。但事与愿违，段氏这一政治色彩浓厚的背景成为学生攻击的目标。

就在教育部任命下达的第二日即 6 月 29 日一清早，段氏电话通知中央大学教务长查谦，请其做好准备，自己将赴中大接任校长一职。八点半时，段氏乘小车来中大，即赴校长室与查氏会

---

① 《校长问题经过》，载《中央日报》1932 年 6 月 30 日，第 1 张第 2 版。

② 参见王德滋主编《南京大学百年史》，南京大学出版社 2002 年版，第 158—159 页。

③ 《中大举行"五四"纪念会》，载《中央日报》1930 年 5 月 5 日，第 3 张第 1版。

商，时中大学生在体育馆召集大会，闻段氏至校，乃蜂拥而至南高院的钟楼前，将段氏所乘汽车捣毁，复拥至楼上校长室，将段氏掳至楼下，段氏曾言有什么问题可至大礼堂讨论，学生根本不听，将其摔地围殴，拳脚相加，段氏身上所穿的蓝色丝罗长衫被撕成碎片，前后时间长达十分钟之久，最后才许段氏从西侧门出，并警告其不得再入中大。① 中央大学的校长人选竟再次酿成大的风潮。对于这次风潮，社会各界批评甚多，北平师大校长徐炳旭对胡适曾言"看了中央大学等处的学潮，使我们对于中国民治的前途很怀疑。"胡适认为这正是没有民治精神的"胡闹"②。

学生自己声明拒段主要原因在于：第一，不合校长人选标准；第二，与前次请愿时答复相反；第三，拒段以护中大前途和发展。③ 当时舆论对此有一分析，认为大学校长对于一所大学至关重要，"国立大学校长，位置尊严，政府对于人选，自应周密审慎，然而证之事实，学行两长堪以胜任者，恒坐视不问，而极尽钻营之能事者，反常当选。夫善事钻营，已失其校长之资格，政府应明知其不足以当大任，而必用之而不忌，以引起无谓之纠纷。"④ 正如胡适有一名言，"一个吴南轩可以造成学潮，一个翁文灏可以收拾学潮。"⑤ 此言点明校长对于一个学校的风纪至关重要。

朱家骅接到段氏被殴的报告时正在中央政治会议上，当即将此事口头报告中央，并引咎辞职。蒋介石闻讯后"不胜骇异"⑥，

---

① 《学生凶殴一瞥》，载《中央日报》1932年6月30日，第1张第2版。

② 胡适：《论学潮》，载《独立评论》第9号（1932年7月17日），第9页。

③ 《中大风潮原因》之《学生拒段原因》，载《申报》1932年7月1日，第3张第2版。

④ 程其保：《论大学校长》，载《时代公论》第7号，1932年5月。

⑤ 胡适：《论学潮》，载《独立评论》第9号（1932年7月17日），第7页。

⑥ 《蒋委员长电段慰问》，载《中央日报》1932年7月7日，第1张第2版。

即刻下令解散中央大学，具体交行政院严厉处置。行政院当日召开临时会议，出席会议有行政院院长汪精卫、内政部部长黄绍雄、外交部部长罗文干、实业部部长陈公博、教育部部长朱家骅等政府大员，会议决议"严令各主管官厅，依法严办，国立中央大学除在沪设立之商医两院外，着即暂行解散，听候澈底整理，所有教职员应重行聘任，学生应重行甄别。"① 据时任中央大学历史系教授的沈刚伯回忆说，汪精卫当时还指名捉拿缪凤林等三位教授，但遭到教育部长朱家骅的反对②。汪精卫随后发表中央大学校长问题的谈话："本月二十八日行政院会议，派教育部次长段锡朋君，暂行代理中央大学校长，此事具有苦衷。一月二十六日任命任鸿隽君为中大校长，事前未得任君同意，故磋跎数月，迄未就职，刘光华君以法学院院长代理校务，因一部分学生予以难堪，遂萌消极，而此一部分学生，又有以教务长查谦代理校务之要求，当刘君离校时，查君固已代拆代行矣，则当准刘君辞职时，以查君代理校务，自无不可，准此一部分学生，既有迎此拒彼之表示，若悉如其请，兴旺发达教育行政无从整顿，且必引起其他部分学生之反感，将使问题纠纷愈不可解，故院议均主张另行物色人选，以谋解决。但人选即使决定不征求同意，必蹈任君覆辙，征求同意，又非旦夕可得。……在如此恶劣情势之下，无论何人，均难免于迎彼拒此之窘境，教育界人士多持自重，谁肯轻于尝试？"③ 除对段氏表示同情理解外，汪精卫也进一步强调："至于校长若由学生选择，一如国会议员之选举议长

　　① 《行政院令》，载《中央日报》1932 年 6 月 30 日，第 1 张第 2 版。
　　② 沈刚伯：《追忆骝先先生的善行二三事》，沈云龙主编近代中国史料丛刊第三编 110 号《朱家骅先生纪念册》第 2 册，台北文海出版社 1996 年版，第 258 页。
　　③ 《中大问题汪院长之重要谈话》，载《中央日报》1932 年 7 月 1 日，第 1 张第 2 版。

然，实为滑稽之至。"① 换言之，大学校长是政府派出的监管大学的代理人，也是政府对大学控制的主要渠道。如果满足学生的要求，即由学生来选举校长，无疑是对政府合法性权威的挑战。这一点国民政府无疑格外警惕。

在政府下达解散后，7月1日，中央大学教授会召开第十八次教授会议，出席会议的有黄季刚、胡小石、方东美、宗白华、江东、潘菽等56人，由丁嗣贤和张其昀为主席，大会对于政府明令解散中央大学后，围绕水灾捐款和欠薪问题作出以下几项决议，切实维护自己的利益：其一，对于教授的水灾捐款，在离校前应由赈灾委员会发给水灾捐正式收据，并请政府派公正大员彻底调查前校长朱家骅"鲸吞水灾赈款案"。其二，在离校前由政府负责履行聘约，发清教授薪俸，并选举十名教授执行索薪。其三，针对朱家骅发表谈话意指中央大学教授背后操纵一事，认为实属污辱教授人格，决议请政府派公正大员彻底调查，"倘非事实，诬陷者应反坐。"② 教授会之所以一直抓住水灾款一案不放，更多的是表现了出对政府整顿中央大学的抗议。

三 解散与整顿

在中央大学发生风潮的同时，北方的北京大学、青岛大学，在上海的私立中国公学也发生风潮，只不过中央大学的风潮引起

---

① 《中大问题汪院长之重要谈话》，载《中央日报》1932年7月1日，第1张第2版。

② 《教授会议》，载《中央日报》1932年7月2日，第1张第3版。

特别的关注。国民政府在对中大进行严厉整理的同时，在全国也开始整顿大学教育。对于中央整顿大学教育目的和理由，1931年8月31日教育部长朱家骅在中央党部纪念周所作的报告中有详细的说明，朱家骅所言概括起来，主要有"十大理由"、"三大目的"。所谓"十大理由"指的是：①大学毕业生过多，出路无着；②大学所造就人才与社会不相应；③同一地方学系重复过多，浪费经费；④学校不顾财力，多设院系；⑤课程忽视基本科目与各科目之实用性；⑥学生成绩不良；⑦学校设备欠缺；⑧学术研究风气不浓；⑨考试不严；⑩风潮迭起，内容复杂，使办学者感到困难。所谓"三大目的"指的是：其一，先行裁并同地方之重复学系，以期减少大学校数；其二，减少文法科以免仕途拥挤；其三，注重农工医等科，以造就社会必需之人才。但这些理由和目的却遭到平津国立院校教职员联合会的质疑和抨击，认为上述只不过是朱氏冠冕堂皇的借口，事实上的整理动机，则不外下列三项："一、学生反对校长；二、中央大学教授对于我公个人的攻击；三、学生殴辱教育次长。"至于整理的方法，也不过以下二端："解散学校，组织整理委员会；停止招生。"社会自然对于整顿的效果表示怀疑，认为整顿的结果不外以下几种情形：第一，学生具遭解散，暂时宁静，未几风潮再起，较前益烈；第二，学校经费所剩无几，学生人数减少甚多，得不偿失；第三，国家人才之损失达二千以上；第四，青年对党国之信仰益薄怨，忿益深。① 公心而论，这次教育部对全国大学的整顿包含有许多合理的因素，如朱氏前面所论，不无道理。但其直接原因却是起于中央大学的学潮使政府颜面扫地，教育部有借机全面整顿大学

---

① 平津国立院校教职员联合会：《驳朱家骅部长整顿大学教育意见书》，（无出版地与出版时间，南京图书馆古籍部藏），第1—3页。

之意,但选择这样的时机推行,却让许多教职员对其真正的动机表示怀疑,并公开质疑。

行政院下令解散中央大学后,教育部着手派员接收,而且动用国家机器,警备司令部夜晚派便衣侦探多人,对学生宿舍破门搜查,逮捕多人,并且严格封锁校园,限三日内所有师生一律离校。[①] 国民政府采取如此严厉的手段来整顿中央大学,多少有以儆效尤的用意,傅斯年即言,政府表示整顿中央大学的意思之后,"即远在北平的大学,也望风软化了"。[②] 政府当局对于中央大学的严厉处置,引起社会的强烈反应,上海各大学教授会对中大学潮公开发表宣言,认为政府任命段氏为代理校长失当,"近年以来,官僚主义党派势力侵入清白的教育界,以致发生无穷纠纷。"[③] 提出谋求教育发展,政府必须做到以下四点:第一,保障教育纯洁,排除官僚主义党派作用的侵入,校长人选极宜慎重,各党各派更不应收买或利用青年,以为其争权夺利的工具,务使教育机关不致参入政治漩涡。第二,保障教育经费,政府应指定确款,不能随便挪用。第三,保障学术自由,至少在大学里面,不宜施行党化教育,锢蔽学生思想,阻碍学术的进步。第四,保障教授待遇,不能以学校为官场,随着当局为进退,对于聘约规定的薪俸,不得拖欠。[④] 教授们提出的主要问题是学校自治和学术自由。作为从西方移植的大学制度,虽然在近代中国一开始就被纳入到国家的建构之中,但其自身生来就具有自治的要

---

① 《教部接收中大》,载《申报》1932 年 7 月 4 日,第 10 版。

② 孟真:《教育改革中的几个具体事件》,载《独立评论》第 10 号 (1932 年 7 月 24 日),第 8 页。

③ 《上海各大学教授会对中大学潮宣言》,载《申报》1932 年 7 月 10 日,第 14 版。

④ 同上。

求，反对外界对其过度的干预。近代中国政党政治兴起之后，党化教育成为其主要教育理论，大学成为党派争夺的地盘之一，派系之间对于校长职位争取异常激烈，有的甚至通过收买学生从中闹起风潮，然后取而代之。加之经费无法切实保障，造成大学风潮不断。教授们虽然提出了问题的结症所在，但国民政府却不可能照单对症下药。

行政院决定设立中央大学整理委员会，聘任蔡元培为整理委员会委员长，李四光为副委员长，聘顾孟余、周鲠生、俞大维、竺可桢、钱天鹤、张道藩、罗家伦、谭伯羽为整理委员会委员，① 负责对这次事件的调查和处理。整理期间，由李四光代理中央大学校长一职。一时报纸纷纷猜测李氏已内定为中央大学校长，并对李氏的生平作了诸多介绍，称"李氏字仲揆湖北人，英国伯明罕大学理科硕士，历任国立北京大学地质学教授，国立图书馆副馆长，现任国立中央研究院地质研究所专任研究员兼所长，中国地质学会会长，著有《中国地势变迁小史》及《地球的年龄》等书。"② 李四光被中央任命为代理校长，无非是期望李四光这样一个外来的人士，能摆脱内部的人事纠葛，大刀阔斧来完成整顿中大的任务。整理委员会同时任命竺可桢为教务长，钱天鹤为总务长，负责中央大学的日常工作，协助李四光开展对中央大学整顿工作。

中央大学整理委员会于 1932 年 7 月上中旬在教育部连续召开两次会议，提出具体整理方案，包括大学停止招生一年、学生进行甄别、院系进行调整、改组学校行政组织、经费重新分配、

---

① 《整理中大》，载《中央日报》1932 年 7 月 7 日，第 2 张第 3 版。

② 《国立中央大学校长李四光继任》，载《申报》1932 年 7 月 17 日，第 12 版。

提高教授待遇等九个方面。①

重点之一是学生甄别,中央大学的风潮主体是学生,这次整顿的重点也在学生。学校停止招生一年,对现有学生进行全面的甄别,学生甄别办法为:第一,以学业成绩及平时品行为标准,凡参与暴行及查有特别不良行为者一律不得参加甄别,并不给予证书。第二,学业成绩之甄别由教育部组织考试委员会按年级考试,其必修科目受甄别试验及格者即作为毕业考试及常年考试,其不及格者,分别降级或给予肄业证书。

重点之二是院系的整理,主要是从办学效率方面出发,裁并一些设置重复的专业学系。具体办法是:将原来的教育原理、教育心理、教育行政、教育社会四系改并为教育学系,另设师资专科。上海商、医两学院划出独立,其经费连同划出。文学院内社会学系取消,该科目并入哲学系。理学院中的动物学系、植物学系改并为生物学系,心理系取消,实验心理学系编入生物学系。农学院六科改编为动物生产系、植物生产系、农业化学系,增设农业经济课程。工学院的化学工程系并入理学院化学系。院系整理涉及八大学院中的七个(法学院除外),并且上海的商、医两个学院独立出中央大学,学校朝精简化方向整理。虽然社会上(尤其是毕业同学会)激烈反对上海商、医两个学院独立出去,但无济于事。

学校行政组织的整理方案为:校长以下设教务长一人,管理注册、出版、图书馆、军事训练及各院有关事项,并设总务长一人,管理文书、会计、庶务及其他事项,校长室设秘书一人。这

---

① 《国立中央大学整理委员会委员长蔡元培呈行政院文》,"国立中央大学档案",全宗号648,案卷号1588,第294—298页。以下各项具体整理措施均出自这份文件。

一方案与 1930 年学生的整理校务运动可谓基本一致，反映出学生运动对学校管理方面的促进作用。

学校内经费分配标准：教职员薪俸不得超过百分之五十；办公（连同各院系）不得超过百分之十；其余百分之四十作设备费。这一标准与教育部的大学组织法一致，对行政方面的开支要求进一步减少。

提高教员待遇：副教授改称教授，以专任为原则，其待遇最低额为三百元，以每二十元为一级。专任讲师其待遇最高为二百八十元。

从这份整理的报告来看，整理委员会对中央大学的整顿更多是避重就轻，诸如对学生甄别考核、开除带头闹事学生、调整院系及提高教授待遇等，只是一个治标而不是治本的方案。一则，中央大学多年风潮的根源之一在于国民党内部派系势力对中大校长职位的争夺。以李四光为首的整顿委员会，纯粹学者虽居大半且在学术界颇有声望，但在国民党内却缺乏资历，很难得到国民党政治上的信任，其权威依然不断受到来自国民党内部不同派系的挑战。二则，中央大学虽然被国民政府定位为首都最高学府，但有其名却无其实，经费来源不确立一直是困扰其稳定发展的原因，仅靠压缩院系来节省经费，不可能使中央大学获得长久的发展动力。当时官方报刊就已十分明确地指出中大症结根源所在："自大学区取消以后，中大经费根本动摇，全校师生惴惴不安者已非一日，及去年秋季因苏省中小学校长之请求，苏省党政联席会议决定停拨中大经费，该校学生，即一再向政府请愿，确定校费基金，迁延迄今，依然毫无结果，沪战以后，各种经费无着，该校教授大半另觅出路，以维生计，及四月间开学教职员所得薪水仅三成，处于首都生活程度高涨之下，确有难以为继之苦，此教授会所以一再开会讨论索薪办法，并发生教授总请假一日之事，学生则因沪战后，筹款不易，请求学校允许先行注册上课，欠缴各费，由教授担保，分次缴还，及见教授之欠薪累累，校款日绌，当然发生同情，因此教授与学生合组经费独立运动委员会，请求政府将英庚款之利息作为中大基金，政府方面以英庚款由换文规定用途难以变更，一部分学生所求未达，愤恨之余，不免感情用事，故中大风潮之发生动机实为经费，苟经费方面有保障，则校长问题可迎刃而解，决不至有最近肇事之举也。"①

这份整理意见得到中央批准，李四光被任命为中大代理校长。李上任最为繁重的任务是聘定各院院长和教授。人事始终是矛盾集中的地方，加之中央大学历来内部派系林立、关系复杂，人事纠葛可谓盘根错节。如何处理人事上的复杂局面，李四光决定成立专门委员会——以教授聘任审查委员会和院务设计委员会来确定人选，教授的聘任标准为其学术地位而不论其社会地位如何，其目的"无非为求公开起见"②，实际上将矛盾交由集体民主处理。但这一工作进展并不顺利，没有进入教授资格审查委员会的教授纷纷公开质疑与指责，认为由先聘的教授来审查待聘的教授，是一"最大谬误而极滑稽者"③。

由于院系裁并较多，所聘教授人数势必有大的变动，这直接关系到各人的切身利益，引起了不小的风波。如农学院，李四光聘定赵连芳博士以教授资格并负责整理院务，按照整理委员会的要求，农学院的薪水总额每月不得超过七千八百一十八元，而上学年度实际每月所支薪水总额为一万一千三百元，这意味着农学

---

① 《中央大学突告解散》，载《中央周报》第213期，1932年7月4日，第9页。

② 《中大聘任审委会昨开首次会》，载《中央日报》1932年8月5日，第2张第3版。

③ 《谁尸中央大学停摆之咎？》，载《时代公论》第22号（1932年8月26日），第7页。

院每月薪水额必须节省三千三百九十二元，加之教授待遇提高，这就意味着，原来农学院不少教授和职员无法再被聘用。这样一来，不能被续聘的原农学院教员对赵连芳有各种各样的攻击，矛盾就集中到赵氏身上，赵氏在给李四光的信称，"于是遂有不得不作困兽之斗者矣……今不幸转入此漩涡，深以为憾。"①

农学院的情况并非个别，当时中央大学就有一教授以"穆"为名，在报刊公开对于中大的复杂整理内幕进行披露，认为中大内"修名难立、待隙而动之流，则视'整理'为天赋之时，见缝插针，无微不至，逞具私见，妄裁系科，更乘机谗谤，排除异己……李四光先生南来，更进而左右挟持，李先生固非明中大之历史了如指掌者，安能离藩破栉，行使其自由之意志？"② 对李四光能否完成中央大学的整理任务表示担心。李四光奉命整理中央大学，本人对其困难是有思想准备的，原只承诺代理校长三个月，但实际上仅过一个多月，中大校务的整顿遇到极大的阻力，且李本人极不愿卷入中大内部纷争的漩涡中，因此决定向政府辞职，请中央另选贤能。李四光在致其好友胡适的信中透露心迹："关于中大事，惭愧极了。我不能整理，也觉无法整理。一面是整委会，一面是老教授，一面是政府，又一面是学生，四把尖刀好像都集在我一人身上。自从到了南京以后，终日活埋在人丛祸结中，打不开一条出路。你想我是什么人，那会干这种玩意，误人害己，罪恶难逃，想来想去，终只有辞职一途。现在我已经辞职了。我虽已摆脱，学校的问题还在那里。"③ 事后李四光对外

---

① 《赵连芳致李四光函》，载《中央日报》1932 年 8 月 13 日，第 2 张第 3 版。

② 穆：《中央大学的"整理"与"审查"》，载《时代公论》第 21 号（1932 年 8 月 19 日），第 6—7 页。

③ 《李四光致胡适》（1932 年 8 月 16 日），收入《胡适来往书信选》中册，中华书局 1979 年版，第 131 页。

界谈及此事，称"任事未及两个星期，困难丛生，校内各部意见复杂，个人体弱才短，穷于应付。"[①]

李四光的辞职后也意味着整理委员会集体辞职，整理委员会主任蔡元培致汪精卫信中，称"现据李副委员长报告，困难太多，不能胜执行整理方案之任，已向钧院辞去副委员长及代行校长之职云。凡李（副）委员长所感之困难，即整委会全体之困难。委员等实不能胜整理中大之任，谨辞整理委员会之职，祈俯如所请，实为公便。"[②] 在提交行政院的集体辞职报告中，蔡元培同样称："现据李副委员长报告，困难太多，不能胜整理方案之任，已向钧院辞去副委员长及代行校长职务之职云云。凡李副委员长所感之困难，即整委会之困难，委员等实不能胜整理中大之任，请辞整理委员之职。"[③] 国民政府所谓对于中央大学的整顿，只能半途而废。在对院系作大的调整外，开除 19 名学生，如此，便算完成整顿任务。

中央大学之成立后所以一再卷入风潮中，不同人士看法不一。教育部长朱家骅认定少数人在背后操纵，近年来学校风潮不断，大抵皆由少数恶劣分子所造成，学术精湛深厚的教授和读书用功的学生，除教书求学外，大都不问他事，或者无所主张；主要是一些恶劣分子，利用一部分人不管闲事，与一部分人依违两可，肆意活动，才造成今日这种混乱的局面。[④] 而中央大学整理委员会副主任、代理校长李四光对此却有另一认识，他认为中大

---

① 《李四光谈辞中大整委及兼职经过》，载《申报》1932 年 8 月 25 日，第 12 版。

② 《致汪精卫函》（1932 年 8 月 10 日，原整理者将此函时间定为 1930 年，误），收入《蔡元培书信集》下册，浙江教育出版社 2000 年版，第 1426 页。

③ 蔡元培：《请辞中央大学整理委员会委员呈》，收入《蔡元培全集》第 7 卷，浙江教育出版社 1997 年版，第 323 页。

④ 《朱家骅有谈话发表》，载《申报》1932 年 6 月 30 日，第 13 版。

位于首都，与中央政府同处一地，此种关系尤其密切，无可讳言。社会上只知责备这种风气的可恶，而未了解事情的起因。从根本上而言政治未上轨道，导致学校不安；反过来学校的动乱，直接或间接地使政治难上轨道。这样就形成了一个怪圈，"一个恶圈子转来转去，终于不能打开一条出路。就本人管见所及，中国今日之病，不在于知识阶级之学者热心政治，而在于一般人对于政治无切实的认识，以大学教授乃至成熟之学生，除本行专门外，关心时事实为一种好现象，正不可强加遏止，责以过分。"①李四光所言，认为凡是能导致全国性的学潮都有起于外交和政治上的问题，这几乎成为一个公理了。《北平晨报》对此更是发表长篇社评，对于学界风潮作了深入分析：

> 近年教育风纪，日益凌替，学生迎拒校长，黜陟教授，已属司空见惯；稍有不遂，风潮顿起，罢课随之。所谓"弦歌停歇，黉舍骚然"，此诚忧时之士为扼腕搤胸者也。愿事实为其结果，而原因则极为复杂；事实为其表现，而内幕则不堪闻问。教职员之不职，表面之原因也；教育经费之不济，亦表面之原因也。当局坦率自承，力谋所以救济之道，自于教育前途不无补益；惟内幕原因，其足以造成今日教育之颓势者，为力尤巨。如此不除，不惟整顿教育，依然画饼，且恐隐患滋长，益趋不救。每见学潮之起，必有种种主张。此皆基于表面之原因，叩其内幕，则繁杂玄妙，大异其趣。共党之伺机煽动，无论已；即号称教育名流，党国领袖，亦每因个人利害，不惜诪张为幻，利用无知之青年，达

---

① 《中大代校长李四光即日视事》，载《中央日报》1932年7月29日，第2张第3版。

其自私之目的。往事回忆，其例正多。即在当局，在应默认。中国今日，病根四伏，军有"阀"，教育亦有"阀"；党国要人，为谋个人利益，且不惜力各"党阀"之途。兼程迈进。"阀"之观念蘩乎衷，国家观念因以薄。牺牲青年，宁复四旁以置意。十余年来之中国教育，纪纲扫地，中经屡谋振刷，终于无裨万一。"阀"之为祟，实其要因。人谓整顿教育，难如裁兵。譬虽不伦，实非无见。前此吾人主张以大学教育与政治脱离者，意即在此。盖非安定无以策进步，欲求安定，必使之脱离政治，遵合理的政策，作负责之兴革，然后大学教育，始有蒸蒸日上之望。吾人于青年学子越礼犯分，固所痛心；惟一念其环境，则觉藏匿人情可悯，其望当局注意及此，勿仅以"峻法严刑"为整肃纲纪之手段也。[①]

　　时任中央大学文学系教授的吴梅在日记中这样感叹："呜呼！学生气焰至此，尚何教育可言。余南北雍主讲，垂十六年，北大诸生，多驱逐声利之场，不知读书之道；中大诸生，间有束身自好，朝夕勤勉者，岂知国都南迁，北方风气，亦随之而入。"[②]首都的迁移，实质就是政治中心的南移，直接影响大学学风。处于政治中心的大学对于未上轨道的政治也格外敏感，政治无疑成为学潮的主要动因。先后做过北大和中大文学院教授的吴梅先生的感受，与李四光先生对学潮原因的分析可谓英雄所见略同，也为近代中国政治与学术的互动提供了一个真切的例证。

---

① 赵雨时：《北平晨报社论集》（《北平晨报》，1932 年 7 月 25 日），兴城王家瑞印行，1934 年 5 月再版，第 98—99 页。

② 王卫民编校：《吴梅全集》日记卷（上），河北教育出版社 2002 年版，第173 页。吴梅曾先后于 1917—1922 年在北京大学、1928—1937 年在中央大学任教，其对首都迁移与大学学风转变的观察不失为一种当事者的见解。

两年后有中大学生对这场易长风潮的原因作了如下的分析："前数年之所以混乱，虽有其特殊的酵素，但经费的积欠，职员先生的枵腹从公，著名学者的拂袖另图发展，物质设备的简陋化，蹩脚教授的普遍化，引起多数同学的不满，总不能说不是一个原因吧。"[①] 社会上也认为，"迨'一·二八'事变发生，教育经费，尤感竭蹶，该校师生以经费无着，呈杌陧不安之状态，而教授索薪，迎拒校长各问题，亦因经风起云涌。兼之半年以来，自朱家骅而刘光华、而桂崇基、任鸿隽，校长更易不定，学校经济更入复杂之状态，此次风潮之突发，谓以此种状态之根源，亦未始不可。"[②] 可见，中大易长风潮的发生除了政客式人物受到学生的排斥之外，另一根源在于经费问题。事实上，自大学区废除之后，中大经费根本动摇，而国民政府迟迟不能拿出一有效解决方案，致使经费问题一直成为中央大学风潮的诱因之一。中央大学的教授与学生要求以退还庚款作为学校基金，但政府方面以英庚款由换文规定专门用途难以变更为由，拒绝师生请求。因此从根源上讲，这次风潮起因于经费，而责任完全在政府，中大物理系教授顾毓琇就此对政府提出了严厉的批评和警告：

　　教费而必须来争，则政府对于教育必须负其责任。为什么不早确定？为什么要等教授学生来争？教授的职责在教，学生的职责在学，学校的职责在办教育，而如何使教育能办得了、办得好，乃是政府的责任……教费独立运动，表现着教育界对政府的不信任的心理。是希望执政当局能加以深切

　　① 德良：《一九三三年的中央大学》，载《大学生言论》第 2 期（1934 年 8 月 1 日），第 51 页。

　　② 《时事新报》1932 年 7 月 9 日。

的注意的……这不仅是避免学潮的问题，这是如何恢复智识阶级对于政府的信任的机会。[①]

　　这也点出中央大学易长风潮深层的原因。由于整理委员会无法解决中央大学的校长人选和经费来源两大难题，虽然也进行了一些局部的整顿，并没有触及中央大学问题的核心，中央大学的"中央化"进程还任重而道远。

　　[①]　顾毓琇：《教育经费独立运动》，载《时代公论》第 13 号（1932 年 6 月 24 日），第 4 页。

第五章

罗家伦与"中央化"的初步
完成(1932—1937)

在长期风潮之后,中央大学被解散整顿,结果1932年8月罗家伦奉命出任中央大学校长一职。他上任之初提出以建立起民族的有机文化为中大的使命,从整顿学风和延聘教授入手,努力在政治与学术之间寻找一种平衡,逐步将中央大学从政治纷争中转入到学术研究之中,力图将中大办成民族复兴的参谋大本营。20世纪30年代民族主义高涨,教授群体参与政治的途径和方式出现了很大的分化,时代公论社和国风半月刊社就是两个最为明显的例子,前者鼓吹国民党一党独裁论,后者宣扬民族文化和世界学术,二者对于20世纪30年代中央大学校风的形成关系甚大。

一 创立民族有机文化:罗家伦的办学理念

1. 罗家伦上任

整理委员会辞职后,中央大学校长一职由何人来担任?社会上各种猜测不断，傅斯年公开表示，"若大学校长永远任用非人，虽连着解散几次又何益？"① 原中央大学整理委员会在私下协商中，就认为："除了请蒋梦麟，别无办法。"② 此语无非是说只有在教育界有相当影响力的人才能掌控中央大学。教育部长朱家骅还私下物色人选，多次电报敦请赵元任出长中央大学。③ 1932 年 8 月 23 日，行政院召开第五十七次会议，批准中央大学整理委员会辞职，准予李四光辞去中央大学代理校长职务，同时任命罗家伦为中央大学校长。④ 这一消息第二天见报。国民政府这一任命既在舆论的意料之中，又在意料之外。

　　罗家伦（1897—1969），字志希，生于江西，原籍浙江绍兴人，成长于上海。1917 年至 1920 年在北京大学文科学习，主修外国文学，成绩优异。新文化运动期间，与傅斯年等共同创办《新潮》杂志，成为《新青年》最重要的盟友。同时他是"五四"运动的学生领袖之一，"五四"当天被推为学生代表前往各国使馆递送《意见书》。他也是最早以"毅"为名提出"五四运动"这一名称的人，并将"五四"精神概括为：学生牺牲的精神、社会裁制的精神和民族自决的精神。⑤ 1920 年毕业时，时值上海工商巨子穆藕初在北大设立奖学金资助优秀学生出国深造，罗家伦作为第一批的五人之一被校长蔡元培选派前往欧美进修，1920 年至 1923 年先后在美国普林斯顿大学、哥伦比亚大学学习历史

---

　　① 傅斯年：《教育改革中的几个事件》，载《独立评论》第 10 号，1932 年 7 月 24 日。

　　② 《李四光致胡适》（1932 年 8 月 16 日），收入《胡适来往书信选》中册，中华书局 1979 年版，第 131 页。

　　③ 杨步伟：《杂忆赵家》，辽宁教育出版社 1998 年版，第 26—27 页。

　　④ 《行政院议决罗家伦任中央大学校长》，载《中央日报》1932 年 8 月 24 日，第 1 张第 3 版。

　　⑤ 毅：《五四运动的精神》，载《每周评论》第 23 期（1919 年 5 月 26 日）。

等课程，1924 年转入德国柏林大学历史研究所攻读，一年后又赴法国巴黎大学和英国伦敦大学访学。留学期间完成《科学与玄学》一书，并翻译英国学者柏雷的《思想自由史》一书。[①]

1926 年罗家伦回国，受聘为东南大学史学教授。1927 年春加入国民党，参加北伐，先后担任国民革命军总司令部的参议、编辑委员会委员长、中央党务学校教务副主任等职，并深得蒋介石的信任。1928 年 1 月，蒋介石继续北伐，罗家伦出任总司令部战地政务委员会委员，并兼教育处处长。济南事件发生后，他与熊式辉一道被派往与日军师团长福田彦助交涉，据理力争不辱使命。1928 年北伐成功后，清华学校改为国立清华大学，年仅 31 岁的罗家伦被任命为该校首任校长。罗家伦上任伊始即着手对清华大学进行大刀阔斧的改革，对清华安定基金的改革牵扯了一部分人的利益，致使清华出现"驱罗运动"风潮，他在职仅一年八个半月便被迫辞职离校。

罗家伦离开清华个中原因颇为复杂，有研究者认为这是清华校友会和部分学生的自私行为的结果，加之北方政局的变动所致，后者只是一个触媒。罗家伦虽然出掌清华并不算是成功，尤其是从最后被迫去职这一点来讲，甚至可以说是惨败而归，但朝野对其评价却值得玩味，就在清华"驱罗风潮"发生不久，清华教授陈寅恪对罗家伦的北大同学毛子水说："志希在清华，把清华正式成为一座国立大学，功德是很高的。即不论这一点，像志希这样的校长，在清华可以说是前无古人，后无来者的。"毛子水初不解其意，陈寅恪对他进一步解释说："清华属于外交部时，历任校长都由外交部所指派的。这些人普通办事能力虽然有很好

---

① 刘维开：《罗家伦先生年谱》，国民党党史编纂委员会，1996 年，第 39—58 页。

的,但对中国的学问大都外行,甚至连国文都有不太通,更不说对整个中国学问的认识了。像志希这样对中外学术都知道途径的人,在清华的校长中,实在是没有过!以后恐怕也不会有了。"①陈寅恪对于藏否人物一向比较谨慎,对罗家伦有如此高的评价颇有点让人惊异,难怪毛子水对陈寅恪此番言语印象深刻,事隔半个世纪后,依然念念不忘。最高当局蒋介石对罗家伦办理清华的成绩评价也颇高,他称:"罗校长办理清华,成绩卓著,不但校务上日见起色,且一切均秉承本党主义、中央政策,于整理学风统一思想,甚为努力。"② 饶有意味的是,陈、蒋二人对罗氏出任清华校长一事的评价各有侧重,对比之下我们会发现,陈寅恪是从学术途径的角度来褒扬的,蒋介石则是从政治立场来肯定的,这也反映出学者与政要对于大学校长的不同期待。作为国立最高学府校长所要求的学术与政治双重背景,罗家伦二者兼得,这些都成为后来罗氏出掌最高学府——中央大学有力的基础。

　　但对于行政院的任命,罗家伦起初向报界称坚决辞谢,于25日向记者发表谈话,表示其近年来厌弃教育行政,况中央政治学校也颇有起色,中央大学是非多端,不愿出任中大校长。③罗家伦并向政府各方递交辞呈,称:

　　　　家伦以菲才而受此重任,无任惶悚,况中央大学,值此凌乱之余,百端待理,开学之期又复迫切,断非家伦所能胜任。忆曩者家伦亦曾一度为国家积极整理大学教育,徒以成

---

① 毛子水:《博通中西广罗人才的大学校长》,载台北《传记文学》第31卷第1期(1977年1月)。

② 《蒋主席对清华校长更迭谈话》,载《申报》1931年3月21日,第11版。

③ 《罗家伦辞长中大行政院决议慰留》,载《中央周报》第221期(1932年8月29日),第20页。

绩毫无，不敢不敬避贤路，而遁迹于教书生活。后蒙中央以
大义见责，不得已乃归而掌教于创办时即参与之中央政治学
校，秉旧有之规模，谋切实之进展，转瞬两年，幸无陨越，
循序建设，差可按时而计程，复何忍见异思迁，忽然舍去？
且家伦之绝口不谈国立大学行政者，两年于兹矣，一切情
形，殊多隔膜。骤闻大命，不知所措，冒昧担任必致贻误，
爰此恳切陈词，务乞准予辞职，另简贤能，俾遂初愿……罗
家伦敬呈，中华民国二十一年八月二十五日。[①]

　　这既是一般的谦辞，也有罗氏内心的顾虑，一则清华大学
"驱罗"一事对其打击甚大，去职后，用他自己的话来说是"遁
迹武汉大学当一教授"，后中央请其回京主政中央政治学校，"苦
心筹划，初有头绪，此时万难放弃。"[②] 二则，也是更为关键的，
"中大是非多端，尤令人不愿涉足"。[③] 但依照罗家伦勇于争胜的
一贯性格，其内心并不愿放弃这一重振旗鼓施展抱负的好机会。
事实上，1930 年 5 月罗家伦被迫辞去清华大学校长一职之前，
曾找智囊冯友兰和郭廷以等人商量对策，讨论是否辞职，最后迫
于政治情势，接受了冯和郭的意见，决定"主动"辞职，但其内
心一直不甘。[④] 他"遁迹"武汉大学只是暂时的策略，毕竟中央
政治学校庙小，远不足以施展拳脚。因此他对报端登载其近年来
多病而不愿担任中大校长的报道，特别作了声明，称"余近来患

---

　　① 《辞职原文》，载《中央日报》1932 年 8 月 26 日，第 2 张第 3 版。
　　② 《罗家伦坚决辞谢中大校长》，载《中央日报》1932 年 8 月 24 日，第 2 张第
3 版。
　　③ 《发表谈话》，载《中央日报》1932 年 8 月 26 日，第 2 张第 3 版。
　　④ 参见苏云峰：《从清华学堂到清华大学（1928—1937）》，生活·读书·新知
三联书店 2001 年版，第 31 页。

病以届七日,确系事实;但与余辞中大无关,余虽病而绝对不欲以病夫自居,余做事向主痛快,干有干的理由,不干有不干的理由,绝对不欲托辞于病"。① 可见罗家伦心中对于中大校长一职并非没有考虑。

事实上,在 1932 年 8 月 25 日到 9 月 2 日短短一周中,罗家伦经历了从向行政院递交辞呈到向行政院详呈中央大学发展意见的一百八十度转变。之所以如此,除了上述理由之外,与外界对其激将不无关系。罗家伦晚年回忆称:"骝先先生以不使我知,逾先行商中枢要我担任中央大学校长的任务。他自己到我的住所来看我,我深恐不能收拾此项残破的局面,坚决谢辞,争执甚久。他一再以国家及民族学术文化前途的大义相责,于是我不得不担任下来。"② 当时报界即称,罗家伦态度的转变乃"不忍见中大长此停顿,致陷入不可收拾之境,爱本见危授命之精神"。③

罗家伦起初坚辞不就,也是向政府当局讨价还价的一种策略,中大风潮后所遗留的乱摊子使许多人望而却步,罗家伦在各方的督请之下允就校长之职,同时也向政府当局——行政院和教育部提出三个条件:第一,经费应予以切实的维持与保障,每月按照预算全数发给;第二,对于校长一职,请政府给予专责与深切的信任;第三,如果有建设计划,请尽全力以督促其实现。④这三点要求归纳起来不外是经费的保证与权力的放任,这也是一个大学校长成败的关键所在。罗氏就任条件开出之后,行政当局

---

① 《拒任中大校长谈话》,载《中央日报 1932 年 8 月 26 日,第 2 张第 3 版。

② 罗家伦《朱骝先先生的事迹和行谊》,近代中国史料丛刊第三编 110 号《朱家骅先生纪念册》第 2 册,台北文海出版社 1996 年版,第 264 页。

③ 《罗家伦昨呈政院详陈发展中大意见》,载《中央日报》1932 年 9 月 3 日,第 2 张第 3 版。

④ 同上。

随即作出答复："所陈三端，均极扼要，该校长愿为一种教育理想而牺牲，尤见勇于任事，至深嘉佩，中大开校在即，务望勉遵前令，即日视事，以副属望。凡有困难，政府当力为主持也。"①教育部对其三点要求的答复大略相同，称："中央大学受扰经年，政府以该校乃全国最高学府，关系民族文化国家教育至深且巨，不能任其贻误，故决心整理以图更始。但屡征贤才使膺斯任，或未即受命而先即坚却，或既已负责而终复固辞。政府以次任命该校长主持中大，倚畀贤劳，为情至切，该校长所陈各节，于整理中大规划慎始虑终，处处以党国利益为重个人牺牲为轻，其勇于负责之精神，至堪佩惠，切盼依照所陈方针切实进行，政府对于该校长既受重命一切自必努力协助，可毋置虑。"② 行政当局的答复虽然有点含糊其辞，但毕竟肯定了罗氏所提出的三个条件，这也显示出罗家伦政治上的老到与成熟。

2. 建立"民族有机文化"

1929 年 5 月，曾任北京政府教育部前次长马叙伦在中大的演讲中，提出："今日办学者最感困难的，厥为二事：一为经济；一为人才，故师资与财政为目前所亟应培养与筹划者也。尤有要者，即为精神，精神为办学者之基本要素。"③ 马氏对于办理大学可谓深知其味。对于一个大学校长而言，除了筹措经费和延揽人才外，还要阐发大学精神和使命，激发出一种内在精神，成为一个时代象征，这一点对于国立大学校长而言尤其重要。

---

① 行政院的指令载《行政院令罗家伦即日视事》的报道中，载《中央日报》1932 年 9 月 4 日，第 2 张第 3 版。
② 《行政院教部令罗家伦勉力亲事》，载《申报》1932 年 9 月 4 日，第 16 版。
③ 《马叙伦在中大演讲》，载《中央日报》1929 年 5 月 28 日，第 3 张第 1 版。

　　罗家伦办理中央大学时以"建立民族有机文化"为其精神。

　　1932 年 9 月 1 日，罗家伦在给行政院的报告中称，"家伦潜思默察，认为办理中央大学，应以形成有机的民族文化为理想，使国立大学与民族生存发生密切不可分解之关系。"[①] 这是其首次提出办理中央大学应建立有机的民族文化。九月中旬他在中央大学毕业同学会上演讲时，再次提出"提高学术创立有机体的民族文化"，他认为"中国今日之危机，不仅是政治社会之窳败，其最要者，乃在缺乏一种有机的民族文化，以振起整个的民族精神。而民族文化所寄托，当然以国立大学为最重要。……国立大学必须担负造成民族文化之使命，为民族求生存，使国家学术得以永久发展，使民族精神得充分振发。此种使命，中央大学当然须负担起来。"[②] 10 月 17 在任职后中央大学第一次全校大会——"总理纪念周"上，罗家伦发表长篇演说——《中央大学之使命》，对建立"有机的民族文化"进行了系统和完整的说明。他强调："我们设在首都的国立大学，当然对于民族和国家，应尽到特殊的使命，然后办理大学才有意义。这种使命，我觉得就是为中国建立有机体的民族文化。"[③]

　　什么是"民族有机文化"？罗家伦认为办理大学绝对不只是办理大学的行政事务而已，一定要把一个大学的使命认清，从而创造一种新的精神，养成一种新的学风，以达到一个大学对于民族的使命。民族文化是民族精神的表现，民族文化的寄托，当然

------

　　① 　罗家伦致行政院的报告当时多家媒体均以全文刊登，此处见《中大校长罗家伦今日接事》的报道中，载《申报》1932 年 9 月 3 日，第 17 版。

　　② 　罗家伦：《提高学术创立有机的民族文化》，收入《罗家伦先生文存》，第 5 册，台北国民党"中央委员会"、国史馆 1989 年，第 231—235 页。在罗家伦的系列演讲中，先后使用"有机的民族文化"、"有机体的民族文化"，语意相同含义并无区分。

　　③ 　罗家伦：《中央大学之使命》，载《国立中央大学日刊》第 820 号（1932 年 10 月 20 日），第 61 页。

以国立大学最为重要。对中央大学而言，其使命就是以"建立民族有机文化"来担负起民族复兴的重任。所谓民族有机文化，有两重含义：第一，必须大家具有复兴中华民族的共同意志，我们今天面临生死存亡的歧路路口，若是甘于从此灭亡，自然无话可说，不然就要努力奋斗，死里求生，复兴我们的民族。我们每个人都当在此意识下共同努力。第二，必须使各部分文化的努力在这个共同的意识之下，互相协调。如果各个部分不能协调，则必至散漫无系统，各个部分互相冲突，将所有力量抵消。所以无论学文的、学理的、学工的、学农的、学法的、学教育的，都应当配合得当，精神一贯，步骤整齐，向着建立民族文化的共同目标迈进。

如何建立起"民族有机文化"？在罗家伦心目中，中央大学的理想原型就是德国的柏林大学。罗家伦将 20 世纪 30 年代的中国和中央大学与 18 世纪末 19 世纪初的德国和柏林大学进行比照。他认为当时中国的国情与拿破仑战争以后普法战争以前的德国相似，即内部不统一、外部大兵压境。在演讲中他分析了德国复兴的三种伟大力量，除了政治和军事改革外，"第三种便是民族文化的创立，这种力量最伟大，其影响最普通最深宏，其体现便靠冯波德（Wihelmvon Humbolt——今译冯·洪堡，引者注）创立的柏林大学和柏林大学的弗斯德（Fichte——今译费希特，引者注）一班人……尤其能使我们佩服的便是当年柏林大学的精神。正当法军压境内部散乱的情况之下，德国学者居然能在危城之中讲学，以创造德意志民族文化自任。"[1] 罗家伦认为正是这种精神代表了当时德意志的灵魂，

---

[1]　罗家伦：《中央大学之使命》，载《国立中央大学日刊》第 820 号（1932 年 10 月 20 日），第 62 页。

使全德意志民族在柏林大学所创造的民族文化之下潜移默化而形成有机的组织。

德国柏林大学的兴起体现了黑格尔的国家统一思想，即充满理智精神的黑格尔思想旨在将一个分裂为众多小邦国、在拿破仑大军面前仰人鼻息的德意志从绝境中救出来，国家应由个性完善的人组成，大学就为个性完善的人提供自由机会的场所。① 作为柏林大学的创办者洪堡的大学理念中最为根本的就是将大学与民族国家紧紧联系在一起，形成"文化国家"，即大学应当代表国家、代表文化，强调大学对于民族精神的宏扬。同样，罗家伦上台，正值日本发动"九·一八"事变之后，中国面临严重的民族危机，共赴"国难"成为全国上下的共识。罗家伦认为中国的民族已到生死关头，"一个民族如果没有这种有机体的民族文化，决不能确立一个中心而凝结焉，所以我特别提出创立有机体的民族文化为本大学的使命而热烈诚恳的希望大家为民族生存前途而努力。"② 因此中央大学必须担负起柏林大学对当年德国一样的责任。柏林大学能创立民族文化，而使德国复兴；中央大学虽不及柏林大学，然高山仰止，景行行止，虽不能至，心向往之。"本人办中大之理想在效法当日柏林大学之精神，以建设中华民族之文化，使国人有此共同意识，努力奋斗，以复兴我民族。"在演说中他认为五年之内，中国会有更为严重的国难发生，中华民族存在的关键即在于此。③

---

① ［美］亚伯拉罕·弗莱克斯纳著，徐辉、陈晓菲译：《现代大学论》，浙江教育出版社 2001 年版，第 272 页。

② 罗家伦：《中央大学之使命》，载《国立中央大学日刊》第 820 号（1932 年 10 月 20 日），第 63 页。

③ 罗家伦：《提高学术创立有机体的民族文化》，收入《罗家伦先生文存》第 5 册，台北国民党"中央委员会"、国史馆，1989 年，第 231—235 页。

已有研究者指出，将德国古典大学观引入中国实践层面的第一人是蔡元培，蔡在主政北大期间，以学术兴国、学术研究至上和兼容并包为办学思想，基本上是德国大学观在中国的实践。[①]作为蔡元培时代的大学生，罗家伦对于这种办学理念或许只是有些许感性的认识。当其走上校长岗位后，已开始从理性层面来理解蔡元培了，罗家伦在蔡元培诞辰百年纪念会上的演讲中，指出蔡元培的大学观念，"深深无疑义的是受了19世纪初建立柏林大学的冯波德（Wilhelm Von Humbolt）和柏林大学那时代若干大学者的影响。蔡先生和他们一样主张学术研究自由，可是并不主张假借学术的名义，作任何有违真理的宣传；不但不主张，而且反对。"[②] 与蔡元培重点关注学术研究不同的是，罗家伦关注的重心是大学在民族文化复兴中的重要作用，这也是其与蔡元培不同的地方。这种差异也反映了时代变迁过程中，不同主体对同一思想关注的侧重点发生了变化。

为了实现其大学的理想，罗家伦着重发掘国难时期知识分子的社会责任感，号召应以实现民族文化和民族精神的振兴为己任。1932年罗家伦在中央党部总理纪念周上发表题为《国难期间知识分子的责任》的演说，他认为无论哪一个国家，在重大的国难关头凡是能转危为安、因祸得福者，必定是其国内有一部分人，能够转移风尚，领导青年，可以重新振作民族精神，这种责任主要是寄希望于优秀的知识分子。他又以德、法为例进行说明，特别指出："不看拿破仑战争期间，德国黑格尔、菲斯特一般学者的努力结果吗？不看普法战争以后，法国

<hr />

① 参见陈洪捷《德国古典大学观及其对中国大学的影响》，北京大学出版社2002年版，第151—163页。

② 罗家伦：《蔡元培与北京大学》，收入《历史的先见——罗家伦文化随笔》，学林出版社1997年版，第135页。

刚必达、悌也尔、都德、巴斯德等一般政治家文学家科学家努力的结果吗?"① 在罗家伦的心目中,知识分子对国家的兴衰负有特别的责任,他希望藉此来激励中央大学的师生在民族危亡的时刻,担负起民族文化精神振兴的重任。

"民族有机文化"理想体现出罗家伦的办学理想与文化情怀中民族主义理念。1932 年 5 月 15 日,罗在总理纪念周上演讲"强者的哲学和弱者的哲学",其主要目的就是"拟于民族生存问题加以哲学的解答。"② 在 5 月 29 日其演讲的题目则是"文学与民族性",探讨中国民族性的形成的优缺点。③ 在他看来,国立大学的办学方针与民族的生存关系甚大。1933 年 5 月他往农学院视察时对学生训话中再一次强调,"办理国立大学应与国防计划与民族生存发生密切之关系"。④

然而,罗家伦决不是一个保守主义者,相反他是一个现代化论的热情鼓吹者,他自己认为成年以来一直在朝实现中国的现代化这个方面而努力,他认为"中国的出路在现代化。我们建国要建立现代的国家,这是不移不易的真理。但是要建立现代的国家,必须国人有现代的观念。二十年来我不断向着这个方面努力。"⑤ 在罗家伦看来,中国现代化的过程也是民族独立的过程,作为文化与学术的重镇,大学在民族的振兴中起着重要的作用,

---

① 罗家伦:《国难时期知识分子的责任》,收入《文化教育与青年》,重庆:商务印书馆 1943 年版,第 49 页。

② 《罗校长作学术演讲》,载《国立中央大学日刊》第 981 号 (1933 年 5 月 15 日)。

③ 《罗校长今日演讲》,载《国立中央大学日刊》第 993 号 (1933 年 5 月 29 日)。

④ 《罗校长日前到农学院视察》,载《国立中央大学日刊》第 982 号 (1933 年 5 月 16 日)。

⑤ 罗家伦:《文化教育与青年》"自序",商务印书馆 1943 年版,第 1 页。

即"国民革命运动是一个民族独立运动。民族独立，根本上还须要学术思想独立。"① 就民族独立而论，中国的出路在现代化，国立大学在学术思想独立上更负有特殊的责任。

罗家伦创立的"有机民族文化"理论，反映出民族主义高涨时代国立大学的双重使命，既要承担引进西方科技为国家的现代化建设服务，同时，也要担负起民族文化认同的重任，如何协调二者的关系是近代非西方大学（尤其是国立大学）所面临的一个难题。正如美国高等教育专家克拉克·克尔所指出，在民族主义时代，"教育，特别是高等教育，不仅要为民族国家的行政的和经济的利益服务，而且要成为发展民族身份的重要方面；不仅要成为国家的一个工具，而且要成为社会的灵魂和人民大众的有机组成部分。"② 罗家伦心目中的理想是，以中央大学为中心而形成有机的民族文化，使中央大学与民族生存形成密不可分。他期冀中央大学以柏林大学对德国民族所负责任为榜样，来倡导全国的学风的转变和民族有机文化的形成。国立大学并不是远离民族、国家与社会，而恰恰相反，大学要在培养民族精神方面发挥独特作用。罗家伦这一思想，强调国立大学与民族国家之间的关系，尤其是大学在民族国家文化认同中的特殊作用，是 20 世纪30 年代民族危机和民族主义高涨下的产物，反映出爱国知识分子赋予国立大学的特殊使命。

---

① 罗家伦：《大学与中学的联系》，收入《文化教育与青年》，商务印书馆 1943 年版，第 142 页。这篇文章是作者于 1937 年 7 月 8 日在庐山对暑期训练第二总队所作的演讲稿。

② ［美］克拉克·克尔著、王承绪译：《高等教育不能回避历史——21 世纪的问题》，浙江教育出版社 2001 年版，第 10 页。

二　罗家伦初期的安定之道

　　罗家伦上任后面临的最大挑战是如何将长期动荡中的中央大学稳定下来。这有来自两方面的压力：就学校内部而言，在外敌入侵的形势之下，国民党当局的妥协退让政策更进一步激发了学生强烈的爱国热情和不满情绪。另一方面，就社会上而言，作为北大学生出身的他，上任之初就受到"北大势力控制中大"的舆论压力，如何在用人上做到旁人无可挑剔，是颇费心思的。对此，他提出"诚、朴、雄、伟"四字校风和"用人惟才"的政策。

1. "诚、朴、雄、伟"四字校风

　　如何实现中央大学的特殊使命，罗家伦提出了三个时期的发展步骤和四字学风。所谓三个发展时期，"第一个时期为安定时期，必须安定而后可以养成学术之风尚，而后可于安定中求进步；第二个时期为充实时期，力求人才之集中与设备之增进；第三个时期为发展时期，按预定之计划为大规模之建设，使其成为近代式之大学。"① 罗家伦1941年辞去中央大学校长之前的演讲中，回忆说"回想我来中大之时，正值一大紊乱时期。所以我当时宣布治校方针，计分'安定'、'充实'、'发展'三个时期。我心里打算，每个时期约三年。"② 为完成这一使命，尤其是将中

---

　　① 罗家伦致行政院的报告，载《中大校长罗家伦今日接事》，载《申报》1932年9月3日，第17版。

　　② 罗家伦：《中央大学的回顾与前瞻》，重庆：国立中央大学1941年印，第74页。

央大学从纷乱中安定下来，他积极倡导"四字校风"。

所谓四字校风，就是指"诚、朴、雄、伟"，按罗家伦的解释，"诚"，即对学问要有诚意，不以为升官发财的途径，不作无目的的散漫动作，坚定的守着认定的目标走去。"朴"，就是质朴和朴实，力避纤巧浮华，反对拿学问做门面。"雄"，就是大雄无畏、雄厚的气魄，改变中国民族柔弱萎靡的颓风。"伟"，就是伟大崇高，力避门户之见。① 这些主要是从矫正中大的时弊着手的。东南大学在被国民政府改造成首都最高学府的过程中，因与政治中心的接近，学风受到很大的影响。深处其中的教授们体会最深，曾长期求学于南高东大、讲学于中大的张其昀，在 20 世纪 30 年代初对于这所大学学风变化有一番评论，"中央大学的学风比起南高时代，差得远了，现在大学生既乏良师又乏益友，其实谈不到学风了。"② 张其昀所言学风的变化，主要指的是学生受政治环境的影响，热衷于政治活动，学风散漫，过于世故……罗家伦深知中央大学校风的症结所在，他提出的"诚、朴、雄、伟"四字校风，既借鉴了南高、东大时期的质朴校风，又结合中央大学作为首都最高学府的地位，提出"雄、伟"来号召建立"泱泱大风"的气度。

罗家伦有何特殊手段来整顿学风呢？作为"五四"健将和学生运动领袖出身的罗家伦，在学生时代倾向于理性和自由，但主持大学校政后，他厌恶学生闹事，倾向压制主义。他因清华学生的"驱罗运动"而辞职后，于 1930 年 12 月 27 日上书当时兼任

---

① 罗家伦：《中央大学之使命》，载《国立中央大学日刊》第 820 号（1932 年 10 月 20 日），第 64—65 页。

② 张其昀：《教育家之精神修养》（刘伯明先生纪念演讲，1931 年 12 月 3 日在中央大学教育学院学生会讲），载《国风半月刊》第 9 号（1932 年 11 月 24 日），第 60 页。

教育部长的蒋介石，提出整顿清华三法，主张加强国民党和中央的控制，尤其对"反动分子"及煽动学潮者进行严厉处置。第二年他又发表《整肃大学教育意见书》，再次提出同样的主张。[①]罗家伦接手中央大学后，秉承其一贯强力压制学生运动的主张，将学风整顿作为工作重点之一。除了继续执行前整理委员会所提出的整理方案外，对于学校的学生运动采取压制之策，尤其以加强对学生的管理来转移学生的注意力。例如罗家伦公布的检查学生上课缺席办法八条中，就要求学校注册组将每门功课学生的教室和座位表排定，要求教员每节课用点名法或点座法，将缺课学生名单每星期上交，"注册组于每周一日，将上周缺席学生，作一统计公布，使缺席学生注意缺席次数，以资警惕。"[②] 这一规定是严格执行的，翻阅当年的《国立中央大学日刊》，就发现有不少的缺课学生名字公布其上，这种公开警告的作法很快收到成效，学风得以迅速扭转。

对于培养学风，罗家伦尤其注重历史与体育两方面的教育意义。

作为一个研究中西方历史出身的教育者，罗家伦多次强调近代史研究对学生的教育意义，他自己亲手制定了详细的《研究中国近代史的计划》，[③] 并在 1935 年重新修订了《中山先生伦敦蒙难史料考订》，对其早年留学英国时利用大英档案馆对孙中山伦敦蒙难一事进行研究。1937 年他出版了《研究近代史的意义和

---

① 参见苏云峰:《从清华学堂到清华大学（1928—1937）》，生活·读书·新知三联书店 2001 年版，第 32 页注 1。

② 《检查学生上课缺席办法》（国立中央大学布告第 622 号），载《国立中央大学日刊》第 820 号（1932 年 10 月 20 日），第 66 页。

③ 罗家伦:《研究中国近代史的计划》，《国立第一中山大学语言历史研究所周刊》（1928 年 1 月 31 日），第 2 集第 14 期，第 399—401 页。

方法》，倡导研究中国近代史，"做近代的人，必须研究近代史；做中国近代的人，必须研究中国近代史"，[①] 通过对中国近代屈辱历史的了解来达到增强民族精神的目的。罗家伦是一个激情澎湃的人，善长演讲，尤其能利用其近代史研究的特长，效果颇佳，如其在1933年3月在总理纪念周上所作的"甲午之战"的演讲，涉及"大东沟海军战败以后之各战役，马关条约，台湾割让，及三国强迫日本归还辽东之经过，及外交内幕云"，[②]"听者为之动容"。[③]

同样，罗家伦认为体育对于培养学生大无畏的雄厚气魄十分重要。1933年5月罗家伦专门为南京四校联合运动会作了《运动会的使命》一文，对运动会的意义作了专门的演讲，认为运动会有两种意义："第一，是增进民族健康，养成健全的体魄。第二，是培养运动家的风度，以为民族的道德模范。……我所谓'运动家的风度'，就是中国古代所谓'君子之争'。"[④] 同年在第三次全国运动会上他再次公开阐发他的思想，即运动会的意义在于训练国民的政治道德，包括恪守纪律，在大众的监督之下作公开的竞争；失败了能坦白承认失败，重新振作。[⑤] 这一切均与"诚、朴、雄、伟"四字校风相连。

为了培养中央大学新的学风，罗家伦充分利用一切演说机会

---

① 罗家伦：《研究中国近代史的意义和方法》，收入《罗家伦先生文存》第5册，台北国民党"中央委员会"、国史馆，1989年，第51页。

② 《校长演讲甲午之战》，载《国立中央大学日刊》第941号（1933年3月27日）。

③ 《中大纪念周》，载《中央日报》1933年3月28日，第2张第3版。

④ 罗家伦：《运动会的使命》，载《国立中央大学日刊》第970号（1933年5月1日）。

⑤ 罗家伦：《在运动场上训练国民的政治道德》，收入《文化教育与青年》，商务印书馆1943年版，第65页。

向学生宣讲四字校风,在对学生作的《现代青年的修养要素》的演讲中,他号召学生们成为健全的现代青年,以成为民族复兴的先锋。他强调,要作为一现代青年,就要注意修养的三要素:第一,是科学家的精神,就是真的精神,用可靠的精密的方法、虚心的诚实的态度去求真理。第二,养成军人的生活习惯。他认为中国人的积弱,是由于一般国民的生活习惯与军人的生活习惯太背驰了,因此必须养成严守纪律、刻苦耐劳、勇敢牺牲和敏捷干脆的作风。第三,是运动家的竞赛道德。运动家在竞赛的时候情愿光荣的失败,不情愿不名誉的成功,运动家的道德就是不作假、不侥幸。[1] 对比其所提倡的四字校风,不难发现这三要素是前者的具体化。罗家伦这一校风主张也体现在 1937 年由其作词的校歌上,"国学堂堂,名士跄跄,励学敦行,斯付举世所属望。诚朴雄伟见学风,雍容肃穆在修养。器识为先,真理是尚,完成民族复兴大业,增加人类知识总量,进取、发扬,担负此责任在双肩上。"[2]

2. 用人惟才

近代以来,学术人才的缺乏一直是中国大学发展中一个突出的问题,加之体制的放开,20 世纪 30 年代各大学、研究机构对人才的争夺十分激烈。因此,如何吸引和稳住人才成为大学校长任上重要任务。作为北大出身而出任中央大学校长一职,对罗家伦是很大挑战。众所周知,自"五四"新文化运动兴起后,北大与南高—东大成中国学术上南北对峙的两大重镇,二者之间或明

---

[1] 罗家伦:《现代青年的修养》,收入《文化教育与青年》,商务印书馆 1943 年版,第 52—54 页。

[2] 《六月三日会议》(1937),"国立中央大学档案",全宗号 648,案卷号 915,第 60 页。

或暗的学术的论争，更造成中国近代史上的学术派分。特别是北伐后国民政府首都南迁，北大政治地位衰落，而中央大学一跃成为"首都最高学府"，在当时"首都"即指"全国"，换言之中央大学取代北大而成为全国最高学府。在这种地位升降的微妙过程中，北大人（包括在教育界被指认的"北大派"和北大校友、学生）与中大人（包括南高—东大—中大毕业同学会）也在暗中角力。① 在 20 世纪 30 年代初期中大的易长风潮中，无论是张乃燕与蒋梦麟的冲突，还是桂崇基与段锡朋被中大学生排拒，均与中央大学内外反对所谓的"大北大主义"有关。加之前面提到的张乃燕去职中，就有人指责罗家伦是当时蒋梦麟实现"大北大主义"的先锋，有取代张乃燕的野心。罗家伦上任伊始，就出现了"北大势力统治中大"之类的言论，虽不足为怪，但也给罗家伦造成很大的压力。罗家伦履新就往中大毕业同学会去演讲，一方面大讲其办学中"绝不应存门户之见，故对于门户之见极端反对"，打出其用人的原则"绝无门户之见，只抱人材主义"，并以其在清华时期仅聘用三名北大人为自己证明；另一方面向毕业同学宣布其聘用的主要院长和行政人员名单，大量启用原中大的名教授，如所聘各院的院长——文学院的汪东教授、理学院的孙洪芬教授、农学院的邹树文教授、工学院的卢孝台教授——均是原中大的名教授，学问道德均素有声望。地位重要的教务长也是中大原来的教授曾任教育部司长的孙本文先生。所聘教育学院院长黄建中和法学院院长童冠贤，虽非中大原有教授，但均是教育界有相当地位的人物。这些作法既是期望赢得社会（包括毕业同学

---

① 参见拙作：《首都迁移与"最高学府"之争——以北大、中央大为中心的探讨（1919—1937）》，中山大学历史系 2008 年博士后流动站出站报告，尤其是"第二章 北伐、迁移与南北大学地位的升降"和"第三章 提升与维系：重建中的北大与中央大"的相关内容。

会）的支持，以消除社会舆论所造成的压力，[①] 同时也体现了罗家伦的基本用人原则。

罗家伦的用人之道，尤其注重两点，第一、尊重老教授、提携青年学者。整理伊始，他极力挽留原有之良好教授。尊重老教授一般大学校长均会注意。对于青年学者，罗氏有自己的人才思想，他认为在中国各方面人才缺少的时候，应该不断有新鲜血液来补充。他认为新从国外做过研究的青年学者，一旦回国，不要让他的研究工作中断，只要给他预备一个比较好的教学环境，若是他能尽心继续研究的话，四五六年或七八年之后，必然有很好的造诣与贡献。[②] 本着这一思想，罗上任不久就聘请了一批刚从国外留学归国的青年才俊来中央大学，这批人在中央大学经过几年的成长，不少成为专业十分突出的学者。第二、注重专任。在聘人上他强调学术为专门事业，担任教授者自应专心从事。本着"凡可请专任者决不请其兼任"，经过几年的努力，一改过去中央大学教授兼任过多的局面：罗家伦刚到校时，中大的兼任教员多达 111 人，经过罗的努力，兼任人数逐年减少，1932 年度减至 81 人，1933 年度减至 80 人，1934 年减至 75 人，1935 年减至 34 人，这少数的兼任者，均为某种特殊科学之专家，为政府或其他学术机关所倚重（如中研院就有不少学者为中大兼职教授），而中大又一时不能罗致的人才。[③]

但是罗家伦的努力并没有得到社会的一致认可，尤其是国立

---

①　罗家伦:《提高学术创立有机体的民族文化——民国十一年在国立中央大学毕业同学会讲》，收入《罗家伦先生文存》第 5 册，台北国民党"中央委员会"、国史馆，1989 年，第 231—235 页。

②　罗家伦:《中央大学的回顾与前瞻》，重庆：国立中央大学 1941 年印，第 75—76 页。

③　罗家伦:《中央大学之最近四年》，载《中央周报》第 432 期（1936 年 9 月 14 日），第 15 页。

南高、东大、中大毕业同学总会对于罗的北大出身一直心存芥蒂，欲去之而后快。就在罗家伦上任中大校长一年之际，毕业同学总会抛出公开宣言，强烈要求罗家伦辞职。这份宣言指责罗家伦办理中大以来的六大罪状：1. 不学无术；2. 废弛校务；3. 植党营私；4. 贪污舞弊；5. 卑鄙欺诈；6. 购买日货。所列六项虚虚实实，的确让外人真伪难辨，但其中第3项是重点，称"罗氏自知德薄能鲜，深恐不久于位，日夜匍匐权门，藉官缘以维持。而于校中各处院系，尽括私人，排除异己，凡与南高、东大、中大有历史关系之优良教授，排斥殆尽，勤劳助教，则逐期减薪，迫其自去。阿其所好者，不问庸愚，一律委以要职。"① 罗家伦对此当即公开发表谈话，切实予以反驳，认为这份宣言"虚构事实，恶意诬蔑，并藉广告以贯彻其损毁名誉，散布于众之意图，实触犯刑章。"罗家伦道出与毕业同学会关系紧张的根源，上任一年以来，中央大学校友会对于校务动则干涉，随意向罗举荐，稍有不遂意，便横加指责，并在社会上公布反罗宣言。② 这种校外势力的干涉自然受到罗家伦的抵制。

罗氏上任伊始就注重人才，其后他回忆说，"聘人是我最留心、最慎重的一件事。我抚躬自问，不曾把教学地（原文如此，应为"职"——引者）位做过一个人情。虽然因此得罪人也是不管的。"③ 时任教育部长的王世杰对此也充分肯定，说"罗先生做大学校长之时，对于选聘教授，极为严格，毫不苟且"，为此

---

①　《国立南高东大中大毕业同学总会为母校罗校长辞职宣言》，载《中央日报》1933 年 8 月 21 日，第 1 张第 1 版。

②　罗家伦：《对南高东大中大毕业同学总会名义所发之宣言谈话》，收入《罗家伦先生文存》第 5 册，台北国民党"中央委员会"、国史馆，1989 年，第 312—313 页。

③　罗家伦：《中央大学生的回顾与前瞻》，国立中央大学 1941 年印，第 75 页。

肯定得罪了不少人,以致国民党败、退台湾后,蒋介石拟提名罗为考试院副院长时,有许多人批评他攻击他,蒋不明就里,寻问王世杰,王的回答是"据我所知,罗志希做大学校长之时,政府中和党中许多人向他推荐教职员,倘若资格不合,他不管是什么人,都不接受,因此得罪了不少人。"①

罗家伦上台之后,困扰中央大学多年的经费问题得以完全解决,中大的经费改由中央财政直接负担,中大与江苏地方之间的矛盾根源解除,江苏省为表示对中大的支持,不仅同意将以前拖欠中大的经费补齐,而且无偿赠送大片山林给中大作为农学院的试验场。从此至抗战全面爆发前,中央大学的经费处于稳步增长的时期,中央大学的教授薪水有完全保证并得到提高。对于大学自治,罗比其前任更注意发挥教授治校的作用,将学校的行政权力交由教授组织的专门委员会去办理,先后成立的各种委员会有:招生委员会、毕业考试委员会、出版委员会、新生活运动指导委员会、训导委员会等。如每年新成立招生委员会,除各院院长和教务长为当然会员外,每年推举6—7人为招生委员会委员,参与制定各年各院系招生政策及各省学生录取名额。② 由于中央大学的特殊地位,招生委员会享有实权,对于因特殊原因要求进入中央大学就读的也必须经校务会议讨论,并且其前提是学业成绩达到规定标准。如1934年国民党中央执行委员会特别致函中央大学,要求将国民党先烈陈英士的遗孤陈祖惠特准入学,经校

---

① 王世杰:《我对罗先生三点特别的感想》,载台北《传记文学》第30卷第1期,1977年元月号。

② 1933年推举顾谷宜、倪尚达、郑厚怀、马洗繁、常道直、金秉时、李寅恭七教授为委员,见《五月四日校务会议》(1933年),"国立中央大学档案",全宗号648,案卷号911(页码不清)。1934年改推范存忠、孙光远、赵之远、魏岩寿、杜佐周、杨家瑜六教授为招生委员会委员,见《第十三次会议》,"国立中央大学档案",全宗号648,案卷号912,第144页。

务会议讨论，决议"查陈祖惠系先烈陈英士先生遗孤，曾在复旦大学教育系肄业一年，既经中央执行委员会函送，且陈英士先生为党国元勋，为崇德报功计应予其遗孤以教育机会，着准其在本校一年级先行试读，如学课成绩及格并补受下学年度试验及格后方得改为二年级正式生。"①

三　政治与学术之间的平衡

罗家伦在纷乱之际执掌中大，以创立民族有机文化教育为号召，努力将纷乱动荡中的中央大学安定下来。发展学术，同时适度地参与国家建设，并如何在二者之间寻找一种平衡，是罗家伦作为中央大学校长遇到的最大挑战。作为大学校长，尤其是由中央政府任命的国立大学校长，执行中枢的政策和同时满足大学生抗日要求是一个两难境地，罗氏自己对此备感痛苦，他事后回忆说："从一二八到七七一段时间，可以说是中国高等教育进步最迅速而最沉着的时候。……可是主持大学像我这样的人，处境却是困难极了。因为我是略略知道国防政策的一个人，知道中枢是如何积极地准备抗日；同时又是天天和热血青年接近的一个人，他们天天在要求抗日。我在这方面知道的不能和那方面说，精神上的痛苦可想而知了。"②

---

① 《九月七日会议记录》，"国立中央大学档案"，全宗号648，案卷号912，第85—86页。

② 罗家伦：《炸弹下长大的中央大学——从迁校到发展》，收入《中央大学的回顾与前瞻》，国立中央大学1941年印，第21页。

1. 回到学术之中

从东南大学到中央大学，学风的败坏显然是受了政局的影响，校友吴蕴瑞认为："现在的环境是恶劣的，虚伪的，现在的教育也是虚伪的，又没有精神的训练，道德的教育很成问题，我当日所求学的南高，恰恰与今日这种现象相反。"[①] 中央大学的学生们同样将学校风气的转变归于与政治关系过于密切，他们称："眼看社会上的高车大马、衣住阔绰的大人先生们，究有几位是有高深的学问的？学生的脑袋充满着荣华富贵的做官思想，奔走权要之门，结果，无怪中国学术落后。"[②] 毋庸讳言，从东南大学到中央大学的转变进程中，这所大学的政治地位得到极大的提升，但校风的转变却让在校师生有每况愈下之感，究其原因，师生多将原因归结于与政治过于密切的联系。从学潮中棘手接任中央大学校长一职，如何将学生的政治热情转移到学术的研究之中，显然是罗家伦上任后首先要着手解决的难题。其上任不久，对于学生的运动和组织表达了一个基本的意见，对纯粹的学术组织，如研究物理学的物理学学会和研究数学的数学学会之类，他是非常赞成的。至于其他组织，他要求学生最好不要参加，"外面人到学校里来找同志，决不是有利于诸同学，而是为他自己造群众的。现在的政治组织，不但数目多，内容亦很复杂，此起彼复，此伏彼起，于学校无利益，于学生更不相宜。"[③]对于社会势力，尤其是政治势力向中大的渗透十分警惕，他上任

---

①　吴蕴瑞：《我的纪念南高》，载《国风半月刊》第 7 卷第 2 号（1935 年 9 月），第 27 页。

②　雅言：《学生的风气》，载《大学生言论》第 1 期（1934 年 4 月 1 日）。

③　罗家伦：《中央大学之使命》，载《国立中央大学日刊》第 820 号（1932 年 10 月 20 日）。

不久，对一直是南京政治活动中心舞台的中央大学大礼堂的对外借用作出严格规定，以此杜绝中大陷入过度的政治活动之中。[①]

为了使学生运动平息下来，罗家伦采取了一系列的措施，这些措施被学生形象地调侃命名为以下四点："闹学潮就开除"、"锁校门主义"、"大起图书馆"、"把学校搬到郊外"。[②]

对于学生爱国运动的要求，他力主学生时代必须以学术救国来实现，目前的任务就是要"忍辱负重"。1933 年 9 月 18 日在中央大学"九·一八"国难两周年纪念会的演讲中，罗家伦一方面批评中央在处理"九·一八"事变的策略错误在于让东北地方政府处理外交而不加过问，导致外长王正廷在事变之前毫无布置准备。这既为中央政府辩解、为外长王正廷申屈，又或多或少站在当年参加怒打王正廷的学生立场上，承认学生运动的合理性和正当性，争取到学生的好感；另一方面，他借用意大利民族复兴英雄加富尔的名言"余对历史负责，余对国家负责"，以中国的国力远不及日本等由，为主持国事的当局不抵抗政策进行辩护，最后回到主题要求中大学生"人人负起责任，增强国力，不唱高调，不重感情，对创钜痛深的国难，须有深刻的认识和反省"，其结论是"我们的抗日是在学问上下工夫"。[③]"学术救国"论并非罗家伦的首倡，也非以此劝导学生的第一人，我们不排除其多少出于压制学生运动的考虑，但其以丰富的历史知识来论证学术救国的理论，以理性沉着的态度来引导学生对于救国途径的思

---

①　《中大礼堂规定借用办法》，载《中央日报》1932 年 12 月 24 日，第 2 张第 3 版。

②　雅言：《学生的风气》，载《大学生言论》第 1 期（1934 年 4 月 1 日）。

③　罗家伦：《忍辱负重——民国二十二年九月十八日在中央大学"九·一八"国难两周年纪念演讲》，收入《罗家伦先生文存》第 5 册，台北国民党"中央委员会"、国史馆，1989 年，第 321—326 页。

考,其中蕴含着相当的合理性。他这一思想直接地影响了中央大学的学生,有学生即在校刊中撰文对当时大学生形象地概括为:乌鸦般的散漫、麻雀般的好乱和蝙蝠般的不诚,[1] 积极地回应了罗家伦的整理。

在具体措施上,罗家伦重新设置训导委员会严格管理。这种变化学生自己也有切身的感受,"一方面是学校里一切规则加严,考试加紧,使学生不得不多花些时间去读书,去做实验,同时另一方面,现在的学生也有一种新的认识和觉悟,知道闹学潮是与自己没有益处的,还是着实多读点书有用,所以现在中大的空气是严肃而平静,换句话说已成了一个极好的研究学问的环境。"[2] 这种认识极大地促使了学风的改变,学生转向学术的风气浓了,运动明显地减少了许多。拿当年学生自己的话来讲,"一九三三年的中央大学,可说是风平浪尽,不像前几年的干戈扰攘了。"[3] 1933 年毕业于中央大学地质系的张祖还回忆说:"学生对罗来任校长虽有不满意,但在国民党政府的高压之下,学生会无形解散,学生不再有所行动,于是中央大学的爱国民主斗争从此就偃旗息鼓了。此后一直到 1937 年,抗日战争爆发,学校内都呈现出'万马齐喑'的沉闷局面。"[4] 这从另一个侧面反映出中央大学的安定。自 1935 年起罗家伦对中央大学严格实行军事管理,以养成学生生活军事化、行动纪律化、精神团体化。这些措施使

---

[1] 砥中:《目前中国大学生的通病》,载《大学生言论》第 3 期(1934 年 9 月 1 日)。

[2] 高山:《给准备投考中央大学者》,载《生路》第 10 期(1937 年 6 月 1 日),第 17 页。

[3] 德良:《一九三三年的中央大学》,载《大学生言论》第 2 期(1934 年 8 月 1 日),第 51 页。

[4] 张祖还:《三十年代初期中央大学学生爱国民主斗争回忆》,载《高教研究与探索》1988 年第 2 期,第 14 页。

20 世纪 30 年代中期以后的学生运动的中心从南京转移到北京和上海。[1]

接下来就是全力进行充实与发展了。1932 年 7 月中大解散整顿后，中央决定中大的经费由中央财政部独立负担。由于在上海的医、商两学院从中大独立出去，中大的经费由原来总预算的 192 万元减至 161 万元，困扰中央大学多年的经费问题得到从制度上的根本解决，也为学校的发展提供了可靠稳定的经济动力。在具体的学校发展上，罗家伦煞费苦心，统筹安排，到抗战前中大得到了相当的充实和发展，具体表现在以下几个方面：第一，院系的调整和添设。根据国家的切实需要，1933 年恢复了工学院的化工系和农学院的园艺桑蚕等系。1935 年年在南京开设医学院，并创办附属牙医专科学校。为提高学术研究，设立理科研究所算学部和农科研究所农艺部，1935 年初开始招收研究生。同时工学院添设机械特别研究班，为国防服务。第二，图书设备建筑的扩充。扩建图书馆，书库容量扩大一倍半，使阅览室面积扩大四倍，同时可容一千人以上。图书仪器也积极扩充，四年之中，新添中日文图书四万八千二百六十五册，英文图书一万九千五百七十册，中文杂志二百六十六种，西文杂志一百八十六种。此外扩充了一系列的教室、研究室和学生宿舍等建筑。四年之中，建筑图书仪器设备共支一百八十七万六千零三十元，其中图书和仪器就占一百二十余万元，极大地改善了办学条件。[2]

所谓"把学校搬到郊外"，指的是中大的迁校计划。罗家伦认为中大的现校址地处都市中心，四面为环街所包围，面积不过

---

① 参见 John Israel，*Student Nationalism in China 1927—1937*（Standford，Calif：Standford University Press，1971），第四章。

② 罗家伦：《中央大学之最近四年》，载《中央周报》第 432 期（1936 年 9 月 14 日），第 11—15 页。

二百余亩，车马喧嚣，市气逼人，不宜研究学问，"不适于养成高尚纯朴之学风"，加之农学院与本部分开，办学极不经济。故而他上任不久就提出将大学搬出闹市区的迁校计划。经过校长罗家伦的多方活动，1934 年 1 月国民党四中全会通过中大在郊外建筑新校舍的决议，建筑费为二百四十万元，每月拨付八万元。虽然这一数目在当时而言已不少，但与中大整体迁校所需还相差甚远，罗家伦利用与蒋介石的私人关系，说服蒋介石另拨专款二百万元。至 1935 年，罗家伦在南京近郊中华门外石子岗一带征得土地八千亩，计划建成能容纳 5000—10000 名学生，环境优美，格局轩昂全国最大的大学。

以上一切举措，罗家伦无非是想将中大办成全国的学术中心。罗家伦入掌中央大学后，将当年办理清华大学时所主张的"清华学术化"完全继承下来，[①] 努力改革中大的浮躁之风，力图将中大引入到潜心学术的路子上去。罗家伦上任以后，鼓励大学教授进行学术研究，努力将学生号召回到学术之中。为鼓励师生的学术研究"，决定公开发行学术刊物，国立中央大学学术丛刊和国立中央大学学术专篇。其中丛刊主要分以下六种：文艺丛刊；自然科学丛刊；社会科学丛刊；教育丛刊；工学丛刊；农学丛刊。规定"每年每种进行两册，以登载专门研究之著述为限，其有特别贡献之著述，必须单印者，得由出版委员会印成单本，称国立中央大学学术专篇"[②]。此外还创办一系列的学生刊物，如《新文化月刊》、《大学生言论》、《校风》等，官方舆论称赞罗

① 1928 年 10 月 1 日罗家伦宣誓就职清华大学校长时，提出"清华学术化"的口号，主张学者中不应有派别之分、学生热心向学的学风，参见《罗家伦就任清华校长》，载《民国日报》（上海）1928 年 10 月 2 日，第 3 张第 4 版。

② 《十一月二十八日校务会议纪录》（1932 年），"国立中央大学档案"，全宗号 648，案卷号 910，第 3 页。

家伦整顿校风有方，中央大学学术研究空气异常浓厚。① 其中一批教授也取得了学界瞩目的成就，如缪凤林 1932 年出版的《中国通史纲要》（南京钟山书局出版），当时评论家认为："缪先生的治史是与顾颉刚的《古史辨》，郭沫若的《中国古代社会研究》是鼎足而三，有同样值得重视的价值。"②

　　在朱家骅时代，总理纪念周成为国民党"党化"教育的象征。罗家伦上任后，决定对这一有名无实的政治说教进行大胆改革，1932 年 10 月 18 日校务会议决定，"本校增设近代文化演讲一课，每星期一小时，定于总理纪念周时间开办举行。全校学生一律听讲，自经开始后，学生未修此项学分不得毕业"③。请学有专长的教授共同开设一门近代中西方学术文化通论的课程，每一教授侧重其研究领域。这一课程的起源，还可以追溯到 1927 年春，时罗家伦任东南大学教授，倡导于下学期开设"近代西洋学术概观"一课，对 19 世纪中叶至今的西方各种学术流派，作一兼容并包、提纲携领的概括，由各科学有专长的教授合力讲授。这门通选课的设立，主要受美国哥伦比亚大学的"近代文明"和法国巴黎大学的"法兰西文明"两种课程的影响，其目的是使在校学生对于西方学术的最新进步有一个比较正确的大致认识，以期对其有所启发，并为东南开创一种自由讲学的风气。当时计划开设课程与担任教授安排如下：概论（罗家伦），近代数学思想（段调元），近代物理思想（查啸仙），近代化学思想（张

---

① 《中大师生创作新文化月刊》，载《中央日报》1933 年 2 月 20 日，第 2 张第 3 版。

② 张德昌：《缪凤林著中国通史纲要》，载《图书评论》第 1 卷第 6 期（1933 年 2 月），第 45 页。

③ 《十月十八日校务会议记录》，"国立中央大学档案"，全宗号 648，案卷号 910，第 67—68 页。

子高)、近代生物学思想（陈席山），近代心理思想（艾伟），近代政治思想（卢锡荣），近代政治制度（陈逸凡），近代法律思想（张歆海），近代法律制度（张洁炟），近代经济思想（陈清华），近代经济制度（陈清华），近代教育思想（汪懋祖），近代教育制度（李建勋），近代文学思想（张歆海），近代美术思想（邓以蛰），近代哲学思想（宗白华、方东美），结论（卢锡荣）。[①] 让人惋惜的是这一课程计划因战争的爆发而搁浅。但事隔五年之后，罗家伦以校长身份重返该校，继续履行当年的宏图，虽然不少教授已离开这所大学，但重组后的中央大学人才济济，加之有校长的大力支持和率先开讲，使改名后的"近代文化演讲"一课得以进行，重新倡导大学里自由讲学之风，并以此培养学生全面的文化素质，成为当时中央大学颇具特色的文化风景。更具有特定象征含义的是，罗家伦所规划的这门课由原来的总理纪念周演变而来，无疑是对当时国民党极力倡导的"党化教育"的一种淡化处理，受到全校学生的欢迎。

　　经过几年的发展，在校学生对几年来的中央大学的学风转变有切身的体会和看法："社会上有许多人认为中央大学最易闹风潮，学生是没有多少时间读书的，他们这种议论以过去的事实相印证，我们是不能否认的。但是不定年来，中大的风气完全改变，大家都是埋头在图书馆和实验室，到讲台上去宣读提案。"[②] 由此看来，罗家伦"回到学术之中"的目标是达到了。

　　必须指出的是，罗家伦深知中央大学的特殊地位，他在努力倡导中央大学回到学术时，并非将中大办成一个纯粹的学术中

---

① 《东大下学期添新课程》，载《中华教育界》第 16 卷第 9 期（1927 年 3 月），"国内教育新闻"第 1—2 页。

② 高山：《给准备报考中央大学者》，载《生路》第 10 期（1937 年 6 月 1 日），第 17 页。

心。虽然他反对学生直接参与政治活动，反对外界对中大的过度干预，但他也特别注意与政治高层之间保持一种良好的关系，鼓励学生研究现实问题，同时他利用其在国民党中的特殊地位（中央执行委员），延引众多党国要人和学界专家到中大讲学，这一点与张乃燕主要是利用本校教授来作演讲有很大的差异。下面分别以 1932 年 11 月至 1933 年 1 月和 1934 年 2 月至 6 月两个时段的中央大学的学术演讲作一说明。

表 7　　1932 年 11 月至 1933 年 1 月中央大学学术演讲概况表
（含总理纪念周演讲）

日期	演讲人及身份	演讲主题
11 月 9 日	Plessing（奥国兵工专家）	兵工问题
11 月 14 日	陈公博	中国实业问题
11 月 19 日	黄幕松	军缩会议的经过
11 月 22 日	陈公博	中国实业及国防问题
11 月 28 日	唐有壬（中央政治会议秘书长）	中国经济病态之诊断
12 月 5 日	马寅初	中国目前之严重问题
12 月 7 日	王书林	中国教育制度上的问题
12 月 15 日	张其昀	东北失地之人地学观察
12 月 17 日	张继	西北问题
12 月 19 日	黄绍（内政部长）	内政会议之结果及内政之趋势
12 月 20 日	褚民谊	体育新义
12 月 21 日	凌纯声	民族学与现代文化
12 月 29 日	陈立夫	唯生史观之研究
1 月 6 日	熊式辉	中国之复兴
1 月 11 日	张心一	西北社会状况之一斑

资料来源：《国立中央大学日刊》第 837 号至 889 号的相关报导。

表 8   1934 年 2 月至 6 月中央大学总理纪念周演讲概况表

时间	演讲人及身份	演讲主题
2 月 26 日	贡沛诚（参谋本部边务组专门委员）	新疆事变之因果信其对策
3 月 5 日	班禅大师	西藏问题
4 月 16 日	陈长蘅	对于宪法草案初稿的评议
4 月 23 日	陈立夫	"力"
4 月 30 日	唐文恺（上海银行协会秘书长）	最近国际经济问题
5 月 14 日	须君悌（导准委员会总工程师）	导准问题
5 月 21 日	夏光宇（考试院任铨部参事）	扬子江以南铁路班干线之兴筑
6 月 4 日	赵祖康（全国经济委员会公路处副处长）	全国公路之情形及其计划

资料来源:《国立中央大学日刊》第 1192 号至 1310 号的相关报道。因资料残缺，以上统计不完整。

这些演讲只是笔者从零散残缺的资料中找出相对集中的两个时段来作讨论，虽不具备统计学所要求的严格科学性，但也至少说明了一些问题。即罗家伦主政抗战前的中央大学时，他请到当时政治名人来校作演讲，充分地显示其作为国民党中央执行委员的政治影响力。同时，他也大量邀请了当时在政府职能部门的专家来校作专门的学术演讲，也多少显示出中央大学地处首都的便利。如何处理这二者的关系，现有资料还难以对罗家伦的思想作出一个准确的判断，不过从他在时间安排上将政治性演讲和学术性演讲穿插其中，也不难发现他似乎总是努力地在政治与学术之间寻找一种平衡。

2. 建立"参谋大本营"

"九·一八"以后，举国上下担心民族竞争力的虚弱，对高等教育人才的培养提出了更急迫的要求，"共以培养国力复兴民族为职志，国防方面，经济方面，需要科学人才尤亟，而高等教育亦完全转向。"① 总的方向是提倡实科，限制文法科。作为首都大学的中央大学，其改革也作为全国的榜样，对于系科的调整，也朝此方向前进。

罗家伦认为中国要抵抗日本，不只是需要机关枪、飞机、坦克，在学术方面也要找到对手，罗家伦有意将中央大学办成与日本东京帝国大学争雄的阵地。罗家伦这一办学思想颇受中大文学院教授黄侃的激发，1934年黄侃问道："要抵抗日本，我们中大底学生能否与日本东京帝国大学底学生在学术上竞争，中大底教授，能否与东京帝国大学底教授相比，整个的中大能否与东京帝大或西京帝大相抗吗？"这番话对罗家伦触动非常之大，"使我惊恐心悸，使我汗流浃背，更令我兴奋、努力"②。在20世纪30年代民族主义日益高涨的背景下，罗氏此种感受不难理解。作为中国最高学府的领导人，面对日本帝国主义的侵略的严峻局势，无疑会加深其对于大学与民族关系的进一步思考，这实际上也促使其对于中央大学的办学方针及其在民族振兴中作用的重新定位。

黄侃为中大寻求的竞争对手日本东京帝国大学是1877年日本为培养国家领导人和社会各界中坚力量而设立的国立综合大学，也是日本高等教育史上第一所近代国立大学。1886年改称

---

① 黄建中：《十年来的中国高等教育》，收入中国文化建设委员会编：近代史史料丛刊续辑·第九辑第82册（二）《抗战十年前之中国》，台北文海出版社1991年版，第503页。

② 罗家伦：《对中大的期望——民国二十三年六月九日在国立中央大学讲》收入《罗家伦先生文存》第5册，台北国民党"中央委员会"、国史馆，1989年，第386页。

帝国大学、1897 年改称东京帝国大学，之后进一步强调研究与教育必须适应国家的需要，通过一系列的改革，如"讲座"制和"教授会"制，成为代表日本最高学术水平的高等学府。[①] 东京帝国大学一切以国家需要出发的办学方针，对处于战争威胁之下的首都最高学府掌门人的罗家伦无疑有很大的借鉴作用。事实上，罗家伦心目中办理中大的一个重要方向，就是要将中大办成全民族抗战的"大本营"，他强调："我们要抵抗敌人，要能抓住我们的对象。我们要拿东京帝国大学相比，看比得上否？人家对学校造谣，我们不管，我们自己只要苦干。我们的航空，是训练飞机制造的人才，但不能对人讲；我们的医学院是作战时救死扶伤之用，但不能对人讲；我们的畜牧，是为解决军马问题及开发西北，但也不能对人讲。最近，我们并想将整个各方面的功课，加以郑重切实的考虑。……在这个时期不是教授领导游行就算爱国，还要沉着地讨论研究。目前最需要是为经费、人才与外界的合作。我以为中央大学应成为抵抗日本的参谋本部，不是造成抗日游行队或宣传队。游行宣传，别人都能做，不必我们大学生去做。我们要造成一个参谋本部，什么人才都有。"[②] 这里，罗家伦更强调了中央大学的地位和使命，"我常勉励中大同学，做人处世，必持一种'泱泱大风'的气度。我认为如此，才是'中央'的气度"[③]。具体到"中央"二字的落实，又回到"民族复兴的参谋本部"，他后来回忆说："我来中大的时候，希望中大做

　　① 参见［日］寺崎昌男的《东京大学小史》，载金龙哲、王东杰编著《东京大学》，湖南教育出版社 1992 年版，第 5—7 页。

　　② 罗家伦：《让我们把中大造成民族复兴与抗日的大本营参谋本部——民国二十五年一月六日在国立中央大学总理纪念周报告》，收入《罗家伦先生文存》第 5 册，台北国民党"中央委员会"、国史馆，1989 年，第 454—455 页。

　　③ 罗家伦：《七七与中大》，收入《中央大学的回顾与前瞻》，国立中央大学1941 年印，第 67 页。

中国民族复兴的参谋本部，这还是就校内的学术研究工作而言的。"① 罗家伦是一个使命感极强的教育家，对于中央大学在即将到来战争中的作用，他主张："我们愿意中央大学作抗日战争的参谋部，而不愿意作抗战的宣传大队，因为后者是人人都能够做到的事，而前者是国立大学应担负的使命。"②

20 世纪 30 年代后，随着日本帝国主义侵略的日益迫近，大学作为国家学术文化的重镇，在发展民族学术文化的同时，还面临着如何为即将来临的抗战提供学术服务，这在理工学科中显得格外突出。中央大学的课程设置也朝着这一方向发展。1933 年夏国民政府在庐山会议讨论如何培养航空工程人才问题，最初决定由中央大学、清华大学、交通大学和武汉大学四校来办此种学系，由于其他学校或地点比较暴露或离空军中枢较远，最后决定以中央大学为主体创办"机械特别研究班"，之所以取这一隐蔽的名称，为的是避免打草惊蛇，引起日本人无谓的扰乱。

1935 年日本帝国主义制造华北危机后，中日之间的形势更趋紧张。1936 年年初罗家伦断定中日战争已完全不可避免，认为"我们的国家已经到了大战的前夕。无论是自动与被动，这个战争是避免不了的，万一今年不致爆发，但是在最近的将来，是必定要爆发的"③。正是基于这种认识，罗家伦对于中央大学如何向战时化转移，提出了一个完整的方案，其基本指导思想是积

---

① 罗家伦：《七七与中大》，收入《中央大学的回顾与前瞻》，国立中央大学 1941 年印，第 70 页。

② 罗家伦：《大战到了备战时期》，收入《文化教育与青年》，商务印书馆 1943 年版，第 131 页。

③ 同上书，第 128 页。此文是罗家伦在 1936 年 1 月 30 对中央大学教职员的一封内部公开信，当时对外是秘密的。

极的、有系统的、有组织的来准备，把平时当战时看，把战时当平时看。措施主要包括：①知识技能的训练。包括特殊课程的开设，尤其是急于应用与国防有关的课程，应酌量增设，次急的课程应酌量后移。补充和改造教材，借鉴欧美经验，结合中国的材料，加紧教育与国防的连接。对于特殊的问题切实开展研究，如化学与化学工程、战时组织、战时财政等。训练与实习战时的技能如救护、维持交通等。筹备战争常识的刊物。②精神人格的训练。防止汉奸的出现。尤其注重健全的体格训练和青年的心理卫生。③推动训练工作的组织。要求有良好的组织系统。一是充分利用中央大学已有的行政组织；二是在全校组织一个师生联合的国难问题研究会，为将来大战的出现问题作一番切实讨论。同时，中央大学充分地作备战的迁移准备工作，事先选择了地理险要的重庆为校址，预先准备了长途运输的大木箱五百多个……1937 年战争爆发后，中央大学能有条不紊地迁移，成为战时高校内迁中损失最小的大学，被誉为一大奇迹，这与校长罗家伦的远见卓识是分不开的。

四　教授群体参与社会的不同方式

　　罗家伦上任之前几个月，中央大学教授群体就因党派立场和学科背景不同结成不同的团体，时代公论社和国风社就是其中两个著名的社团。前者对于当时的政坛上讨论热烈的政治体制设计不断建言，后者主张民族学术文化救国，均对当时的国立中央大学与政治的关系抹上了独特的色彩。因此探讨这两个社团的构成和主张对于理解 20 世纪 30 年代中央大学与政治的关系无疑是有帮助的。

1. 时代公论社与政治参与

随着 20 世纪 30 年代民族主义的再次兴起，地处首都的中央大学出现以法学院教授为主体的时代公论社，对于当时讨论热烈的政治体制设计不断从学理上建言。该杂志鼓吹国民党一党独裁论，围绕宪政、民主与独裁、国民党的抗日政策等问题与北方的独立评论派进行激烈的论战。就本质而言，二者的论战表现出民族主义高涨时代里权威主义与自由主义的对撞、分化与重新组合，均表现出功利主义结合的研究趋向，结果无非均是为政治寻求合法性的说明。《时代公论》与《独立评论》的论战为理解 20 世纪 30 年代的南北政治、学术文化的地缘与流派增添了新的素材。

在"九一八"至"七七"全面抗战爆发期间，中国知识界以报刊为阵地对政制改革进行了热烈的讨论，北方的平津地区以《独立评论》、《大公报》、《国闻周报》为中心，南方的京沪地区以《时代公论》、《国衡》、《政治评论》、《华年》为主要阵地，学者纷纷起来对中国的政治前途与命运发表自己的看法，其中分处南北的《时代公论》和《独立评论》之间的论战尤其引人注目。对于北方的《独立评论》，多年来学者有极大的关注，而对于南方的《时代公论》却鲜有论及。[①] 本书选取《时代公论》与《独

---

① 早在 70 年代末台湾学者邵铭煌就从学人群体的角度对《独立评论》进行了研究，见其《抗战前北方学人与〈独立评论〉》（台湾政治大学历史研究所硕士学位论文，1979 年）。近年来对近代自由主义者胡适、傅斯年、丁文江等人的研究均涉及《独立评论》，如章清《"胡适派学人群"与现代中国自由主义》（上海古籍出版社 2004 年版）等研究。最近的研究详见张太原《〈独立评论〉与 20 世纪 30 年代的政治思潮》，社科文献出版社 2006 年版。与对《独立评论》研究的热潮相较，对《时代公论》的研究目前仅见邓丽兰所著《域外观念与本土政制变迁——20 世纪二三十年代中国知识界的政制设计与参政》一书的第四章第 169—238 页（中国人民大学出版社 2003 年版），多从政制设计的角度来立论。

立评论》之间的论战为入口，分析 20 世纪 30 年代南北政治文化的论战的主体和内容，并试图分析 20 世纪 30 年代民族主义与权威主义、自由主义的微妙关系。

　　1932 年 4 月 1 日，《时代公论》杂志在中央大学创办，由杨公达任主编，张其昀为总发行人。时代公论社的主要组成人员是以中央大学法学院教授为主体，并且多是国民党党员教授，有着非常明显的政党背景，①核心成员有杭立武（政治系主任）、梅思平、萨孟武、张其昀等。中央大学教授陶希圣（不久受聘北大）、武育干、傅筑夫、楼桐生、雷震、何浩若、田炯锦等均是其重要成员。可以说这份以政论为主的杂志，是在日本加紧对华侵略，中华民族危机日益严重状况之下，一批体制内知识分子民族主义激情的产物。按他们自己的说法，就是"当下关日本兵舰开炮以后，不特是普通一般逃之夭夭（要人们早已到洛阳去了），就是惯喊打倒日本帝国主义的人，也就溜烟离开了此间，顿时南京变成了死城，我们学校——中央大学——也就人烟稀少今昔之感了！《时代公论》就是在南京最冷落萧条的一个时期，几个朋友触景生情，像雪中送炭似的，把这个刊物贡献给全国人民。真如古人所说'穷而后工'，我们在极穷

---

　　①　关于杨公达创办《时代公论》时是否是国民党党员，有研究者尚存疑虑，但从其一年后出任立法院立法委员、抗战爆发后又担任国民党中央党部秘书等职推测，杨应归属于体制内知识分子之列。以上参见王奇生《党员、党权与党争——1924—1949 年中国国民党的组织形态》，上海书店出版社 2003 年版，第 268 页。但从杨公达 1932 年 6 月在力行社演讲《国民党复兴论》中提到："同志们抬起头来，恢复党国的威信！不要因为人家咒骂国民党而害羞而灰色。"（演讲词刊于《时代公论》第 16 号，1932 年 7 月 15 日。）从视力行社为同志的语气中不难判杨公达此时也为国民党的一员。胡适读到杨公达的一些文章后，其评论说"这番话出于国民党中的一个学者的笔下，很可以使我们诧异"，也可以推断杨此时为国民党党员［《陶希圣〈一个时代错误的意见〉附记》，载《独立评论》第 20 号（1932 年 10 月 2 日）］。

困的时候毅然起来工作的"①。这份杂志的宗旨是"供国人以发表自由思想之机会",其落脚点在于"俾于国事稍有贡献",可见是一个时事政论的刊物。之所以定名为"时代公论",张其昀的解释是:"时代公论公器也,大学教授之公开讲座也。大学既以思想自由为原则,大学教授所发表的言论,自不受任何政党的约束,即在同一刊物之中两相反对之论调,苟能持之有故,而言之成理,皆不妨同时并存,而一任读者之比较与选择:此其所以名为公论也。"② 可见,这份杂志定位为大学教授的公开讲座,选取时代敏感的话题,以自由讨论的方式来吸引社会民众的参与,是要对于此时的国事提出自己的看法。

同时,这份杂志也是一个带有浓厚学术讨论性质的刊物,其主要成员均是中国政治学会的骨干,并以这一学会为依托,展开政治学理上的讨论。20 世纪二三十年代,是中国学术成长过程中的高速发展时期,一个重要的标志就是国内的各种学术团体如雨后春笋般地出现。1931 年夏,中央大学法学院政治系教授杭立武、陶希圣、吴颂皋、刘师舜、梅思平、杨公达等一批教授,有意成立政治学的学术团体,于第二年三月开始运作,其公开的目的有三:一是促进中国政治科学的发展;二是讨论现实政治的改良;三是指导后学从事研究。③ 值得注意的是,当时中国的学术中心在北平,中央大学政治学的一批教授有意在南京成立此学会,有与北方争锋的意味。据中国政治学会的发起人之一、后任

---

① 《〈时代公论〉是"铁面无私"吗?》,载《时代公论》第 10 号(1932 年 6 月 3 日),第 45 页。

② 这是张其昀在回答读者陈豪楚的回信,见《读了时代公论之后》,载《时代公论》第 8 号(1932 年 5 月 20 日),第 47 页。

③ 杭立武:《中国政治学会成立刍言》,载《时代公论》第 23 号(1932 年 11 月 4 日),第 15 页。

第一届干事长的杭立武回忆，为了能在南京成立中国政治学会，中央大学法学院的教授有意联络南方其他各城市如上海、武汉、广州等地的知名政治学者，如周鲠生、王世杰、张奚若、钱端升等，期望能得到他们的支持，让中大教授感到"意料之外"的是，这些学者十分爽快地表示同意，于是中国政治学会于1932年9在南京正式成立。"为借重各方面人才，以便于协调起见"，选举校外的王世杰、周鲠生等人为学会的常务理事，而其中总干事长由中央大学法学院教授杭立武来担任。①

《时代公论》的出台也是为中国政治学会实现其"讨论现实政治之改良"而创办的。创办之初作者群甚为广泛，在该杂志上发表文章的还有文学院教授缪凤林、黄侃、汪东，教育学院程其保，工学院顾毓琇等。这些文章基本均是有关中央大学的教育问题，是纯粹的学术文章，如汪辟疆的《论近代诗》（10号）、黄侃的《汉唐玄学论》（11号）等。但随着《时代公论》的政治倾向越来越明显，尤其与北方的《独立评论》的论战越来越激烈，遂使其他院系的学者逐渐淡出这份杂志，1933年后就很难发现其他院系学者在上面发表文章。稍后，以文学院为主的人文学者转移到由柳诒徵、缪凤林、张其昀、倪尚达创办的《国风半月刊》杂志上了。还有一个明显的例子就是张其昀于1932年9月辞去《时代公论》总发行人的职务，转而和缪凤林一道倡议创办《国风半月刊》，并成为该杂志核心成员。

---

　　① 《杭立武先生访问纪录》，中研院近代史研究所1990年版，第10页。杭立武对于中国政治学位成立时的第一届理事回忆与当时发表的理事人选有出入。据当时发表的《中国政治学会成立弁言》所载，当选理事为七人，分别是周鲠生、高一涵、张奚若、梅思平、萧公权、刘师舜和杭立武（《时代公论》第23号，第15页）。而六七十年后杭立武回忆认为当选的理事为五人，分别是周鲠生、浦薛凤、钱端升、王世杰和杭立武（见《杭立武先生访问纪录》第10页），后者疑有误。

1932 年，以蒋介石为首的国民党南京政权得到巩固，有着强烈政治背景色彩的《时代公论》出台，其主要的宗旨就是鼓吹独裁。这一杂志与北方自由主义派胡适、任鸿隽、丁文江等创办的《独立评论》针锋相对，成为 20 世纪 30 年代"民主与独裁"论战中南方阵线的主力，《时代公论》社成员也被胡适等人讥为"政府派"的人。故而讨论《时代公论》阵营的言论，离不开与北方《独立评论》的论战，这不仅有助于把握位于首都的中央大学这些体制内的知识分子的政治立场，而且有助于理解 20 世纪 30 年代中国的思想地图分布。

《时代公论》与《独立评论》的论战主要是围绕以下几个方面展开的：

第一方面，围绕宪政问题。南北学术界之争的焦点在是否立即实行宪政和怎样实行宪政。

"九一八"以后，中国民间社会要求国民党开放党禁、实行宪政的诉求日益高涨。作为政治评论的刊物自然不能回避这一敏感问题。《时代公论》同仁的总体主张是赞同放弃党治，但反对立即制宪和实行宪政。就其内部而言，对于实施宪政的途径又分为两派，一派主张以召开国民代表大会的渐进方式实现，代表人物有杨公达、梅思平。一派认为国民代表大会与训政相矛盾，反对召开国民代表大会，代表人物有萨孟武、何浩若、雷震等。

杨公达主张以渐进的方式实现宪政和民主，"我们对于开放党禁，绝对赞同，但对于立刻实现欧美式的宪政，则未能与反对党治的诸君纯然一致"。他主张"国民党最好是将党治的权，交一部分出来，让与亟待召集的国民代表会，使这个代表法治主义的机关，与代表党治主义的国民党，互相调和，互相控制，浸假而初具民治的规模，渐进而入平民政治的坦途"①。这是一种典型的折衷主义方案。由于当时的形势是"国民党目中无人，以为负国之责者，舍我其谁，又谁能有魄力，代替我的党治？党外的人，却目中有人，视国民党的党治为眼中钉，非去之而不可"。因此杨认为解决的方案是"党治之外，应该设立一民意代表机关，来监督党治"，"这个民意机关——即我们屡次所说的国民代表大会——是有二重使命的：一方面，表明民权实施的开始，养成民主的势力；他方面，集中全国人才，调和各党各派的争权的哄斗。"② 梅思平也同样主张在不改变党治的前提之下，划出一部分权力交与国民代表大会，即"党治的方式尽可不必变更，不过将党对政府的指挥权划出一部分来，受国民直接监督。"③ 其后他进一步认为"对于立即制宪这个主张，我也是实在不敢苟同……我总以为民主政治的进步，决不宜过于急促。我们总要脚踏实地的前进，万不可跑得太快，跌了一个跟斗"④。

　　萨孟武认为国民代表大会与训政是冲突的，其根源就在于"民意"与"党意"的冲突导致"民治"与"党治"的冲突，他提出的解决方案是国民政府主席由中央执行委员会选任，行政院院长由中央执行委员会提出若干人，由国民代表会选举，这样一

---

①　杨公达：《实现民主政治的途径》，载《时代公论》创刊号（1932 年 4 月 1 日），第 6—7 页。

②　杨公达：《折衷主义与中国政治》，载《时代公论》第 3 号（1932 年 4 月 15 日），第 19 页。

③　梅思平：《党治问题平议》，载《时代公论》创刊号（1932 年 4 月 1 日），第 13 页。

④　梅思平：《宪政问题答客难——答蒋廷黻胡适之二先生》，载《时代公论》第 11 号（1932 年 6 月 10 日）。

来就可以确保"党治"的实现。① 何浩若认为现在的民生问题没有解决之前，谈论国民代表大会等民主是无益的，"国民代表大会是实现民主政治的第一步，而民主政治是资产阶级的政治，更是保护有产阶级而压迫贫苦民众的政治。因此我说国民代表大会从中国大多数的贫苦民众看起来，可以说是绝对不关重要"②。中央大学兼任教授、南京市国民党党部委员、书记长雷震也同样认为："党治与国民代表会两者，正犹如水火不能相容，如果要实行国民代表大会，自非取消党治不可，如不放弃党治仍旧实行训政，则不能够谈国民代表大会，若谓两者可以并行不悖，实不啻'三教同源'一类主张耳。"③

梅思平、杨公达等的宪政主张遭到北方学者胡适、蒋廷黻的有力反驳。其中蒋廷黻对梅思平揶揄说："可惜民国初年在南京制定宪法的时候，梅先生不在场！可惜孙中山先生最初立志革命的时候，梅先生的政治哲学尚未出世！可惜梅先生不彻底，因为两年的民意机关实不能供给宪政必须的历史背景！"④ 这些批评使得南方的学者们明显感觉到，"北方的诸位先生，总觉得这次宪政运动，是被我们这班人开了一个大放盘，把它弄坏了"⑤。若单从学术上讲，这只是一场学理之争，但当时正值国民党鼓吹从训政到宪政过渡，正在草拟宪法，因此这一问题的讨论有着很

---

① 萨孟武：《怎样解决国民代表大会与训政的矛盾》，载《时代公论》第 6 号（1932 年 5 月 6 日）。

② 何浩若：《不关重要的国民代表大会》，载《时代公论》第 6 号（1932 年 5 月 6 日）。

③ 雷震：《两不讨好的国民代表会》，载《时代公论》第 8 号（1932 年 5 月 20 日），第 18 页。

④ 蒋廷黻：《参加国难会议的回顾》，载《独立评论》第 1 号（1932 年 5 月 22 日），第 11—12 页。

⑤ 梅思平：《宪政问题答客难——答蒋廷黻胡适之二先生》，载《时代公论》第 11 号（1932 年 6 月 10 日）。

强的现实政治背景。胡适等自由主义知识分子所关注的是中国民主自由的实现，而杨公达、梅思平等关心的是国民党在中国统治的真正实现。杨、梅的主张不仅遭到纯粹的自由知识分子的批判，也为国民党内的一批"坚定"分子所不满，这种两边不讨好的处境让他们倍感委屈，正如梅思平所言："我和几个与我抱同一意见的朋友，关于宪政问题的主张，已经走到被夹击的路上去了。党内的'忠实同志'们声声口口说我们是背叛总理遗教，是迎合舆论，是投机。党外的宪政论者又说我们的办法不彻底，是移花接木之计，是政府派的调和论。"① 这种两边都不讨好的处境，或许也正是时代公论社的特色，因为从本质上而言他们是与政府站在同一立场，但在姿态上又表现出学理上的批评架势，其结果，也只落得朝野两边不满的下场。

第二方面，围绕民主与独裁问题。

20 世纪 30 年代之初，在中国的知识分子中发生了一场民主与独裁的争论。作为中央大学政治立场代表的《时代公论》先后发表了多篇文章，公开鼓吹在中国实行独裁，推行法西斯主义。所谓法西斯主义，按照其起源地意大利的墨索里尼时代的百科全书的解释，"法西斯为积极确定的主义，为政府与祖国的较高利益计，而企图发挥纪律与个人行动，此二者均系代表实际之道德性，而以能继续进步为条件，政府或民族之停滞不进，即为灭亡之朕兆，凡一政府不仅以能施行权力为满足，且须证明在其生存之中具有精神的力量"②。法西斯主义在 20 世纪 30 年代成为世

---

① 梅思平：《宪政问题答客难——答蒋廷黻胡适之二先生》，载《时代公论》第 11 号（1932 年 6 月 10 日）。

② 转引自子嘉《法西斯蒂与中国革命》，载《新文化》第 2 卷 2、3 合期（1935 年 3 月 25 日），第 29 页。

界范围内的一大政治思潮，对于中国学界的影响颇深。[1] 时代公论社的一批政治学教授，也及时地以法西斯主义为理论武器来分析中国当时的政治，这方面的主力是杨公达。杨的立论是从国民党内部组织的分析开始，他对国民党内部的分裂与涣散非常不满，半年之中先后发表七篇专门讨论国民党的危机的文章——《国民党的危机与自救》（4 号）、《再论国民党的危机与出路》（7号）、《三论国民党的危机与自救》（11 号）、《关于党部组织的简单化》（13 号）、《国民党复兴论》（16 号）、《革命的回忆与国民党的复兴》（23 号），分析国民党危机的原因，寻找国民党复兴的出路。他认为造成国民党危机的"第一个错误，便是居革命党之名，行普通党之实"。"第二个错误，便是粉饰党的统一，拒不分家。""第三个错误，便是党不自裁，而由他人裁之，责不自负，而由不负责者负之。"[2] 对如何挽救国民党的危机，他提出三点建议——"党政思想化，党员职业化、党部要简单化"[3]，其重点在于从组织入手改造国民党，具体办法为"立刻整顿党部组织，立刻造成党部的干部，立刻恢复党部总理制"[4]。这一改革的首要目的非常明确，就是要真正完成国民党的统一工作。不过统一国民党只是其政治纲领的第一步，最终的目的就是以法西斯主义来实现全面独裁。

　　杨公达在提出国民党统一论之后，又全面提出他的完整独裁

---

[1]　对中国 30 年代法西斯主义的最新研究，参见台湾青年学者冯启宏的《法西斯主义与三〇年代中国政治》，政治大学历史系，1998 年。

[2]　杨公达：《国民党复兴论》，载《时代公论》第 16 号（1932 年 7 月 15 日），第 14—15 页。

[3]　杨公达：《国民党的危机与自救》，载《时代公论》第 4 号（1932 年 4 月 22 日）。

[4]　杨公达：《三论国民党的危机与自救》，载《时代公论》第 11 号（1932 年 6 月 10 日）。

论政纲。这方面的主要文章有《国难政府强力化》（24 号）、《"九·一八"以来之中国政治》（25 号），其中心就是鼓吹专制独裁。他提出国民党的统一有渐进方法和非常手段两种方式，他认为渐进方法收效迟缓，因而主张以"非常手段"来统一国民党，即"或者国民党现存派别中，有一派能以统一党权为己任，本大无畏的精神，不避一切艰险，采取史达林（今译斯大林，引者注）对付托洛斯基，孟梭里尼（今译墨索里尼，引者注）对付尼蒂的手段，不惜放逐异己的派别，举一网而打尽之，国民党由此而可以统一。此方法收效极为迅速"①。杨公达随后又进一步将"非常手段"扩充到政府及国家体制上，主张取消五院制，改用元首制，并且公开提出："元首的条件不要什么'年高德劭'，要具有忠诚信毅，尤其要绝对负责。不特要负兴国的责任，还须要负亡国的责任；不特要做岳武穆，还须要做李鸿章；不特要下流芳百世的决心；还须要立遗臭万年的遗嘱。"② 这实质是公开鼓吹和拥护蒋介石的独裁统治。最后又宣告他对于"精诚团结"的不相信，提出"与其多方面的组织政府，不如一方面的组织政府"。其理由是"如果是清一色的政府的话，则亡国兴国，责皆由负，良心所在，能不努力？"③

　　杨公达的法西斯主义主张在中央大学内部得到了积极的回应，与《时代公论》的独裁论互相声援的，还有中央大学的新文化月刊社、教育与中国杂志社等社团。新文化月刊曾刊登一

---

　　① 杨公达：《革命的回忆与国民党的复兴》，载《时代公论》第 23 号（1932 年 9 月 2 日），第 7 页。

　　② 杨公达：《国难政府强力化》，载《时代公论》第 24 号（1932 年 9 月 9 日），第 16 页。

　　③ 杨公达：《"九·一八"以来之中国政治》，载《时代公论》第 25 号（1932 年 9 月 16 日），第 8 页。

篇文章，从西方法西斯的起源、定义和纲领来论证法西斯主义对中国的作用，作者强调法西斯的纲领不外两种，一种主张一党专政，反对资产阶级民主政治；一种承认公共利益超越个人利益，反对阶级斗争。在行动方面作者主张以力还力的直接行动，认为这种主张对于中国革命的复兴是切实有效的手段，因而其结论是："现在要复兴中华民族，先要发展中国革命之复兴行动，养成一种守纪律、负责任的新风气，造成一个组织健全、力量充实的革命党，在一个为民族牺牲的领袖下面，毫不迟疑地排除一切恶化思想，事事有计划有组织地去努力关于中国革命的复兴运动，必能一步一步地成功！"[1] 由教育学院教授组成的社团《教育与中国》杂志则从教育学的方法论上，来说明法西斯主义的教育的实现与中国的民族复兴之间的紧密关系。[2]

杨公达所主张组织的一个清一色的政府，即要由国民政府中最有力的一派来主政，而放逐其他派别。这一主张遭到当时刚由中央大学改任北京大学教授的陶希圣尖锐批评，他认为这是"一个时代错误的意见"，"目前社会上的论争，正集中到国民政权的取得和运用这个问题。这个问题的提出，是由于国民党过去几年党治和训政方法不能集中民力以救危亡。现在的问题不是在国民党各派团结或互相残杀，而是在国民党各派即令团结仍不能救中国于危亡。杨先生把问题移到国民党党内纷争，并且把眼光缩小到一派上去，完全是不了解国民党的现状，不能了解国民党的要求。这种论调也只是住在勾心斗角的

---

[1] 子嘉：《法西斯蒂与中国革命》，载《新文化》第2卷第2、3合期（1935年3月25日），第30—31页。

[2] 方东澄：《法西斯蒂的教育》和環家珍：《我国教育改造与民族复兴》，分别载《教育与中国》第1卷第1期和第3期（1933年）。

南京的人会发出"①。值得特别注意的是,在短短半年时间里
(1932 年 4 月到 10 月),陶希圣从南京到北平,也从《时代公
论》重要成员一变为与《独立评论》同调的同仁。对这一变
化,他似乎归结为地域的因素,根据他的观察,杨的论调只有
"勾心斗角的南京的人"才会发出,换言之,北平或其他地方
的学者是不会有此言论的。显然,陶希圣看到了地域政治对于
思想的影响力,他的这一观察对于我们今天把握《时代公论》
社为什么会是在首都南京的中央大学出现,而不是其他地方的
大学,无疑提供了一种解释的可能。北方的自由派学者对国民
党已经非常失望,认为杨的文章也只是关注了派系之间的勾心
斗角而已。同样,胡适读到杨公达的文章后反应是"这番话出
于国民党中的一个学者的笔下,很可以使我们诧异",他的批
评虽很平和,诸如"这些话都是很明显的主张,表示出一些人
在这个烦闷的政局之下因忍耐不住而想求一条'收效极为迅
速'的捷径,这种心理虽学者也不能免,这是我们很感觉惋惜
的"②。虽然多少对杨公达等有理解的成分,但在政治原则方
面,胡适对杨的独裁主张却加以极力批评。

第三方面,围绕国民党的抗日政策。

杨公达在励志社的演讲中,提出抗日的两个先决条件,"第
一要安内,安内首先就是剿匪,若是共匪不清,一旦举兵讨逆,
兵没有到北平,恐怕长江流域已经失守了"。"第二个先决问题,

---

① 陶希圣:《一个时代错误的意见——评时代公论杨公达先生的主张》,载《独
立评论》第 20 号 (1932 年 10 月 2 日),第 2 页。

② 胡适:《陶希圣〈一个时代错误的意见〉附记》,载《独立评论》第 20 号
(1932 年 10 月 2 日),第 4 页。

是改组现在的政府，我们要有一个强有力的政府。"① 与当时蒋介石的"攘外必先安内"论调同出一辙。北方的《独立评论》派对于蒋介石的"攘外必先安内"和"不抵抗"的政策则公开批评，要求停止内战共同抗日。丁文江的系列言论可作为代表。其一，丁文江认为所谓的"共产党"问题实质上是政府造成的，"无疑的，共产党是贪污苛政的政府造成的，是日日年年苛捐重税而不行一丝一毫善政的政府造成的"②。其二，丁文江主张从尊重人民自由的立场出发，"我们要求国民政府绝对的尊重人民的言论思想自由……我们的要求是绝对的，是普遍的，例如我们以为在不扰乱地方秩序，可不违犯其他刑法规定范围以内，共产党应该享受同等的自由"。其三，不妨让共产主义在中国进行实验，"只要共产党肯放弃他攻城略地的政策，我们不妨让他们占据一部分土地，做他共产主义的实验！"③ 虽然丁文江等人的抗日主张还是从政府的角度立论，而且对于共产党的同情也不是没有前提条件的，但其主张还是从民族大义出发，这是值得肯定的。

丁文江对于蒋介石的消极抗日政策提出批评，他认为从"九·一八"以后到1933年年初，日本之所以能步步进逼，先后占领了东三省、热河，并直接威胁到平津，主要原因并不完全在于日本的强大，而在于当东北马占山、苏炳文等义勇军英勇反抗时，军事当局没有向热河进兵，这是很大的失策，"到了今天，

---

① 杨公达：《抗日的途径》，载《时代公论》第27号（1932年9月30日），第15页。

② 丁文江：《所谓剿匪问题》，载《独立评论》第6号（1932年5月26日），第3页。

③ 丁文江：《停止内战的运动》，载《独立评论》第25号（1932年11月6日），第4页。

若是依然以苟安为目的，这是最下流的自杀政策"①。丁文江在论证日本侵略中国既定方针的同时，强调中国只有以自己的牺牲和抵抗才能赢得国际社会的援助。丁文江对中国的抗战策略提出了三条办法：第一，立刻完成国民党内部的团结；第二，立刻谋军事首领的合作；第三，立刻与共产党商量休战，休战的唯一条件是在抗日期内彼此互不相攻击。以上三点办法，尤其是第三条办法，可说是公开批评蒋介石"攘外必先安内"政策的，当然他仍对蒋寄予厚望，其解释说："国家当然不是蒋介石一个人的国家，抵抗也不是蒋介石一个人的工作，这是不用说的。但是因为地位的关系，军事委员会的委员长所负的责任，比任何人为重大，谁也不能还有否认。"②

但丁文江的解释却并没有得到时代公论杂志社的谅解，该杂志当即发表一篇题为《真蒋介石与假蒋介石》的针锋相对的文章，对丁文江"假如我是蒋介石"为题的文章大不以为然，文章开头就对丁本人的动机进行攻击，"为政要防止蒋介石独裁，临难则不容蒋介石苟免，此非一般包藏祸心仇视政府之流的共通要求，也是他们的矛盾主张……愤慨之极，竟自告奋勇，在《独立评论》上大吹大擂"。③ 言语之中不乏人身攻击。在讽刺丁的同时，却为蒋的地位鼓吹一番，称"不过像丁先生这样一位命世大才，必须假蒋介石之名以自命，窃蒋介石之位以自居以后，方足以谈抗日，方足以谈救国，方足以号召国人，不啻可以承认今日抗日救国的重任，非但必须蒋介石其人，并且还要蒋介石其名

---

① 丁文江：《假如我是蒋介石》，载《独立评论》第 35 号（1933 年 1 月 15日），第 3 页。

② 同上书，第 5 页。

③ 陶彬：《真蒋介石与假蒋介石》，载《时代公论》第 49 号（1933 年 3 月 3日），第 19 页。

者，才能担负得起"①。当然文章的重点在回应丁文江的抗日三
个方法上，但也无一处不是为蒋介石的政策进行辩护和对蒋本
人的吹捧。值得一提的是，这篇文章的开头还有一个意味深长
的编者按："这篇文章搁置了好久，都未发表，因为恐怕一经
发表，又有人硬指本刊是'蒋介石的机关报'！况且在国难日
亟的当前，'个人问题'实无一谈的价值。但是我人反复考虑
之后，觉得现在抗日既要蒋介石氏做头脑，而同时还有人拿蒋
介石氏个人做攻击对象，是非不明，不特有伤政治道德，亦且
有碍抗日的前途。故不怕负'替个人辩护'的恶名，把这篇文
章公开发表出来。"② 这种先发制人的自我辩护，显然只能增加
此地无银之嫌。

中央大学杨公达、张其昀、萨孟武、何浩若、梅思平等国民
党党籍学者创办《时代公论》周刊，一开始就站在国民党体制内
的立场，从批评国民党与政府的角度立论，一时颇吸引了大众的
注意。南京当地的一家销售该刊的书店门前打出了这样的广告
"请看铁面无私的《时代公论》!"短短两个多月的时间，《时代公
论》的发行量就突破一万份，让这份杂志的编辑者大感欣慰。但
从其创刊之初，就有读者怀疑其背后有"背景"，因而当时编者
以"因为我们这般书呆子，个性很强，是不适宜有背景的"加以
否认。③ 表面上看《时代公论》是从对政府的批评入手，但其用

---

① 陶彬：《真蒋介石与假蒋介石》，载《时代公论》第 49 号（1933 年 3 月 3 日），第 19 页。

② "编者按语"，载《真蒋介石与假蒋介石》，载《时代公论》第 49 号（1933 年 3 月 3 日），第 19 页。

③ 《〈时代公论〉是"铁面无私"吗?》，载《时代公论》第 10 号（1932 年 6 月 3 日），第 45 页。

意却可套用这样一句话——小骂大帮忙。①

　　需特别指出的是，《时代公论》与《独立评论》一样，随着论战的深入发展，各自内部也发生了激烈的分化，南北政治立场对立的状况也发生了较为明显的改变。在《时代公论》内部，其主要作者之间也出现了明显的政见对立，如对于国民党政策的"方向的转换"是向左转还是向右转这一重大问题，梅思平、萨孟武、傅筑夫等主张"右转"，而陶希圣等则主张"左"转。②饶有意味的是，与大多《时代公论》成员意见有分歧的陶希圣，不久就应聘到北京大学，转而成为北方《独立评论》的重要成员。以上这些情况表明过分强调双方的对立立场，而忽视彼此的对流与互动，可能离事实的真相愈远。

　　《独立评论》和《时代公论》的政争，表现出民族主义高涨时代自由主义与权威主义的竞争，集中反映了20世纪30年代中国民族主义发展过程中，与民族主义紧紧相连的权威主义得到更大发展的空间，而自由主义和民主主义的发展空间受到的限制。最终的结果是自由主义与民主主义让位于权威主义。二者之间的论战并非是不可调和的，随着《独立评论》在政治上的态度最终向国民党倾斜，说明自由主义学者在处理民族与民主关系的两难境地时也艰难地选择民族利益至上，不得不暂时放弃民主和自由的主张。这也说明自由主义在现代中国"先天不足与后天失调"的历史境遇和两难境地，中国现代知识分子群体的分化组合及向

---

① 这句话是：20世纪30年代以来许多群体对《大公报》的一个基本评论，但近年来有学者对此提出不同的看法，见贾晓慧《大公报新论》，天津人民出版社2002年版，第1—6页。

② 参见邓丽兰《域外观念与本土政制变迁——20世纪二三十年代中国知识界的政制设计与参政》，中国人民大学出版社2003年版，第209—215页。

权威主义转化的历史命运，而权威主义者在民族主义高涨的年代，正好看到民族矛盾激化的条件下，集中民族意志与力量的巨大道义空间，这种政治的权威主义不仅迎合了当局政治统一的需要，也符合知识分子选择与威权主义来加强民族力量的情感需要。这或许是近代中国的知识分子在民族主义情感支配下的折衷选择。

20世纪30年代中央大学的《时代公论》的作者尝试将知识与权力结合起来，就其当时效果而言，政治当局也多少采纳了他们的意见，似乎也多少实现了他们的政治主张，同时他们也因"学而优则仕"，开始从书斋进入权力核心。但从长远来看，这种将大学与政治之间联结得过于紧密的关系，对中央大学的学术研究无疑是一种损害，正如美国学者刘易斯·科塞在研究官僚知识分子时所指出的一样，"把追求知识与行使政治权力结合在一起是不可能的，那些试图这样做的人，结果是成了相当恶劣的政客或不再是一名学者"[1]。事实上，南方中央大学的政治学者以《时代公论》为阵地宣扬权威主义，极大地迎合了蒋介石"一党独裁"的需要，他们也得到了国民党当局的重用。杨公达一年后出任立法院立法委员、宪法起草委员会委员，抗战爆发后又担任国民党中央党部秘书等职，从坐而论道转到直接进入到国民党政权高层。张其昀等也学而优则仕，出任国民政府国防委员会委员等职。这些也为当时和后来的学者所诟病。据20世纪30年代就在中央大学任教的郭廷以先生回忆："待遇提高，中大教员都是规规矩矩地教书，但论研究精神则略有欠缺，这是因为课多而且接近政府的缘故，许多教员混资格'做官'去了，所以赶不上清

---

① ［美］刘易斯·科塞著，郭方等译：《理念人——一项社会学的考察》，中央编译出版社2001年版，第351页。

华，清华安定、条件好。周炳琳就说过：'中大是不错，但好像是缺少点什么，研究风气不盛。'"① 这些似乎与《时代公论》的过高参政热情是分不开的。

从根本上而言，《时代公论》的政治学术评论是将民族主义与功利主义结合起来的研究，结果无非一个——为政治寻求合法性的说明。有研究者对于中国大学社会科学研究的这种状况进行评论时说："到 30 年代以后，中国的高等院校变成了民族主义学者的天下，他们的社会科学研究观自然也占据了统治地位。这样，功利主义就成为社会科学研究的主要目标——为当时政权的统治提供理论和实践上的依据。"②

2. 民族主义的兴起与《国风半月刊》

与法学院一批教授公开作当代政治评论并最终参与到实际的政治活动之中不同的是，以东南人文学界领袖柳诒徵领导的国风半月刊杂志社，则更多地从文化和民族的角度来讨论 20 世纪 30 年代民族危机下的应对措施。1932 年 9 月 1 日《国风半月刊》在南京正式出版发行，值得注意的是当初担任《时代公论》总发行人的张其昀五个月后也辞去该职务，参与到《国风半月刊》的创办，成为三个主要编辑委员之一，并且在上面发表了大量评论时政的文字。

《国风半月刊》同样是在 20 世纪 30 年代日本帝国主义加紧对中国的侵略、中华民族面临着严重危机的形势之下，在南京的以中央大学为主的人文学者不安于在书斋中坐而论道

---

① 《郭廷以先生访问纪录》，中研院近代史研究所，1987 年，第 198—199 页。
② ［加］许美德：《中国大学 1895—1995：一个文化冲突的世纪》，教育科学出版社 2002 年版，第 75 页。

式的学者生活，而以学术救国的理念为支撑，起而创办的一份宏扬民族文化、寻求救国之道的融学术与时评于一炉的杂志。其创办的最初动议是由中央大学的地理系教授张其昀和历史系教授缪凤林提出的，并请柳诒徵出任社长。柳诒徵虽此时已不再担任中央大学的史学教授，而是担任江苏国学图书馆馆长，但因其在东南学界的长期影响力（同时也是张、缪等人的恩师），中央大学的一些人文学者依然视其为东南学界的领袖。

柳诒徵在发刊辞中对该杂志的创办背景作了交待："张缪诸子倡为《国风半月刊》，嘱余为发刊辞。余曰：呜呼噫嚱！吾侪今日尚能强颜持吾国之风而鸣于世耶！淞沪之血未干，榆热之云骤变；鸡林马訾，莫可究诘；仰列强之鼻息，茹仇敌之揶揄。此何时，此何世，尚能强颜持吾国之风而鸣于世耶!"[1] 正是在这民族存亡的危急关头，柳诒徵认为，时局比现在有人所比喻的"季宋晚明"的历史重演更为严重，因为那时战伐媾和、蒙尘割地等一切还可以自主，但现在情势完全操之于外敌之手，"有史以来无此奇耻"。更为严重的是，"虽以总理遗教，昭示大经，欲复民族之精神，盛倡政治之哲学；而丧心病狂者，依然莫之或革，社会之震憾，风化之污浊，直欲同人道于禽兽，而一以饰以异域之所尝有，遂莫之敢非"。柳氏对于此种现象进行猛烈批评，认为只有从民族历史文化之中，才能寻求救国之道，即"以炎黄胄裔之悠久，拥江河山岳之雄深，宁遂无奋发自强为吾国一雪此耻乎"。因此他明确地提出《国风半月刊》的宗旨："本史迹以导政术，基地守以策民众，格物致知，择善固执；虽不囿于一家一

---

[1] 柳诒徵：《发刊辞》，载《国风半月刊》创刊号（1932 年 9 月 1 日），第 1 页。

派之成见,要以降人格而长国格为主。"① 到第二年,《国风半月刊》以更为直接的方式,在杂志的封面上标明其宗旨为:"一、发扬中国固有之文化;二、昌明世界最新之学术。"② 从这一点而言,该杂志与前述东南大学时期的《学衡》杂志又有不少共通之处。

但无论是刊物的内容风格,还是基本成员构成,就其源渊来讲,《国风半月刊》更是直接继承了《史地学报》的风格。《史地学报》是中央大学前身南京高师和东南大学时期,学校内的"史地研究会"于 1921—1926 年间所创办的学术与时评的刊物,《史地学报》的特色是古史研究和时势分析齐头并进,努力在中国学术的再生和引进西方学术思想之间寻找一种平衡。该杂志先后共出版了 4 卷 20 期,其主要栏目有:评论、通论、史地教学、研究、古书新评、世界新闻、史地界消息等近 20 个,先后共发表 318 篇文章,其主要内容是讨论当代史、史学基本理论、历史地理学和史地教育问题。其主要成员有柳诒徵、张其昀、缪凤林、郑鹤声、胡焕庸、竺可桢、向达、陈训慈等。由于当时柳氏的《中国文化史》和《国史要义》正当完稿,而《中国文化史》是中国史学有关文化史研究的开路之作,对于民族文化心怀深厚的敬意,柳诒徵此时也与北方的古史辨派进行论战,成为前期古史辨运动的主要反对力量。因此有的研究者称,柳诒徵的地位类似于提倡新文化运动和启发顾颉刚进行古史研究的胡适,一位是"南高"的精神领袖,一位是"北大"的青年导师,两人南北对立,互不相让。因此可以

---

① 柳诒徵:《发刊辞》,载《国风半月刊》创刊号(1932 年 9 月 1 日),第 2 页。

② 《国风半月刊》第 2 卷第 1 号封面(1933 年 1 月 1 日)。

说，柳诒徵是整个《史地学报》的灵魂。[①]

《国风半月刊》的核心成员有四，社长柳诒徵，编辑委员张其昀、缪凤林和倪尚达。柳时为江苏国学图书馆馆长，张其昀为中央大学地理系教授，缪凤林为中央大学历史系教授，倪尚达为理学院物理系教授。其主要撰稿人为中央大学教授：范存忠、张江树、熊庆来、景昌极、卢于道、汪辟疆、胡焕庸、刘咸、谢家荣、郑晓沧、郑鹤声、萧一山、刘永济等，同时也吸引当时的一些国学大家如章太炎、欧阳渐、蒙文通，科学界的秉志、竺可桢、严济慈等为之撰稿。

从1932年9月创刊到1936年12月停刊，《国风半月刊》共出版了8卷85期，共发表文章900余篇，整体而言《国风半月刊》的内容虽然庞杂，主要的内容大抵可分为四个部分：

第一部分，分析当代中国的形势。

《国风半月刊》对于时事的关注，不仅受近代以降经世史学的直接影响，而且直接是当时民族危机的产物。由于当时日本对于东北、华北的侵略进一步加剧，对于战争阴影下的中国现状，尤其是东北和华北的现状与历史备加关注成为必然。对此投入较多心力的是张其昀、秉志、缪凤林等。针对与当下中国的形势相关的国防问题，1932年10月《国风半月刊》出版了"国防特刊"，以各教授的学科专长来讨论战争的准备，其主要文章有：柳诒徵的《辽鹤厄言》，欧阳渐的《中庸读叙》、竺可桢的《天时对于战争的影响》，丁嗣贤的《化学与国防》、顾毓琇的《工程与国防》、钱昌祚的《航空与国防》、倪尚达的《电气与国防》、张其昀的《太平洋上之二线》、朱炳海的《九一八以前之东北》、缪

　　① 参见彭明辉：《柳诒徵与〈史地学报〉》，收入《劬堂学记》，上海书店出版社2002年版，第226—248页。

凤林的《中日战争与日本军备》、张其昀的《肉搏》等。该刊同时对于主要敌人日本的历史与现实也特别加以关注,先后发表日本历史与现实的文章 20 多篇,对于日本的民族、人口、疆土、历史以及农业、工业、军备,尤其是日本对华侵略战争的具体战役都作了学术上的介绍,试图以"知己知彼"而为即将到来的战争作准备,其学术救国的良苦用心十分明显。

第二部分,宏扬中国传统精神。

宏扬中国固有文化是《国风半月刊》的主要宗旨,对此不遗余力宣传的是柳诒徵等人,此外欧阳渐、蒙文通、章太炎也有多篇文章刊出。作为社长的柳诒徵主张从历史中寻求救国的方法和途径。一是民族精神的恢复,他认为中国民族的特性是功利主义盛行,"哀我同胞,嗜利最甚,而公利之观念,则似自其祖宗之血脉即未尝有此根蒂",因此他提出挽救民族的危亡,必须大兴正义之利,号召民众本爱国之热情,"故吾以为今日欲存族保邦,在此数千万人能憬然觉悟,致力于正义之利,其条件则:(一)对于正当之赋税必担负;(二)对于经征之黑幕必打破;(三)对于经费之使用必求有效;(四)对于非分之利益必不取;(五)对于公共之事业必努力。"[1] 柳氏以仇敌日本与中国作了一比较,指出日本优越于我国民族最大的地方,就是其民众的爱国热情,尤其集中体现在国税的交纳上。

对于民族精神的恢复更为集中地表现在《国风半月刊》创刊不久就专门出版了纪念孔子的"圣诞"特刊(第三号),可以说这是《国风半月刊》宗旨的一个明显标志。这一期共刊 9 篇纪念孔子的文章。

---

[1]　柳诒徵:《正义之利》,载《国风半月刊》创刊号(1932 年 9 月 1 日),第 7 页。

表9 《国风半月刊》第三号纪念孔子文章的
具体作者、题目和观点

作者	题目	主要观点	出处
梅光迪	孔子之风度	蔼然可亲意味深长之孔子,仍活现于吾之想象中	第2页
柳诒徵	孔学管见	孔子之学广大精微	第17页
缪凤林	谈谈礼教	孔子与礼教实有不可分割的关系,其实礼教至平凡亦至高深,至普遍亦至精微	第21页
郭斌和	孔子与亚里士多德	孔子与亚里士多德伦理学说中之重要相似点	第33页
范存忠	孔子与西洋文化	孔子学说传入西方,都是靠十七八世纪耶稣教士之力。孔子学说之影响西方思想,大体在政治与道德两个方面	第44—45页
景昌极	孔子的真面目	孔子实是中华民族的代表人物。孔子仍然值得全中华民族的崇拜,并且值得20世纪受过科学洗礼的人去崇拜	第63页
唐君毅	孔子与歌德	一个代表中国文化,一个代表西洋近代文化,当然可以拿来相提并论	第65页
缪凤林	如何了解孔子	孔子是不容易了解的。我们以一己的观察见解来推测孔子,较之蜩鸠斥鷃,恐亦五十步笑百步而已	第81页
柳诒徵	明伦	何为人伦,何为礼教,此今日研究中国学术道德思想行为之根本问题	第93页

以上文章有一些共同的内容：

一是批评清末民初以来对于孔子的各种非理性态度。柳诒徵批评近年对于孔子的两种态度——无论是打倒孔家店，还是以孔教号召天下，均是对于孔学的曲解，"近年来有所谓专打孔家店呵斥孔老头子者，固无损于孔子毫末，实则自曝其陋劣。然若康有为陈某某等以孔教号召天下，其庸妄亦与反对孔子者等。真知孔子之学者，必不以最浅陋之宗教方式，欺己欺人，且以诬蔑孔子也"①。缪凤林指出"今人却专以礼教诟病孔子。现在一般对于礼教，非鄙不屑言，即谈虎色变；孔子也就被视为拂逆人性的礼教制造者或吃人礼教的代表"。他认为这是对于"礼"的误解，就其本质而言，"礼是社会的习惯，亦是社会的秩序。人类既已有了社会，自然有这些习惯和秩序。人既与人相处，为社会中一分子，自然须履行这些习惯和秩序。鄙夷固属不可，畏忌尤可不必。归罪孔子，更无是处"②。对于此种现象，梅光迪认为"今日之乳臭儿，皆挟其一知半解之舶来学说，以揶揄孔子、搂击孔子者，此非仅孔子一人之厄运，实亦吾民族文化之厄运也。"③为了纠正这种对孔子的不正确认知，《国风半月刊》的作者们也花了相当的精力来对孔子的形象进行再塑造，孔子不仅仅有最深的道德修养，而且更富于艺术趣味，这种人品对于我民族文化及其特性有至为深切的关系。

二是从正面肯定孔子与民族精神的关系密切，孔学依然是救

---

①　柳诒徵：《孔学管见》，载《国风半月刊》第 3 号（1932 年 9 月 28 日），第 11 页。

②　缪凤林：《谈谈礼教》，载《国风半月刊》第 3 号（1932 年 9 月 28 日），第 21 页。

③　梅光迪：《孔子之风度》，载《国风半月刊》第 3 号（1932 年 9 月 28 日），第 1 页。

国的良方。为了论证孔子与民族精神之间的关系，郭斌和则专门撰文论证东方的孔子和西方的与亚里士多德在伦理学说上有重要的相似点，对中西文化中带有普遍性永久性的共通处有诸多揭示，诸如孔子和亚里士多德均对人性有同一的见解，均以"中庸"之道为真正的人文主义学说，均以仁为君子诸德之总和等等，孔子和亚里士多德的这些主张对中西方的民族精神养成有着同样的贡献。所以学者们对时下抨击孔子导致民族精神的消沉进行深刻反思，同郭斌和所言，一年来外患虽深，而民族精神反趋消沉，国人迷途忘返，"深信倡明孔学为起衰救弊之唯一方针"①。

三是认为孔子的思想对西方近代思想有很大的影响，尤其是在政治与道德两个方面，而且与西方思想有诸多暗合之处。范存忠撰写长篇论文《孔子与西洋文化》，讨论十七八世纪耶稣传教士利玛窦等到东方被中国文化所吸引，在西方宣传中国文化，宣传孔子，结果造成西方近代思想中深受孔子思想的影响，但19世纪以后这种情况却发生了很大的改变。郭氏总结说："我们也可以说，十七八世纪的西洋思想与孔子学说，有几处相近；到了十九世纪，在政治经济上，经过了种种的运动，谁都知道孔子与柏拉图亚利斯多德一样，无济于现代的世界。"从而回应西方对孔子学说的抨击、对中国思想的鄙夷，他辩解说"但是，究竟一个车马时代的思想，对于摩托车飞行机的现代绝对不能适用么？这一层值得西洋人平心静气的思索，也值得我们平心静气的思索。"②

除了"圣诞"专刊外，《国风半月刊》从拯救民族危机、宏

---

① 郭斌和：《孔子与亚里士多德》，载《国风半月刊》第 3 号（1932 年 9 月 28 日），第 33 页。

② 范存忠：《孔子与西洋文化》，载《国风半月刊》第 3 号（1932 年 9 月 28 日），第 46 页。

扬民族精神出发，对于明末史迹与有关人物的历史宏扬特别突出。如王焕镳的《明孝陵志》（分4期刊于第1卷第6号、第8号、第2卷第3号、第3卷第9号）、柳诒徵的《明代江苏省倭寇事略》（第2卷第8号）、王庸的《明代北方边防图籍录》（第2卷第9号）等。《国风半月刊》于徐光启逝世三百周年之际，出版了纪念徐光启专号（第4卷第1期）。竺可桢、李书华、余青松、向达、马相伯、丁宗杰、徐景贤等专门撰文，纪念徐光启对于中国科学发展的贡献。

第三部分，传播科学文化。

"昌明世界最新学术"从一开始就是《国风半月刊》的两大宗旨之一，对于现代西方学术文化的宣传介绍，也一直是该杂志的重点之一。在国风杂志中这方面的文章占近三分之一的比例，内容几乎涉及到现代学术的各个门类，而尤其是国防训练和国民性锻炼方面，如气象学、工程学、人种学、航空学、心理学、化学等。《国风半月刊》专门就现代科学与文化的关系问题向社会征文，以期对于现代学术文化的传播起到积极的引导作用。

第四部分，倡导教育革新尤其是大学教育革新。

大学不仅是学术研究的重要机构，更肩负国家民族振兴的重任。中央大学作为南高和东大的继承者，对于传统办学精神的整理和发扬在《国风半月刊》中占有特殊的地位，主办者曾分别组织了两个相关的专刊，一是"南高成立二十周年纪念"，另一是前南高、东大的副校长刘伯明先生逝世九周年的纪念专号。

1935年中央大学历史系教授缪凤林在论述中学历史教学的基本方针时，从民族主义的角度出发，称"加以近百年来，国家遭遇着无数的外患与内祸，到现在国家的命运危险到万分。中国民族能否免于灭亡，能否寻找一条生路，关键全在此一片散沙的国民，能否恢复他固有的民族精神，团结成一坚强的民族，发挥一种力量，以克服此种难关。中山先生所谓'要救中国，想中国民族永远存在，必要提倡民族主义'，实为唯一指南针。……今日中学国史的教学的基本目标，亦即如何从讲习国史以唤醒中华民族的自信心，振起中华民族精神，恢复中华民族坠失的力量，达到结合全国人民成一坚固的民族之目的，以挽救当前的危局，使中华民族永远存在"①。显然，在 20 世纪 30 年代民族危机的情势之下，知识分子的学术文化研究的一个重要的方向性转折就是如何与民族振兴相结合。

从《学衡》到《国风半月刊》的办刊宗旨来看，无论是前者的"昌明国粹，融化新知"，还是后者的"宏扬中国固有之文化，昌明世界最新之学术"，均显示出这所大学处理中西文化上的"中西兼容"的一贯立场。但细究起来又可发现，他们虽然对于中国传统文化始终持有相当的敬意，但更多地表现在情感层面上；对于西方最新的文化也多作介绍引进，却更多地表现在理智层面上。同时，不同学科背景的学者也相应地承担了不同的任务，在 20 世纪 30 年代开展的中国科学化运动和中国社会科学化运动中，中央大学的教授均是主力倡导者、参与者，"文"、"实"科的学者也相互表现出对对方的理解与尊重，并未出现明显的分歧，《国风半月刊》的作者群清楚地表明了这一点。

如果用今天的眼光和学术标准来看待 20 世纪 30 年代的中央大学的教授们参与社会活动，很容易得到这样的一个印象：学院里的知识分子过度地关心国事，可能影响学术研究的客观性。但

---

① 缪凤林：《中学国史教学目标论》，载《国风半月刊》第 7 卷第 4 号（1935 年 11 月 1 日），第 48—49 页。

是同时问题的另一面是，学术研究是否就一定是在书斋和象牙塔中作文章，而置外界的国家与社会的事务于不顾？这里的确存在一个学术与非学术的界线问题。20世纪30年代中央大学的知识分子以自己的特殊方式参与到政治和社会之中，同时也给这所大学的历史抹上特殊的时代色彩。

　　经过几年的潜心努力，中央大学也取得长足发展，中央大学的发展，也引起其他一些大学校长的羡慕，曾任国立暨南大学校长、厦门大学教授，时任湖北教育学院院长的姜琦在1936年就表达了这样的看法，中央大学的发展归结于财力的支持："假使中国财力能够许可的话，那么中国的一切大学都像中央大学、武汉大学、清华大学办到这样规模宏大、设备周全及师资优越的地位，再好没有了。"[①]

　　对于罗家伦办理中央大学的成绩，朱家骅后来回忆说："我逼志希担任中大校长，苦了志希，救了中大。"[②] 朱家骅也只是说对了一半，罗家伦作为一个胸有大志、一心想成就一番事业的知识人，无论是办理清华的半途而废，还是从隐居武汉大学到经营中央政治学校，罗家伦都没有找到实现自己理想的舞台，尤其是在清华多少有点屈辱的经历，更促使其对于中央大学校长的职位跃跃欲试。所以罗家伦出长中大也是全身心地投入，苦心经营，终于将中央大学办成安心向学、为国分忧的国立大学，同时也进一步得到国民政府的大力扶持，显示出大学与政府的良性互动态势。他之所以能取得这样的成绩，多半归

───────────────

　　① 姜琦：《对于大学教育改进之我意见》，《中国教育制度讨论专刊》，商务印书馆1936年版，第4页。

　　② 罗家伦：《朱骝先先生的事迹与行谊》，沈云龙主编近代中国史料丛刊第三编110号《朱家骅先生纪念册》第2册，台北文海出版社1996年版，第264页。

功于他的治校能力，正如当时在校任职的史家沈刚伯几十年后所言："志希先生之出长中大，适在该校解散整理之后，其实校内师生颇不能安心教学。先生以谦虚的态度得到教授的支持，以坦诚的胸怀得到同学的信服，以廉察勤谨处理事务，而使百废俱兴，更以极明慎的选择聘任新教授以充实各院系的教学。这就把一个闹了大半年风潮的学校很顺利底纳入正轨，恢复了它旧日所有敦品力学的校风，使其以后虽经大乱而仍不变。"[①] 可以说，国民党自 1925 年以来，一直对这所大学不断地改造，历时十年，在罗家伦的手上才算大致完成"中央化"的过程，即无论是学校的领导者，教授群体和学生，还是基本的政治文化，均与国民党中央所要求的保持一致，从这个角度而言，罗家伦作为中央大学校长是成功的。

同时，罗家伦作为中央大学校长的成功，归功于他的个人能力。罗家伦具有一个优秀大学校长的天赋，他知识渊博、眼界开阔、办事果敢、作风顽强，更为难得的是他是真正意义上的"五四"一代，是乘着新文化的新潮流而成长起来的一代，有着极强的民族国家观念和世界意识，对于世界学术文化有着真切的体会和认知，不盲目自大，不菲薄自轻，处处以建立中国的民族有机文化为己任，时时以德国的复兴史相激励，以文化重建来振兴民族和国家。撇开政党色彩之外，作为一个国立大学校长其志趣是高远的，其使命是庄严的。同时作为一个大学的校长，他处处以独特的个人魅力吸引着学生。罗家伦长于演说，留学归国之初赴东南大学任历史学教席时，就曾以讲课而轰动一时，当时的学生郭廷以先生回忆说："由于罗先生名气大，讲话风趣，最初

---

① 沈刚伯：《悼念罗志希先生》，《中外杂志》第 7 卷第 2 期，转引自陈春生《新文化运动的旗手——罗家伦传》，近代中国出版社 1985 年版，第 127 页。

上课轰动一时,以风雨操场作教室,文科学生固然要听,其他科学生也挤去听。"①

在 20 世纪 30 年代长期担任国立大学校长的群体中,罗家伦治理中央大学的果敢独断与梅贻琦执掌清华大学的谦虚低调形成了鲜明的对比。罗氏的果敢独断放在清华是行不通的,其先期任清华校长也因此而下台,如果此时中央大学换上梅氏也是行不通的,这主要是两所大学的传统风格及内部外部的政治学术文化氛围所决定的。清华大学深受美国影响,追求学术自由的观念和理想,一向比较强烈地反对政治和社会势力干预。中央大学作为首都大学,是当时国民政府眼中的最高学府,处于政治角逐场的中心,与政治的关系十分密切,非一般单纯学者所能胜任,非有政治与学术双重背景的强人来领导不可。相反,清华则需要一位温和的学者来执掌。梅氏性情温和、理性、沉默寡言,尊重师生;罗氏性情激越、冲动、我行我素,并常以诗歌来表达自己的观点,可以说二人各得其所,各展其长了。

有一点必须指出的是:罗家伦的成功亦同时归于他特殊的经历和与当局的密切关系。他在任上深得国民党当局的信任,当局不仅放手让其实施其改革发展计划,更是从经济方面大力扶持。他较好地处理了政治与学术的关系,一方面他努力保持与中央的良好关系,另一方面使学校全心致力于学术。就前者而言,前期他与教育部长朱家骅、王世杰均保持良好的私人关系,罗家伦回忆说其整理中大之初,常有若干人事上的麻烦或规章上的牵制,朱家骅总是支持他,放手让其去干,且朱家骅常对人说"我逼志希担任中大校长,苦了志希,救了中大",这件事常使罗家伦对

①　《郭廷以先生访问纪录》,中研院近代史研究所,1987 年,第 149 页。

其有知遇之恩。[①] 更为重要的是他一直得到蒋介石的信任和赏识，这不仅是缘于其作为"五四"一代青年的激进先锋的背景，也缘于其从学术转入政治的人生道路的选择，以致有机缘出任北伐时期蒋介石的机要秘书，在"济南事变"中大义表现，[②] 得以出任清华改为国立大学后的首任校长和中央政治学校的实际负责人。就后者而言，他深谙近代大学和学术发展之路，以柏林大学为榜样，独立提出创立"民族有机文化"的号召，在20世纪30年代民族主义高涨的年代找到国立大学的立足点。他努力将中大从政治风波中转到学术研究上，同时也积极地参与国家的建设，尤其是应国家备战的需要，努力将其改造成国家机关的人才资源库、参谋大本营，在学术与政治之间保持了一个相对平衡。

---

① 罗家伦：《朱骝先先生的事迹与行谊》，沈云龙主编近代中国史料丛刊第三编110号《朱家骅先生纪念册》第2册，台北文海出版社1996年版，第264页。

② 这方面的经历参见陈春生《新文化运动的旗手——罗家伦传》，近代中国出版社1985年版，第5章，第73—87页。

结　语

动荡中的平衡:政局、政党与
近代国立大学

　　就起源而论,近代中国大学与西方大学有着很大的不同,西方近代大学的直接源头是欧洲中古时期的大学,是行业制度自治的产物,是与国家相对意义上社会的一部分,且带有很强的世界主义色彩。随着近代民族国家的出现,大学民族化也不断得以加强[1],1810 年德国的柏林大学的出现,成为大学与国家开始紧紧地联系在一起的一个象征性标志。中国近代大学从产生的那一天起,就是作为国家建设的一部分而存在,因此,与国家的关系是研究近代中国大学的切入点。从东南大学到中央大学的历史昭示出,国家的政治变迁深深地影响了大学的发展走向,大学在其中也对于国家政治施以影响力(但往往这一方面表现得并不明显,更多的只是一种政治文化的阐释)。在现代中国的大学发展史中,

----

　　① 参见金耀基《大学的世界精神》一文,收入《大学之理念》,生活·读书·新知三联书店 2001 年版,第 72—77 页;[法]雅克·勒戈夫著、张弘译:《中世纪的知识分子》,商务印书馆 1999 年版,第 121—125、128—129 页;Sheldon Rothblatt, "Universities and National Identity Formation",载中研院近代史研究所编:《认同与国家:近代中西历史的比较研究》,中研院近代史研究所,1994 年,第 505—535 页。

从深度和广度而言，或许只有北方的北京大学和南方的中山大学与国家政治的关系，可以与中央大学的历史相提并论，但这并不影响中国现代大学这一普遍的发展规律。因为无论是地方大学的国立化运动，还是教会大学的中国化运动，以及私立大学的存废论争，均是现代国家建设的重要组成部分。

从东南大学到中央大学的这一历史转变过程中，我们发现这所大学深深地卷入政治之中，国家、政党与大学之间存在多重张力，诸如中央与地方、政党政治与大学自治学术自由、校长角色中的政治与学术、大学学术研究中的世界主义和民族主义等，如何在变动中寻找它们之间的平衡，是中国近代大学发展面临的重要问题。本章就对东南大学向中央大学过渡的历史进行简单的回顾和总结，就上述问题作一初步的思考。

一　中央与地方之间

就一般意义而言，国立大学本是国家（中央）对于国家学术的扶持和指导，以国家之力来促成学术的发展和人才的培养。近代中国国立大学的产生有两种途径，一是中央政府的直接改制，如北京大学和清华大学就是这样的例子。二是由地方势力发起，经中央政府确认，最后经费和人事统属中央，如四川大学就是这种方式的典型例子。大学国立化的一个重要标志就是办学经费从中央财政下支付，同时校长由中央政府直接任命。众所周知办大学需要大量的财力投入才能保证其基本的运转，换言之，一所大学的经费状况的好坏与其办学的水平高低是紧紧联系在一起的，甚至在某种意义上起着决定性的作用。对于任何一个大学而言，从其创办、运作到发展的各个环节中，一个十分关键的问题就是经费投入，经费是其生存与发展的前提。现代中国作为一个后发的现代化国家，大学，尤其是国立大学均被赋予担当民族国家复兴的重要使命，作为研究高深学术和培养人才的基地，国立大学的生存和发展需要国家投入巨大的人力和物力。就前者而言，随着大批留学生归国，人力资源问题得到一定程度的缓解，但就后者而言，资金问题就复杂得多。一方面，中央权威下降，中央政府财政动员能力衰弱，从中央一级下拨国立大学的经费就相形见绌；另一方面，现代中国频繁的战乱（无论是内战，还是外敌入侵），有限的财政资源大都被战争所消耗。原为"国款办国学"的国立大学的经费，不得不从地方财政中寻求解决之道。这样一来，直接侵蚀了地方的集团既得利益，中央与地方在国立大学的经费安排和分配上产生了尖锐的冲突和对立，国立大学就处在中央与地方矛盾的交接点上，这在早期大学国立化运动中表现得十分明显。

"五四"运动促成了中国现代民族主义又一轮高涨，也促成了中国现代第二所国立大学的诞生。国立东南大学的设立，是地方社会精英共同作用的结果。东南大学成立之初，虽名国立，国家对其扶持力度却相当有限，其发展的动力主要是依托地方社会的力量，还很难说是真正意义上的国立大学，当然东南大学也为此让渡了相当的自治权。从其经费和校长遴选程序的规定来看，东南大学更像一所地方自治大学。以校董会为管理模式的东南大学是20世纪20年代东南社会自治的一个象征和缩影，其中无论是江苏教育会、上海商会还是东南其他士绅，对于东南地方社会公共事务管理权力的掌控也是空前的。相较中央政府而言，地方力量在东南大学的掌管中表现得更为强大一些，也反映出20世纪20年代东南地区弱国家强社会的一些特点。但随着现代政党政治的兴起，在以强有力的组织、大规模的群众运动为基础和以武装斗争为工具特征的政党面前,以江苏教育会为代表的地方自治力量与其争夺无疑以失败而告终,东南大学后期历史中的校长风潮就正是这两种力量较量的表现。

因而,从东南大学到中央大学的历史也是观察 20 世纪二三十年代国家与社会关系变化的一个窗口,在某种程度上这一过程也可以理解为国民党取得政权后重建强势国家的一种努力。从东南大学到中央大学的过程,实质就是从地方大学到首都大学的过程。南京国民政府成立后,努力将这所地方自治色彩强烈的大学改造成为首都最高的学府,纳入其重建统治中心的整体规划之中(如同新首都建设一样),努力将中央大学建设成全国的学术中心。然而国民政府心有余而力不足,中央大学虽然经过朝野的共同努力确立了首都最高学府的地位,但却缺乏十足的发展动力,经费问题迟迟得不到完全的解决,并深陷于中央与地方之间的矛盾纠葛之中。

从历史传统上看,江苏省本是近代中国教育经费独立比较彻底的省份,早在 1925 年就完成了教育经费的独立工作,其教育经费由专设的江苏教育经费管理处全权负责发放,并将江苏境内的教育经费分为国库、省库两项,其中国库支付国立大学的教育经费,省库支付省立中小学的教育经费,二者互不相属,矛盾也无从谈起。但国民政府定都南京后教育体制上的改革就打破了这一传统。1927 年江苏试行大学区制,以上两项库款合二为一。第四中山大学的出现是伴随着大学区而来,这一试验将大学与江苏地方利益紧紧联系在一起,使中央大学在初期深陷入江苏的政治纷争之中,对大学的发展影响巨大。初期中央大学之所以陷入混乱之中,几乎大半与大学区制相关联,尤其是经费之争,引发中央与地方利益之争。1928 年江苏省教育经费大宗的卷烟税被划为国税,虽以田赋项下填补,不足部分中央虽允以卷烟税下加拨补偿，但中央财政部并未履行其承诺，致使江苏教育经费根本动摇。稍后，中央颁布《预算章程办理预算收支分类标准》，将江苏教育经费的大宗田赋及屠宰税划归地方征收，由此江苏省以教育经费中无国税收入为由，拒绝支付中央大学经费，从而引发中大经费危机。

中央大学区的试验虽然其设计者是从学术独立化的角度提出，但在实际的操作中却演变成为国立大学挤占地方教育资源的制度依靠，使国民政府放任中央大学挤占江苏地方教育经费的现象发生。在中央大学与江苏地方教育经费冲突中，中央政府总是站在中央大学一边，压制地方政府的抗议，从而激起地方更为激烈的新一轮反对。中央大学由此也成为 20 世纪 20 年代末 30 年代初中央与地方冲突的一个较量场。就实质而论，中央大学成立初期经费冲突根源是中央政府与地方政府的利益之争。大学区制取消后，由于中央政府一时还没有做到对中央大学经费的全额担负，中央大学与江苏地方教育之间的经费之争亦没有停息。事实上，只要中央大学一天没有真正实现经费国家化，中央大学就无法摆脱与江苏省的分歧和冲突。直到 1933 年中央大学才最终从中央与地方的冲突之中解脱出来，经费之争才完全得到解决。是年，国民政府将中央大学的经费完全纳入到国家财政的统一预算之下，由国税项下统一支付，从而结束了十几年的中央与地方之间为国立大学而引起的纷争。中央大学也开始扭转与江苏地方的紧张关系。事实上，江苏地方在中央大学完全实现国立化后，江苏每年地方财政支出少了一大块，但为此以其他形式对中央大学进行了补偿。江苏省政府一方面补足了 1932 年以前的欠款，另一方面以大量的教育林和土地作为对中央大学的扶持，并在中央大学选择新校址时给予各种优惠。作为回报，中央大学在各种农业和科学试验班中，均给予江苏地方以名额的优惠，为江苏地方的建设提供各种智力扶持，这样中央大学与地方政府之间形成了良性互动，中央大学则开始了其历史上发展最为迅速和稳定的时期。

南京十年时期（1927—1937）中央大学的经费深受国民党政权的政治影响，只有真正实现了"国款办国学"，中央大学与江苏地方教育争经费的历史才真正结束。其经费波动的每一步均是中央与地方、各派各系之争妥协的结果，其中体制的变革、传统的因子、名与实之争、中央与地方的权力划分均在其中起着或牵制或决定的作用，国立中央大学的经费问题折射出当时南京十年时期诡谲政治风云的一面，中央大学并非远离社会的象牙塔，而是地处中央与地方政治斗争的中心。

国立大学的经费问题的实质就是如何处理中央与地方的关系。一个从理论到实践的悖论是，政府对国立大学的设置与其实际的财政能力有相当的距离，这一差距导致了地方与中央在国立大学的经费划拨上矛盾不断。事实上，这一矛盾并非是国立中央大学一家的个别和特殊现象，而是当时一个普遍的现象。当时与中央大学一道解决的国立大学还有武汉大学、浙江大学等。而当时青岛大学的经费没有由中央解决，还受到舆论的批评，正如马寅初在一篇有关全国财政会议的原则问题的讨论中所指出，"应属中央经费现由地方支出者应归还中央负担……如大学经费，现国立大学经费等皆已归中央支出，如中央大学、浙江大学、武汉大学、北京大学等皆由中央拨付，唯青岛大学尚由山东省政府负担，但财政部则不承认系地方负担，不过地方协助中央而已。"[①]后来国立青岛大学到国立山东大学的易名，其根本因素就是经费

---

① 马寅初：《全国财政会议议决之重要原则》，载《东方杂志》第 31 卷第 14 号（1934 年 7 月），第 8 页。

划拨方式的转变。透过经费问题，我们不仅可以明了近代中国国立大学在其发展过程中所遇到的困境，而且也可以通过对这一困境来分析了解当时中国国家与社会状况的一斑。

二　党派政治与大学自治、学术自由

大学从其诞生之日起就带有一种基本的学术价值观，总结起来不外乎以下两个方面：大学自治和学术自由。欧洲中世纪的大学自治，最早源于大学在世俗政权和教会之间寻找自己的位置过程，力求教学免受政府和宗教势力干涉，具有超越现实政治的因子在里面。所谓学术自由其基本含义是，在大学里，任何学者在其研究领域内都有权按照他们认为正确的传统和法则，自由地进行知识探索和学术研究。这种学术价值观也被概括为一种"世界精神"。但在现代中国，大学的这一层意义从一开始就被压抑着，并不彰显，因为从始至终，现代中国大学就是作为国家建构的一部分，成为民族国家建构（nation-state building）有机体之一。但从学术自由和大学自治的角度而言，大学作为学术的主体，一直在追求独立和自主。政党政治兴起后，政党力量日益涌入大学，推行"党化"教育，二者之间也出现相当的紧张。

在近代中国，大学和政党均为具备现代性因子的社会力量，在国家重建中均发挥着相当重要的作用，其中一个共同的目标就是完成民族国家的振兴。在这一进程之中，大学的文化使命和政党的政治使命有时也存在相互交叉和一致的地方。但是国民党取得政权后，就开始淡化其政治使命，滑向利益集团的泥坑，并力图将大学纳入其利益集团的范围之中，以"党化"教育来取代学术研究的自由，二者之间的冲突是这一时期大学内最为紧张的关系之一。如何处理与政治的关系，也是现代中国大学共同面临的一大难题。

北洋军阀时代，中央权威的式微，对于大学的发展无暇他顾，大学拥有相对宽松的学术自由空间和学校自治的主体地位，因此，政治与大学之间的冲突和紧张并不凸显。此时的东南大学推进自由主义的教育，并主要依靠地方势力办学，学校的自治和学术自由均有相对的保证。但随着国民党势力开始从南方进入东南社会，政党在东南大学的势力日益强大，活动日益明显。国民党力图将大学纳入政党政治的范围之内，开始插手东南大学的人事安排，东南大学也无法避免受政党的影响，"但问东南大学是否受此种政党之影响，是否能保持其固有之超然学风耳，不得便谓惟国民党人可任为东南大学校长与教授，凡非国民党人即应在屏除之列，不得便谓惟国民党或共产党人可保持其信仰，发表其言论，非国民党非共产党人即当钳口结舌，噤若寒蝉也"[①]。二者之间因之爆发激烈的冲突，免郭事件后所引起的拒胡运动就是这种矛盾的集中反映。

由于东南大学对国民党势力的渗透进行各种形式的抵制，在国民党人的眼中，"东大南高者反革命之策源地也"，所以北伐一成功，国民党就着手对其改造，目的至为明显，杨杏佛直言不讳地称"第四中山大学成立目的，在根本改造东南反动派腐化之教育"[②]。同时，中央大学的产生是中国大学等级化和官僚化的产物，国民政府试图寻求一个明确的知识中心来支配全局，达到驭一而统全局之效。同时首都的迁移，政治中心的南下，也要寻求

---

① 胡先骕：《东南大学与政党》，原载《东南论衡》第 1 卷第 1 期（1925 年），收入《胡先骕文存》上卷，江西高校出版社 1995 年版，第 305 页。

② 杨杏佛：《与东大同学论军阀与教育》，收入《杨杏佛文存》，上海书店影印平凡书局 1929 年版，第 322 页。

一个学术中心来与之匹配,这其中也暗含南北争锋的意味。^① 这不仅改变了知识分子对于政治与学术的态度,也加重了学院知识分子的分化,从而引发了激烈的冲突。到了国民政府定都南京、中央大学成立之后,国民党政府对于南京的中央大学内的其他政党派系活动更是严厉禁止,对于国家主义派的刊物《醒狮》进行查禁。^② 国民党对于大学的控制,尤其是首都关系到中枢的政治安全,对于各校请人演讲,也心存戒备,中央宣传部专门下令取缔学校的演讲,称"惟查近来各学校中,时有反动份子,肆行活动,藉演讲之名,乘机惑乱青年,影响所及,殊觉危险",故而饬令全国学校,"嗣后请人讲演,应以专门学术为主,即批评时事,亦应根据学理,务求正确"^③。因此,国民党当局对于张乃燕较为宽容的办学方针并不满意,对于中央大学内的其他政党活动的存在强烈不满,指责中大"改组派共党国家主义派混迹其间"^④,这也成为张乃燕去职的根源。

国民政府定都南京后,也试图在南京建立其学术的中心,中央大学便是这一政治雄心的重要组成部分,因此在其历史中深深地烙上政治的色彩。但这一历史过程并非一帆风顺,而是充满了与当时南京政治派系斗争一样的曲折。早期中央大学的历史与南京国民党政权的变动同步而行。从南京政府对中国高等教育的改革试验,到国民党内部派系对中央大学校长的争夺,均十足地表现了这一点。国民党对大学的控制是力图以

① 详见陈平原《首都的迁移与大学生的命运——民国年间的北京大学生与中央大学》一文,收入《中国大学十讲》,复旦大学出版社 2002 年版,第 55—68 页。

② 《中大转发部令查禁〈醒狮〉刊物》,载《民国日报》(上海)1929 年 2 月 20 日,第 4 张第 1 版。

③ 《中央取缔学校讲演之中大训令》,载《中央日报》1929 年 6 月 7 日,第 3 张第 1 版。

④ 《蒋谈中大问题》,载《大公报》1930 年 11 月 3 日,第 1 张第 4 版。

三　角色、派系斗争与校长人选

国立大学校长处在国家权力系统与大学自治系统的交接点上，他既不能脱离政府，又不能过分依赖，他既是大学精神的体现，又是政府监管大学的代理人。因此，一所大学的校长对大学关系甚大，就其本来意义而言，大学的设立，其目的在于发扬学术，造就人才。大学校长的责任重大，实远胜于教育行政官吏。从某种意义上而言，就大学本身而论，校长人选，实为一切问题之先决条件。因此，对于大学校长的人选标准也为一般的舆论所关注，大学作为西化的产物，西方大学的校长人选标准也为人所关心，当时的报刊认为欧美各国大学学风纯洁，人才辈出，源源不绝的原因在于对大学校长的人选标准非常严格。随后对西方大学的校长人选标准作了介绍和说明，主要有三条：第一，须在学术界夙负名望，人格高洁，学有专长；第二，对于研究学术发扬文化，应具无限热忱，终身役于斯，不因富贵而移其心志；第三，主持校务，尤须大公无私，既不羼杂私念，培植一系一派之势力，尤不应视大学若衙署，使职员沾染官僚习气。① 而中国当时虽然大学林立，学生数量激增，但其办学内容和成绩反不如前，其中一个重要的原因就在于校长不得人选。之所以如此，就是社会与政府方面对国立大学校长角色定位的错位。所谓角色指的是："角色——这是社会的动力方面。个体在社会中占有与他人地位相联系的一定地位，当个体根据他在社会中所处的地位而

---

① 《国立大学校长纷纷辞职》，载《教育杂志》第 22 卷第 10 期（1930 年 10 月），第 124 页。

实现自己的权利和义务时，他就扮演着相应的角色。"① 由此角色这一概念也可以理解为，得于一定社会性地位上的个体依据社会对他所提出的要求，借助于自己的主观能力适应社会环境所表现出的行为模式。② 处于政党政治中心的中央大学校长的角度，事实身兼二重角色，一是作为学术角色，二是政治角色。就前者而言，要求其具备深厚的学术素养，就后者而言，需拥有相当的政治资历，深得当局的信任，与政党政治保持高度的一致。但二者之间的确充满着张力。这就是当时作为最高学府，地处首都的中央大学校长的内在困境。

校长问题是大学矛盾的一个风向标。"九·一八"以后，中央大学、中山大学、北平师大、青岛大学和浙江大学等学校都发生学潮和校长问题。③ 学潮的基本表现为："十余年来，教育纪律愈见凌替，学校风潮日有所闻。学生对于校长，则自由选举，如会议之推举主席。对于教授，则任意黜陟，如宿舍之雇用庖丁。甚至散布传单以谩骂，聚群众以殴辱。每有要求，动则罢课以相挟持。及至年终，且常罢考以作结束。弦歌停歇，黉舍骚然。"④ 而个中原因，当时有的认为，"推源学潮发生之原因，固有多种关系。迭年以来，政府方面，因种种窒碍，致学款常有延稽。各级教育机关对于办学人员及教师之选择，亦每欠审慎。以

---

① 参见安德列耶娃《西方现代社会心理学》，人民教育出版社 1987 年版，第 170 页。

② 杨金荣在其《角色与命运——胡适晚年的自由主义困境》一书中，尝试运用角色理论来研究现代人物，其理论分析见该书第 25—28 页，生活·读书·新知三联书店 2003 年版。

③ 具体内容参见陈能治《战前十年中国的高等教育（1927—1937）》，台北：商务印书馆 1990 年版，第 183—189 页。

④ 天行：《学潮与出路》，载《东方杂志》第 29 卷第 6 号（1932 年 11 月）。

致身为教师，而操纵学生、播弄风尘之事数见不鲜"①。这里从政府、教育机关和教师的角度来分析学潮的动因，的确道出问题的结症所在。笔者认为，20 世纪二三十年代中国学潮的原因，还可以从诸多方面进行分析，其中文化思潮的传入、政治社会环境、个人自身利益等方面是观察的重点。就文化思潮方面而言，作为后"五四"的一代，深受"五四"思潮的熏染和影响，对"五四"中的斗争精神情有独钟。如当时学潮的口号就直接打出"五四"的旗号，加之不同政治派别以其不同于国民党中央的政治理论在背后的鼓动和怂恿，也增加了校园动荡的变数。就政治环境而言，国民政府定都南京后，从自身集团利益出发，对于知识分子和学生运动的策略发生了根本性的变化，不再注重依靠知识分子和支持学生运动，对于知识分子开始排挤，对于学生运动开始压制。② 此外，加之当时内战不已、政潮频繁、社会钻营之风盛行，大学生的毕业出路大受影响，这些都加剧了当时学潮的发生。中央大学正处在这样的风口浪尖，使本来应是一方净土的校园成为了各方争斗的角力场。

中央大学学生因其自身地位和在当时政治中的影响力，尤为引人注目。中央大学的学潮与一般大学的学潮相较而言，有共性的地方，也有其独特之处。一般学校的校长问题，多由经费不足、校长思想保守和学生的偏激所引起的，表现为挽留、驱逐或外联内斗，学生和教员都要求对校长有提名推荐权。虽然经费问题是困扰中央大学一个难题，但与其他学校如青岛大学、安徽大学、山西大学等相比，其经费问题是借其政治上的地位而夸张扩

---

① 天行:《学潮与出路》，载《东方杂志》第 29 卷第 6 号（1932 年 11 月）。

② 参考 John Israel，*Student Nationalism in China*，1927—1937，Stanford University Press，1960；吕芳上:《从学生运动到运动学生:民国八年至十八年》，中研院近代史研究所，1994 年。

大了。背后更为关心的是以下问题：一是校长的资格，政治与学术的背景更看重的是前者。二是校长应由谁来委派，亦是校长产生的权力来源问题。早期中央大学校长人选更为关注的是政治背景，而较少关心学术自由不被政治干预。后者恰恰是当时清华大学校长风波的重要特色。[①]

中央大学自成立以来，最初的几年一直为校长问题而起风潮，无论是学生还是教授，对校长的人选均提出了自己的标准。比较一下不同时期中央大学学生们提出的校长人选：如 1927 年东南大学改组之时所拟的吴稚晖、蔡子民、杨杏佛、李石曾、马君武、罗家伦；1930 的张乃燕去职后所选的于右任、蔡元培、翁文灏、胡汉民和戴季陶；1931 年朱家骅辞职后所商定的竺可桢、翁文灏、任鸿隽。学生们的选择虽然表现出其校长的人选标准在政治与学术之间徘徊，但一个基本的倾向是逐步从政治标准过渡到学术标准。而同一时期政府当局对中大校长的选择和任命所考虑的则简单得多，无论是选择吴稚晖、陈布雷、朱家骅，还是确定桂崇基、段锡朋、罗家伦，均更多地从政治方面的考量。任鸿隽作为一个非政治人物之所以纳入到政府的考虑范围，更多地是政客式的校长受到各界的排斥，而不得不做出回应社会的姿态，无非是想借助任氏在社会上（民间的）的巨大声誉，来稳定作为首都学术中心的中央大学。以学生为代表的社会一方和以教育部为代表的政府一方，对于校长理念的差异与距离，就成为冲突的根源之一。

从 1919 年到 1937 年，这所大学经历诸多易长风潮，在位的校长之所以大多成为派系斗争的牺牲品，也在于这种角色定位的

---

① 苏云峰：《清华校长人选和继承风波（1918—1931）》，《中研院近代史研究所集刊》第 22 期下册，1993 年 6 月，第 182 页。

差异。郭秉文对东南大学的管理，虽然也以美国大学为其办学的理想，以"杜威的自由主义"的理念做支撑，但却缺乏教授评议会这样的大学制度作保证。将大学的办学自主要求交与校董会这样的社会力量，难免将社会的纷争引入到校园，其所激发的校内学者的抗议在所难免，其结果不仅没有能保证大学的办学自主，更为关键的是，国民党势力崛起后，要求校长将东大办成党化的教育基地，这种双重角色的困境也成为郭最后被国民党政府免职的根源。

虽然张乃燕有不短的从政经历，倒更像一个纯粹的学者、不谙政治之道，其上台是历史机缘的一种巧合。张乃燕因时运而生，被推上革命后的最高学府的掌门人的位置，却缺乏独立的办学理念，其所依据的只是上面的成规。加之对于国民党所推进的"党化"教育并不完全认同，因此，他在校长期间所关注更多的是学术本身的发展问题，这正如同当时的国民党中央对其评价："对党观念薄弱，又无办事经验。"① 其在位上并不能得到当局的信任，其手腕也只是一般学者式的，从学校发展到其个人感受都受到相当的局限，其任上苦楚可见一般，其被逼下台也成为必然。

朱家骅虽是学者出身，但其身具有浓厚的政治色彩，极力将中央大学变成国民党的思想中心，这一点与学术自由和大学自治的理念和传统发生了尖锐的冲突，虽得到最高当局的极力扶持，但他却得不到全校师生的爱戴和拥护，他努力将中央大学完全纳入政党政治的轨道之中，他虽是因学生抗日救亡运动而下台，同时也是学校大部分师生对其办学方针的抗议，其下台也成为一种

① 《东南学阀重据最高学府》，载《民国日报》（上海）1930 年 9 月 9 日，第 3 张第 3 版。

必然。相比之下，罗家伦在某种程度上的成功就显得格外突出，其上任之初，不仅安定长期动荡中的学校，而且将该大学规划纳入发展的快车道，其能在位上长达十年之久，归功于其较好地处理了政治与学术的关系。罗氏是一个学者兼革命者的出身，他不仅深谙世界学术发展之路径，又以一种强烈的民族主义情怀来确立中央大学的使命，在 20 世纪 30 年代民族主义高涨的年代其办学理念可谓切中要害，这也是其将一所大学办理成功的一面。为此，他也深得当局的赏识，而且在办学方针上，将其重心放在学术这一头，苦心经营，中央大学在其任内得到稳定快速的发展，逐步向社会与政府当局所期望中的理想首都大学靠拢，其成功也是中央大学之幸。从某种角度而言，罗家伦正是以一个政治家的风格来办理中央大学，如同马克斯·韦伯所论政治家的决定性的三大素质——"激情、责任感和恰如其分的判断力"①，从某种程度上讲，他完成了这所大学的中央化，同时也正是中央大学所要求的政治品格成就了他的事业。

四 民族主义的兴起与学术文化

现代中国在引进现代大学制度的同时，也引进了西方的大学理念。虽然西方现代大学从其产生的那一天起，就多以"世界主义"为号召（其目的之一也是为满足欧洲和美国海外扩张做准备的知识生产的需要），大学教育宣称反功利性或非党派性，在这样的背景之下，"自由"教育继续成为现代大学的一个核心理念。

---

① ［德］马克斯·韦伯著，冯克利译：《学术与政治》，生活·读书·新知三联书店 1999 年版，第 100 页。

现代意义上的中国大学固然是西方大学直接移植的产物，中国近代的高等教育也的确是在西方的影响下成长的，并不断以西方为目标，但必须清醒地看到，中国现代大学从诞生的那一天起，就是作为救亡图存的工具，与现代民族国家的建构紧紧地联系在一起。现代中国大学的成长史，也是一个在民族危机一直没有得到缓解的环境中，一代又一代中国人苦苦寻求救亡启蒙道路，以图获得文化和政治自主性的历史。中国的现代大学的成长发展史，也是一部现代中国的历史缩影。因此，探讨中国现代大学、学术与民族国家、民族文化之间关系时，除了研究中国现代大学最基本的学术研究和人才培养等一般意义之外，还有一个重要的主题，就是现代大学在寻求民族性文化方面的特殊的独立探索。

在中国历史上，现代意义上的大学，是在 19 世纪末，随着传统教育的衰落和现代新型高等教育的兴起才逐渐出现的。而中央大学的一些著名学者如柳诒徵、张其昀追寻本校的历史时，则多追溯到汉代的太学，甚至更远。这种论述不能完全视为单纯是追求光荣历史的心态使然，这批学者的内心深处始终不愿承认中国现代的大学完全是西化的产物，其民族主义的情结根深蒂固，这也反映在学科的设置等问题上。南京十年，政府在国际主义的旗号之下，大学的改革朝着标准化和集权化的方向发展，但这种改革并没有最终形成一种有效的方法和模式。相反在民族化的旗号下，却得到学者更多的认同。

在人文科学方面，摆在当时中国学者面前的主要问题是，一方面，需要整理和继承中国传统文化的精华，而另一方面，对于不断涌入的西方文学、历史和哲学等方面的著作不能等闲视之，究竟如何处理好两者之间的关系，是摆在第一个大学文学院面前的难题。在社会科学方面，大学所面临的困境更大，像社会学、人类学、政治学、法学、经济学等学科是随着 19 世纪西方资本主义的发展而出现的新型学科,对当时中国学者,尤其是法学院的学者而言,对于以上学科不单纯是一个引入的问题,更为重大的任务是使这些学科的研究符合中国的历史和现实,即面临着一个如何中国化的难题。

民族化的方向主要表现在大学教学语言、教材的本土化、学术研究的本土化。针对中国近代的教育无论是内容还是形式均是照搬于日本、美国和欧洲诸国,到20世纪30年代,中国的大学教育就有如下明显地要求中国化的趋势。早在第四中山大学时期,教授金树荣向大学院上书,专门提出教育中国化的问题,主要内容有:甲、欲充实人民生活,各级学校课程必须以本国人民生活需要为根据,教导方法必须注重实施生活的训练。乙、在量的方面,各种中等以上学校造就人才的数目,须以本国现在及最近的将来各方面建设的需要为根据。[①] 对于大学发展的民族化问题,时任中央大学教育学教授的孟宪承在《大学教育》一书中对此作了专门的说明,他认为现代大学的理想除了"智慧的创获"和"品性的陶熔"二者之外,就是民族和社会的发展,"关于这一点,我们又要回溯柏林大学的历史。普鲁士在耶拿(Jena)一战,几乎被拿破伦覆灭了;1807年,已经沦陷的耶拿大学教授菲希脱(Fichte),赶到柏林,作了14次公开演讲,他的激昂的呼声是,'恢复民族的光荣,先从教育上奋斗!'这是创立柏林大学的一个动机。民族复兴,是现在德国一般大学的无形中心信仰"[②]。中国化的方向是当时大学改革的一个方向性的问题。在20世纪30年代的中央大学,这一呼声在各人专业上都得以体

---

① 金树荣:《具体实施教育宗旨的意见》,"国立中央大学档案",全宗号648,案卷号1011,第6页。

② 孟宪承:《现代大学的理想和组织》,收入杨东平主编《大学精神》,文汇出版社2003年版,第78页。

现。教育学教授郑宗海在对全校学生演讲时，就公开呼吁："教育应该中国化，所以新教育的实施，应该提倡创造。"[①] 国际化在于跟踪国际的学科发展方向，专业细化，国际学术交流的多样化。

到罗家伦长校后，其以建立民族的有机文化为目标，在大学的教育中极力主张用本国的语言文字进行教学和研究。他引用其在德国留学时所读的《歌德全集》时铭记的一句话"德国若要有科学，科学必应先说德国话"来主张"中国若要有科学，科学当先说中国话"。他从许多心理学家、哲学家和人类学家所公认的思想和语言的密切关系原理出发，提出："一个民族要把科学思想并为己有，一个民族要谋自己对于学术文化的新贡献，则非先谋运用自己的语言文字和符号来做工具不可。"[②] 作为一个受过良好西方文化教育者，罗家伦并没有走向狭隘的民族主义，对于一般的外国文学他同样主张用原文来讲授。对于一般的社会科学，总得渐渐以中文讲授才宜。若长期用外国文字，会导致一方面使中文将永无机会去表现社会科学的思想，一方面使社会科学也减少吸收中国材料的机会。为此他提出了具体的三条改进办法：①决定标准的译名；②编制标准的大学教本；③用重写的或改写的方法来译名著。[③] 罗家伦之所以提出这样的语言问题，与其人文的知识类型，在欧美（尤其是在德国）的留学经历，和其强烈的民族主义情怀不无联系，既是其对"传统中国"和"现代中国"的理解和尊重，又是其国际视野下的细心体会。可以说在

---

① 郑宗海先生讲、束荣松记:《对教育之感想》，载《国立中央大学生日刊》第866号，1932年12月13日。

② 罗家伦:《中国若要有科学，科学当先说中国话》，载《国书评论》第1卷第3期（1932年11月），第1—2页。

③ 同上书，第3—5页。

这一点上，与前文所提及陈寅恪对其学术眼光和领导魄力的评论是一致的。

　　罗家伦等所论的问题实质是一代中国学人对于中国大学和中国学术的深层担忧，面对移植过来的西方大学模式，中国本土的大学是独立自主，还是附庸藩属？大学是研究高深学问的地方，大学的学术独立就成为问题的关键，大学里教学和研究使用什么语言，就成为一个并非只是个人的爱好，而是关联到学术独立的体制问题。

　　学术独立似乎总是更多地表现于社会科学上。中国社会科学的形成主要是在大学，由于各个大学各有其重点的发展对象，使中国社会科学在引进西方现代学术的同时，也呈现出多样化的趋势，如20世纪20年代的北京大学和清华大学的国学研究，南开和东南大学的社会学的定量调查研究，上海大学的马克思主义研究等。但西方学者认为这种趋势好景不长，到了20世纪30年代，中国的高等教育成为了民族主义学者的天下，他们的社会科学研究占据了统治地位。这样，功利主义就成为社会科学研究的主要目标——为当时政权的统治提供理论和实践上的依据。①《时代公论》所作的政治学研究就是一个十分典型的例子。当然因学术研究本身所要求的自由，许多学者也作出了相当客观平实的研究，也取得了相当的成绩，如南方史学派的缪凤林的中国通史研究，社会学家孙本文的社会学中国化努力，等等。

　　20世纪二三十年代，民族主义的兴起与学术的关系也呈现出一系列的冲突和紧张，大学课程的设置和学术研究的主题，是

----

　　①　美国学者叶文心在其专著 The Alienated Academy，pp. 172—182. 对中国立中山大学、国立浙江大学、国立中央大学的分化进行了分析。加拿大学者许美德在其新著《中国大学1895—1995：一个文化冲突的世纪》中，也持此看法，见该书中译本，许洁英主译，教育科学出版社2000年版，第75页。

贯穿东南大学和中央大学的一个反复争论和实验的问题，作为新首都的大学，其改革明显受到政府规定的影响，其改革也显示出南京十年国民政府对高等教育改革的普遍路数，二者之间所呈现的是许多共性的一面，主要表现为民族化与世界化的冲突和张力。其中，"文""实"之争最为突出，反映同南京国民政府在现代化意识的支配下的急迫心态。1928 年 4 月通过的教育法令中，南京国民政府仍沿用以前的那种重视实际知识和技术的方针，明确规定中国高等教育的宗旨："大学及专门教育，必须重视实用科学，充实科学内容，养成专门知识技能，并切实陶冶为国家社会服务之健全品格。"① 这一宗旨改变了中国传统教育中讲求综合、忽视科学的特点，向西方现代大学尤其是现代德国大学中讲求专门化的方向靠拢。中央的教育宗旨中明确地规定了大学课程的设置方向，也引发了大学内部的"文""实"之争。

以《新青年》、《学衡》为代表的北大与东大在 20 世纪 20 年代的学术文化对立和论争，集中地反映了现代大学进入中国的一大难题，即在"学术自由"理念随着现代大学制度在中国扎根的同时，大学在民族国家的重建中，也面临着将历史、文化、文学和地理集中起来，建构、指导并传播民族的同一性的重任。现代大学不仅是传播现代知识的殿堂，同时也应是宏扬民族文化的重镇，这种自由教育与民族教育常常处于冲突之中。如何处理好中、西文化二者的关系是近代中国大学面临的难题之一。就东南大学和中央大学而言，从《学衡》到《国风半月刊》的办刊宗旨来看，无论是前者的"昌明国粹，融化新知"，还是后者的"宏扬中国固有之文化，昌明世界最新之学术"，均显示出这所大学处理中西文化上"中西兼容"的一贯立场。细究起来，对中西文

---

① 《中国第一次教育年鉴》，台北传记文学出版社 1977 年重印版，第 16 页。

化的侧重点却并不一致,对于中国传统文化始终持有相当的敬意,更多地表现在情感层面上;对于西方最新的文化也多作介绍引进,但更多地表现在理智层面上。不同学科背景的学者也相应地承担了不同的任务,在20世纪30年代开展的中国科学化运动和中国社会科学化运动中,中央大学的教授均是主力倡导者、参与者,"文"、"实"科的学者也相互表现出对对方的理解与尊重,并未出现明显的分歧,这在《国风半月刊》的作者群中清楚地表明了这一点。

　　总之,伴随着"五四"运动、国民党的崛起、北伐、迁都、日本入侵等重大政局变动,东南大学也由一所地方性、"名实不符"的国立大学演变成首都最高学府。这所大学与国家、政党的关系也经历了从对峙、制约、抗衡到扶持、合作的变化,展现了20世纪二三十年代政局变动格局下国立大学与政治之间错综复杂的关系,可视为近代中国国立大学发展的一个缩影。由此看出,理想型的大学与社会(广义而言)现实之间有一种本质上的张力关系,这是由大学自身的性质所决定的。如何处理大学与社会之间的关系,使二者之间处于一种良性的互动之中,是研究现代中国大学史这一课题引起思考的主要问题。

参考文献

报刊

《晨报》、《晨报副刊》、《大公报》、《国闻周报》、《民国日报》、《申报》、《益世报》、《中央日报》、《中央日报特刊》、《中央副刊》、《中央周报》、《北平大学区教育旬刊》、《大学生言论》、《大学院公报》、《东方杂志》、《东南大学南京高师日刊》、《东南论衡》、《独立评论》、《国风半月刊》、《国民政府公报》、《国立大学联合会月刊》、《国立大学联合会季刊》、《国立中央大学校刊》、《国立中央大学半月刊》、《国立中央大学日刊》、《国立中央大学教育丛刊》、《国学丛刊》、《江苏政府公报》、《江苏旬刊》、《教育杂志》、《教育与中国》、《教育部公报》、《时代公论》、《时代与教育》、《时代青年》、《时事特讯》、《时事年刊》、《社会与教育》、《图书评论》、《文化教育旬刊》、《文化与教育》、《现代评论》、《厦大周刊》、《新潮》、《新教育评论》、《新路》、《新教育》、《新青年》、《新文化》、《学风》、《学衡》、《学生杂志》、《校风》、《传记文学》、《中国学生》、《中大新声》、《中大学生》、《中华教育界》、《中央党务月刊》

论著

北京师范大学编：《林砺儒文集》，广东教育出版社 1994 年版。

曹聚仁：《文坛五十年》，东方出版中心 1997 年版。

曹伯言整理：《胡适日记全编》，安徽教育出版社 2001 年版。

《蔡元培传记资料》，天一出版社 1979 年版。

《蔡元培书信集》，浙江教育出版社 2000 年版。

程千帆、唐文编：《量守庐学记》，生活·读书·新知三联书店 2006 年版。

张晖编：《量守庐学记续编》，生活·读书·新知三联书店 2006 年版。

陈平原：《中国大学十讲》，复旦大学出版社 2000 年版。

陈平原：《中国现代学术之建立》，北京大学出版社 1998 年版。

陈平原、郑勇编：《追忆蔡元培》，中国广播电视出版社 1997 年版。

陈哲三：《中华民国大学院之研究》，台湾商务印书馆 1976 年版。

陈以爱：《中国现代学术机构的兴起——以北京大学研究所国学门为中心的探讨（1922—1927）》，台北政治大学历史系，1999 年。

陈能治：《战前十年中国的高等教育（1927—1937）》，台湾：商务印书馆 1990 年版。

陈进金：《抗战前教育政策之研究》，台北近代中国出版社 1997 年版。

陈春生：《新文化运动的旗手——罗家伦传》，台北近代中国出版社 1985 年版。

陈仪深：《〈独立评论〉的民主思想》，台北联经出版事业公司 1989 年版。

陈学恂主编：《中国近代教育文选》，人民出版社 1983 年版。

陈洪捷：《德国古典大学观及其对中国大学的影响》，北京大学出版社 2002 年版。

《陈布雷回忆录》，台北传记文学出版社 1981 年版。

丁致聘：《中国近七十年来教育记事》，台湾商务印书馆 1970 年版。

杜元载主编：《革命文献》第五十六辑"抗战前之高等教育"，国民党党史编纂委员会，1971 年。

《第一次中国教育年鉴》，台北传记文学出版社 1977 年重印版。

邓丽兰：《域外观念与本土政制变迁——20 世纪二三十年代中国知识界的政制设计与参政》，中国人民大学出版社 2003 年版。

［德］马克斯·韦伯著、冯克利译：《学术与政治》，生活·读书·新知三联书店 1999 年版。

［俄］卡特林娅·萨里莫娃、［美］欧文·V. 约翰林迈耶主编，万晓东等译：《当代教育史研究与教学的主要趋势》，教育科学出版社 2001 年版。

樊洪业、张久春编：《科学救国之梦——任鸿隽文存》，上海科技教育出版社、上海科学技术出版社 2002 年版。

《反对大学区制专号》，中央大学区中等教职员联合会 1929 年版（南京图书馆古籍部藏）。

复旦大学校史编写组：《复旦大学志》第一卷，复旦大学出版社 1985 年版。

［法］雅克·勒戈夫著，张弘译:《中世纪的知识分子》，商务印书馆 1999 年版。

《顾随全集》，河北教育出版社 2000 年版。

耿云志、欧阳哲生编:《胡适书信集》，北京大学出版社 1996 年版。

"国立中央大学档案"，中国第二历史档案馆藏，全宗号 648，案卷号 1578

《国立中央大学档案》，中国第二历史档案馆藏，全宗号 648。

《国立东南大学一览》，南京国立东南大学，1923 年。

《国立中央大学第一届毕业纪念册》，南京国立中央大学，1928 年。

《国立中央大学一年工作报告》，南京国立中央大学秘书处编纂组，1929 年。

《国立中央大学一年工作报告·十八年度》，南京国立中央大学秘书处编印组编印，1930 年。

《国立中央大学沿革史》，南京国立中央大学秘书处编纂组，1930 年。

《国立中央大学校况简表》，南京国立中央大学秘书处编纂组，1930 年。

《国立中央大学一览》，南京国立中央大学，1930 年。

《国立中央大学学则》，南京国立中央大学，1933 年。

《国立中央大学章则一览》，南京国立中央大学，1934 年。

《中央大学二二级毕业纪念刊》，南京国立中央大学，1934 年。

《国立中央大学十周年纪念册》，南京国立中央大学，1937 年。

《国立中央大学概况（二十九周年校庆纪念）》，国立中央大学学生自治会，1944 年。

《"国立中央大学"七十年》，台北"中央大学"建校十周年纪念特刊，1985 年。

高增德、丁东编：《世纪学人自述》，十月文艺出版社 2000 年版。

高恒文：《东南大学与"学衡派"》，广西师范大学出版社 2002 年版。

高平叔、王世儒编注：《蔡元培书信集》，浙江教育出版社 2000 年版。

《郭廷以先生访问纪录》，台北中研院近代史研究所，1987 年。

翟益萍：《近代中国的高等教育》，华东师范大学出版社 1999 年版。

张大为等编：《胡先骕文集》，江西高校出版社 1995 年版。

《胡汉民先生文集》，国民党党史委员会，1978 年。

胡颂平编著：《胡适之先生晚年谈话录》，新星出版社 2006 年版。

胡颂平：《朱家骅先生年谱》，台北传记文学出版社 1969 年版。

黄福庆：《近代中国高等教育研究：国立中山大学 1924—1937》，台北中研院近代史研究所，1988 年。

黄季陆主编：《革命文献》第五十三辑"抗战前教育与学术"，国民党党史编纂委员会，1971 年。

黄季陆主编：《革命文献》第五十四辑"抗战前教育政策与改革"，国民党党史编纂委员会，1971 年。

《杭立武先生访问纪录》，台北中研院近代史研究所 1990 年。

贺照田主编："学术思想评论"第九辑：《并非自明的知识与

思想》，吉林人民出版社 2003 年版。

Israel，Jonev，*Student Nationalism in China，1927 —1937.* Stanford，Hoover Institution，Standford University Press，1966.（中国的学生民族主义 1927—1937）

金以林：《近代中国大学研究》，中央文献出版社 2000 年版。

金耀基：《大学之理念》，生活・读书・新知三联书店 2001 年版。

金龙哲、王东杰编著：《东京大学》，湖南教育出版社 1992 年版。

［加］许美德著，许洁英主译：《中国大学 1895—1995：一个文化冲突的世纪》，教育科学出版社 2000 年版。

蒋梦麟：《西潮・新潮》，岳麓书社 2000 年版。

《蒋廷黻回忆录》，岳麓书社 2003 年版。

刘维开：《罗家伦先生年谱》，国民党党史编纂委员会，1996 年。

刘绍唐主编：《民国人物小传》，台北传记文学出版社 1975 年版。

刘正伟：《督抚与士绅——江苏教育近代化研究》，河北教育出版社 2001 年版。

李华兴主编：《民国教育史》，上海教育出版社 1997 年版。

李良玉：《思想启蒙与文化重建》，吉林人民出版社 2001 年版。

柳曾符、柳佳编：《劬堂学记》，上海书店出版社 2002 年版。

柳诒徵：《中国文化史》，东方出版中心 1988 年再版。

罗岗、陈春艳编：《梅光迪文录》，辽宁教育出版社 2001 年版。

罗家伦、黄季陆主编：《吴稚晖先生全集》，台北：国民党党史编纂委员会，1969年。

罗家伦先生文存编辑委员会编：《罗家伦先生文存》，国民党"中央委员会"、国史馆，1989年。

罗家伦：《中央大学的回顾与前瞻》，重庆国立中央大学，1941年印行。

罗家伦：《两年来之中央大学》，南京中央大学，1934年。

罗家伦：《中央大学之最近三年》，南京中央大学，1935年。

罗家伦：《中央大学之最近四年》，南京中央大学，1936年。

罗家伦：《中央大学之回顾与前瞻》，重庆中央大学，1941年。

罗家伦：《文化教育与青年》，重庆商务印书馆1943年版。

罗志田：《近代中国史学十论》，复旦大学出版社2003年版。

梁柱：《蔡元培与北京大学》（修订本），北京大学出版社1996年版。

梁锡华选注：《胡适秘藏书信选》，台北风云时代出版公司1990年版。

［美］叶文心：《异化的大学——民国时期的文化与政治（1919—1937）》（*The Alienated Academy ：Culture and Politics in Republican China，1919—1937*）Cambridge Mass；Council on East Asian，Harvard University，1990.

［美］魏定熙著，金安平等译：《北京大学与中国政治文化（1898—1920）》，北京大学出版社1998年版。

［美］司徒雷登著，程宗家译：《在华五十年：司徒雷登回忆录》，北京出版社1982年版。

［美］杰西·格·卢茨著，曾钜生译：《中国教会大学史》，浙江教育出版社1987年版。

［美］刘易斯·科塞著，郭方等译：《理念人——一项社会学的考察》，中央编译出版社2001年版。

〔美〕亚伯拉罕·弗莱克斯纳著,徐辉、陈晓菲译:《现代大学论》,浙江教育出版社 2001 年版。

〔美〕菲得普·G. 阿特巴赫著,人民教育出版社教育室译:《比较高等教育:知识、大学与发展》,人民教育出版社 2001年版。

〔美〕德里克·博克著,徐小洲、徐军译:《走出象牙塔——现代大学的社会责任》,浙江人民出版社 2001 年版。

〔美〕克拉克·克尔著,王承绪译:《高等教育不能回避历史——21 世纪的问题》,浙江教育出版社 2001 年版。

美国《人文》杂志社编:《人文主义:全盘反思》,生活·读书·新知三联书店 2003 年版。

《南大百年实录》编辑组编:《南京大学百年实录》上卷《中央大学史料选》,南京大学出版社 2002 年版。

《南京大学校史资料选编》,南京大学 1982 年内部印行。

南京大学高教研究所编:《南京大学大事记(1902—1988)》,南京大学出版社 1989 年版。

吕芳上:《从学生运动到运动学生:民国八年至十八年》,台北中研院近代史研究所,1994 年。

平津国立院校教职员联合会:《驳朱家骅部长整顿大学教育意见书》,无出版地与出版时间,南京图书馆古籍部藏。

钱穆:《八十忆双亲·师友杂忆》,生活·读书·新知三联书店 1998 年版。

曲士培:《中国大学教育发展史》,山西教育出版社 1993年版。

清华大学校史编写组:《清华大学校史稿》,中华书局 1981年版。

《任以都先生访问纪录》,台北中研院近代史研究所,1993 年。

桑兵：《晚清民国时期的国学研究》，上海古籍出版社 2002 年版。

桑兵：《近代中国学术的地缘与流派》，《历史研究》1999 年第 3 期。

桑兵、关晓红主编：《先因后创与不破不立——近代中国学术流派研究》，生活·读书·新知三联书店 2007 年版。

桑兵：《晚清民国的学人与学术》，中华书局 2008 年版。

上海档案馆编：《陈光甫日记》，上海书店出版社 2002 年版。

苏云峰：《从清华学堂至清华大学（1919—1929）》，生活·读书·新知三联书店 2001 年版。

苏云峰：《从清华学堂到清华大学 1928—1937：中国高等教育研究》，生活·读书·新知三联书店 2001 年版。

苏云峰：《三江师范学堂——南京大学的前身 1903—1911》，台北中研院近代史研究所专刊，1993 年。

舒新城：《民国十五年中国教育指南》，商务印书馆 1927 年版。

舒新城编：《近代中国教育思想史》，福建教育出版社 2007 年重印版。

沈松侨：《学衡派与五四时期的反新文化运动》，台湾大学出版部 1984 年版。

沈卫威：《回眸"学衡派"——文化保守主义的现代命运》，人民文学出版社 1999 年版。

沈卫威：《"学衡派"谱系——历史与叙事》，江西教育出版社 2007 年版。

沈云龙主编：《朱家骅先生纪念册》，近代中国史料丛刊第三编，台北文海出版社 1996 年版。

申报馆编:《最近之五十年(下)》(民国十二年),近代中国史料丛刊第三编第九十辑,台北文海出版社1996年版。

田正平:《留学生与中国教育近代化》,广东教育出版社1996年版。

陶英惠:《蔡元培与大学院》,台北《中研院近代史所集刊》第3期(上),1972年7月。

吴学昭整理:《吴宓诗集》,商务印书馆2004年版。

《吴宓自编年谱》,生活·读书·新知三联书店1995年版。

吴家莹:《中华民国教育政策发展史:国民政府时期(1925—1940)》,台湾五南图书出版公司1990年版。

王聿均、孙斌编:《朱家骅先生言论集》,台北中研院近代史所1977年。

王汎森:《中国近代思想与学术的系谱》,河北教育出版社2001年版。

王奇生:《党员、党权与党争——1924—1949年中国国民党的组织形态》,上海书店出版社2003年版。

王卫民校注:《吴梅全集》,河北教育出版社2002年版。

王德兹主编:《南京大学史》,南京大学出版社1992年版。

王德滋主编:《南京大学百年史》,南京大学出版社2002年版。

王东杰:《国家与学术的地方互动——四川大学的国立化进程(1925—1939)》,生活·读书·新知三联书店2005年版。

王运来:《江苏高等教育的早期现代化》,人民教育出版社2001年版。

吴相湘:《民国百人传》,台北传记文学出版社1982年版。

谢少波、王逢振编:《文化研究访谈录》,中国社会科学出版社2003年版。

谢长法：《借鉴与融合：留美学生抗战前教育活动研究》，河北教育出版社 2002 年版。

夏承枫：《现代教育行政》，中华书局 1932 年版。

许小青：《南京国民政府初期中央大学区试验及其困境》，《近代史研究》2007 年第 2 期。

许小青：《罗家伦与抗战前的中央大学》，台北《近代中国》第 163 期，2005 年 12 月。

许小青：《论东南大学的国立化进程及其困境》，《高等教育研究》2006 年第 2 期。

萧超然等编著：《北京大学史》（增订本），北京大学出版社 1984 年版。

熊明安：《中国高等教育史》，重庆出版社 1983 年版。

《杨杏佛文存》，上海书店影印平凡书局 1929 年版。

杨萃华：《中基会对科学的赞助》，台北中研院近代史研究所，1991 年。

杨仲揆：《中国现代化的先驱——朱家骅传》，台北近代中国出版社 1984 年版。

杨树达：《积微翁回忆录》，上海古籍出版社 1986 年版。

杨金荣：《角色与命运——胡适晚年的自由主义困境》，生活·读书·新知三联书店 2003 年版。

杨步伟：《杂忆赵家》，辽宁教育出版社 1998 年版。

高澎主编：《永恒的魅力——校友回忆录》，南京大学出版社 2002 年版。

乐嗣炳编辑，程伯群校订：《近代中国教育实况》，世界书局 1935 年版。

［英］约翰·享利·纽曼著，徐辉等译：《大学的理想》（节本），浙江教育出版社 2001 年版。

中国文化大学华冈学会编：《张其昀博士的生活与思想》，台北：中国文化大学出版部 1982 年版。

中国蔡元培研究会编：《蔡元培全集》，浙江教育出版社 1998 年版。

中国社会科学院近代史研究所中华民国史研究室编：《胡适来往书信选》，中华书局 1979 年版。

中国第二历史档案馆编：《中华民国档案资料汇编》第三辑"教育"，江苏古籍出版社 1991 年版。

中国第二历史档案馆编：《中华民国档案资料汇编》第五辑第一编"教育"，江苏古籍出版社 1994 年版。

《中国教育制度讨论专刊》，上海商务印书馆 1936 年版。

周予同：《中国现代教育史》，上海良友图书印刷公司 1934 年版。

周予同：《中国现代教育史》，福建教育出版社 2007 年再版。

章清：《"胡适派学人群"与现代中国自由主义》，上海古籍出版社 2004 年版。

张宏生、丁帆主编：《走近南大》，四川人民出版社 2000 年版。

张晖编：《量守庐学记续编》，生活·读书·新知三联书店 2006 年版。

张太原：《〈独立评论〉与 20 世纪 30 年代的政治思潮》，社会科学文献出版社 2006 年版。

《张其昀先生文集》，台北中国文化大学出版部 1988 年版。

张其昀主编：《先总统蒋公全集》，台北中国文化大学出版部 1984 年版。

章开沅主编：《文化传播与教会大学》，湖北教育出版社 1996 年版。

郑大华：《民国思想史论》，社会科学文献出版社 2006 年版。

郑师渠：《学衡派文化思想研究》，北京师范大学出版社 2000 年版。

钟叔河、朱纯编：《过去的学校》，湖南教育出版社 1982 年版。

朱斐主编：《东南大学校史》，东南大学出版社 1994 年版。

朱有瓛等编：《中国近代教育史资料汇编·教育行政机构及教育团体》，上海教育出版社 1993 年版。

朱一雄主编：《东南大学校史研究》第 2 辑，东南大学出版社 1992 年版。

朱宗震、陈伟忠主编：《黄炎培研究文集》第 2 集，文汇出版社 2001 年版。

后　记

　　本书是由笔者的博士论文《从东南大学到中央大学：以国家、政党与社会为视角的考察（1919—1937）》修改而成。

　　大学对于近代中国而言，无疑具有多方面的意义，尤其是对现代思想学术文化多方面的影响力。我研究民国时期东南大学——中央大学的这段历史，最初缘于对近代学术地缘与派分的追问。受任以都、陈平原、叶文心诸位先生论著的影响，首先我尝试从政局变动的角度，来探讨这所大学如何从一所地方性大学演变成首都最高学府的，这就是呈现您面前的这本小书。其次设想再从比较的视角，进一步探讨首都迁移前后北京大学与中央大学之间的学术文化竞争，此即笔者在桑兵教授指导下，于2008年在中山大学完成的博士后报告——《首都迁移与"最高学府"之争：以北大、中央大为中心的探讨（1919—1937）》。

　　借此博士论文出版之机，我要深深感谢章开沅先生和华中师范大学中国近代史研究所这个温暖的大集体。在德高望重的章先生亲手开创的研究所里，名师荟萃、学术氛围浓厚，我不仅得到最初的学术训练，也开始了事业的起点。从开题报告到论文的修改出版，章先生始终指导、关怀有加。现今章先生已年届八旬，拨冗为拙作写序，让我备感荣光。论文能按时完成，离不开马敏教授、朱英教授、严昌洪教授、刘伟教授、黄华文教授、彭南生教授、王奇生教授、何建明教授的传道、授业和解惑，特别是我的导师罗福惠教授，从硕士到博士阶段，对我督促有加、悉心指导。对各位业师的指教，在此一并衷心感谢。

此外，在论文的收集资料和写作中，也得到华中师范大学教育学院余子侠教授、南京大学高等教育研究所王运来教授的指点和帮助，中国第二历史档案馆的曹必宏先生对我查阅档案多有关照，我的同学陈永忠博士、潘敏博士为我在南京查阅资料提供了不少便利。在论文的评审与答辩中，冯天瑜教授、林家有教授、桑兵教授、周积明教授、李良玉教授、马敏教授、朱英教授、严昌洪教授等提出了不少中肯的修改意见，这次修订中也吸收了他们的智慧。研究四川大学国立化运动的王东杰博士，时论文尚未公开出版，即发来电子文本与我参考，对我论文多有启发，其学术为天下公器的精神让人感佩。对诸位师友的指导和帮助，在此，一并深致谢意。

借此机会，我还要感谢我的爱人江满情博士。她以专业的批评眼光，多次耐心细致地校读书稿，为本书的出版贡献良多。博士论文的出版，也见证了小女欣欣健康快乐成长的岁月，特以此书献给她们母女。

最后，本书的部分内容曾以论文的形式在《近代史研究》、《高等教育研究》、《近代中国》等刊物上发表，审稿与编辑赵利栋先生、杜继东先生、许宏女士提出了不少好的修改建议。另外，中国社会科学出版社张林老师、金泓老师为本书的出版付出了大量的辛勤劳动。在此，一并致谢。

作者 2009 年 5 月于武昌南湖之滨